chili verlag

Ronald Zieger

Provozia

Roman

chiliverlag

Zuletzt im chiliverlag erschienen (Auswahl):

Glasaugenstern – 101 Gedichte von Alex Dreppec, 2015
Chili Chicken – Ein Inder in Kassel, Anant Kumar, 2015
suchtraum, Sandra Stubbe, Roman, 2015
PSYCHONYMOUS II – Verzogen, 2015
Lichtläufer, Gerwine Ogbuagu, Roman, 2015
Fassadenflucht – Politische Dichtung der Gegenwart II, 2015
Nachtschwarz, Himmelgrau, Kurzgeschichten, Horst Leiwig, 2015
Herzschlaf, Gedichte und Kurzprosa über Trauer, Trost und Hoffnung, 2015
Juleika Lippenrot, Erzählungen, David Wozniak, 2016
Stimmwirbel, Gedichte, Michel Ackermann, 2016
Machen! Silben, Sätze, Sensationen, Marc Mandel, 2016
Gatti – Katz'n, 21 krasse Katz'nstories. 2016
Kodex Rosebud, Hans-Jörg Kühne, Roman. 2016
Kiss Me Cyprus Hell, Miriam Sonntag, Jugendroman, 2016
Abschreibungen, Satirisches und Lyrisches von Stefan Krückmann, 2016

1. Auflage Mai 2016

franchili / 37

Detaillierte bibliographische Daten sind unter http://dnb.ddb.de bei der Deutschen Nationalbibliographie abrufbar.

Gestaltung, Layout, Lektorat: chiliverlag
Coverfoto: Glauco Gianoglio
Autorenfoto S. 336: G. Caballeros Gálvez
Printed in Germany
ISBN 978-3-943292-39-8 www.chiliverlag.de

Sein heißt in der Klemme sein.

Emil Cioran

für माया

INHALT

PROLOG

Mitten in der Ebene steht ein Turm. Dieser Turm ist groß, so groß, dass sich unmöglich sagen ließe, wie groß er wirklich ist. Aus weiter Ferne ähnelt er einem stolzen Phallus. Von Nahem ist er eine sich im Firmament verlierende Wand aus sorgfältig gefügtem Sandstein und penibel polierten Spiegelfassaden.

Im warmen Licht der Morgensonne strömen jetzt die Angestellten zügig und in gleichförmigen Kolonnen auf den Turm zu. Schon verschwinden die ersten in den vier mächtigen Portalen auf jeder seiner Seiten. Dann bringen zahllose Treppen und Fahrstühle in seinem Inneren jeden von ihnen an seinen Arbeitsplatz.

Nun kann mit dem Tagewerk begonnen werden.

I.
PARADIES

EINS

Willerd zuckt zusammen, als sein Handy plötzlich in der Innentasche seiner Jacke aufjault.

Benommen macht er die Augen auf. Vor ihm liegt Yvonne wie eine pralle Luftmatratze. Die Arme hat sie hinter ihrem Kopf verschränkt. Ihr Mund mit dem Piercing-Ring in der Unterlippe steht halb offen. Ihr Blick drückt routiniertes Desinteresse aus.

Sie wirkt tatsächlich so, als hätte sie kaum registriert, dass er soeben auf ihrem nackten Bauch gekommen ist. Willerds Augen huschen einmal quer über Yvonnes bleiche Brüste. Sie sind winzig, aber gleich darunter wird es schwer und unförmig. Wenn sie angezogen ist, sieht man jedoch nichts von diesem Missverhältnis. Denn dann drückt ihr Korsett das ganze Gewabbel einfach nach oben.

Willerd hat keine Ahnung, ob ihre Skoliose wirklich so schlimm ist, wie sie manchmal sagt. Aber er weiß noch, wie sich etwas irgendwo tief in seinem Inneren verkrampfte, als sie vor ihm zum ersten Mal aus ihrem Hartplastikpanzer quoll.

Dennoch treibt es ihn immer wieder zu ihr. Seit letztem Herbst geht das schon so. Und wenn er dann bei ihr ist, geht es meistens gleich richtig zur Sache.

Willerds Handy jault ein zweites Mal auf. Das ist übrigens nicht etwa übertrieben. Nein, es klingt tatsächlich nach einem Hund, dem irgendein Arschloch von hinten volle Kanne in die Klöten tritt. Lydia hatte diesen Ton damals eingestellt. Sie fand das wohl lustig. Dem Witz blieb allerdings spätestens dann die Puste weg, als es aus war zwischen ihnen. Und jedes Mal, wenn Willerd nun angerufen wird, nimmt er sich vor, den Ton zu ändern. Aber das passiert so selten, dass er es immer wieder vergisst.

Wer zur Hölle könnte das jetzt sein? Ausgerechnet jetzt?

Entschlossen stellt er seine nackten Füße auf den kalten Fußboden. Sofort löst sich ein scharfes Schnauben aus Yvonnes

Nase. Ob sie damit ihre Missbilligung darüber zum Ausdruck bringen will, dass er sich von ihr abwendet, jetzt, kaum dass er mit ihr fertig ist? Willerd hat keine Ahnung. Es interessiert ihn auch nicht besonders. Er weiß aber, dass Yvonnes Riechkolben nur noch beschränkt einsatzfähig ist, seit ihn vor einer Weile die Stahlkappe eines Springerstiefels zertrümmerte. Äußerlich ist abgesehen von einem kleinen Höcker zwar nicht viel zu sehen, aber ihre Nasenscheidewand hat sich von der Attacke nie wieder richtig erholt. Wenn Yvonne schläft, ist ihre Atmung ein abartiges Röcheln und Rasseln.

Es sind allerdings nicht allein diese wenig anheimelnden Geräusche, die Willerd davon abhalten, bei ihr zu übernachten. Immerhin gäbe es Ohrenstöpsel. Das Problem mit dieser Dame mit der Klaus-Kinski-Tätowierung auf dem linken Unterarm ist jedoch, dass sie schön einen mitlaufen hat. Das sieht übrigens nicht nur er so, nein, das ist mittlerweile auch von diversen Ärzten so überzeugend attestiert worden, dass er manchmal denkt, man hätte sie besser in der Geschlossenen behalten. Die Pillen, die sie sich den lieben langen Tag so einwirft, mögen vielleicht ihre Psychosen in Schach halten, aber sie machen sie nicht weniger gesprächig. Und wenn sie erst mal anfängt, von damals zu erzählen und ganz besonders davon, was die mit ihr angestellt haben ... Nun, spätestens wenn sie einen ihrer Laberflashs hat, ist es Zeit für ihn, das Weite zu suchen. Und wenn es gut läuft, hat er bis dahin bereits ausgiebig ihre weiche (und in Anbetracht ihrer Karriere immer noch verblüffend enge) Muschi durchgeackert und seine Hoden auf ihrer Wampe entleert.

„Lass doch dein Handy, Willi ...“, stößt Yvonne nun hervor. Obwohl sie fast gleich alt sind, hat sie die hohe Zitterstimme einer alten Frau.

Willerd entgegnet nichts darauf. Seine Jacke hängt an einem Wandhaken neben der Tür. Dort geht er jetzt hin. Yvonnes Korsett liegt auf dem Fußboden wie ein gespanntes Fangeisen. Er macht einen Bogen darum und fischt gleich darauf sein Handy aus der Jackeninnentasche. Die schwach erleuchtete Anzeige unter der zerkratzten Plastikoberfläche zeigt vier Buchstaben: „Matt".

Matthias.

Der also.

Willerd zögert kurz, dann drückt er auf den Annahmeknopf und hält das Handy an sein Ohr: „Ja?"

„Wilson, alte Socke!", bellt es ihm entgegen. „Wie geht's denn so? Du lässt ja gar nichts mehr von dir hören!"

Der Junge ist ja gut drauf. Vermutlich mal wieder hackedicht.

„Ach ... Matthias ... grüß dich ... ja ... also ..."

„Hör mal!", wird er gleich unterbrochen. „Morgen ist 'n Konzert im Underground! Mister Sister Fister! Die Japaner! Du weißt schon. Sören und seine Gang sind auch mit am Start. Wie wär's? Haste Lust?"

„Hmm ..." macht Willerd und denkt an Sören und die anderen Schläger ... unangenehme Typen ... Und Mister Sister Fister sind auch nicht gerade sein Ding ... Andererseits ist er schon seit einer ganzen Weile nicht mehr unter Leute gekommen, das heißt, unter halbwegs normale Leute ...

Nachdenklich lässt er seinen Blick durch Yvonnes Ein-Zimmer-Wohnung wandern. Im fahlen Spätnachmittagslicht, das durch die verschmierten Fensterscheiben hereinscheint, sieht es hier sogar noch trostloser aus. Viele Möbel hat sie nicht. Da ist ihr Bett, eine altertümliche Metallkonstruktion mit fleckiger Matratze, die aussieht, als hätten sie ihr die als Andenken an ihren Aufenthalt in der Klapse mitgegeben und die immer höllisch quietscht, wenn er auf ihr drauf ist. Dann ein riesiger Wandschrank aus Eichenholz mit zerkratzten Türen, ein wackliger Hocker, eine Stehlampe mit einem Riss im Schirm, ein Mülleimer. Dazu ein alter Röhrenfernseher. Und überall Klamotten. Ganze Berge von Klamotten.

Willerd hat sich schon manchmal gefragt, was Yvonne mit dem ganzen Zeug eigentlich macht. Anziehen nämlich nicht. Stattdessen trägt sie fast immer dasselbe: ein knielanges Gothic-Kleid, an dem der schwarze Samt an vielen Stellen schon ganz abgewetzt ist. Darunter je nach Wetterlage mehr oder weniger dicke Strumpfhosen.

Über dem Bett hängt ein einziges Poster. Es zeigt die Zeichnungen verschiedener Riesentiere, die im Laufe der Zeit die Erde bevölkert haben. Ganz oben natürlich der Blauwal, darunter dann weitere, derzeit noch nicht ausgerottete Kreaturen wie der Orka und der Pottwal, aber auch Urzeitgeschöpfe wie das Megalodon, eine Art Riesenhai, sowie ein gigantisches Schuppenkriechtier mit dem schönen Namen Mosasaurier. Ganz unten rechts in der Ecke gleich neben Triceratops und Tyrannosaurus Rex befindet sich eine maßstabsgetreue Abbildung des Homo sapiens.

Und unter dem Poster, auf dem Bett, liegt ein weiteres Riesentier. Mit einer Klaue bohrt es in seiner Nase, mit der anderen kratzt es sich zwischen den Beinen ...

Willerd weiß, dass Yvonne Schwierigkeiten hat, ihre Hände stillzuhalten. Früher hat sie Kette geraucht, damit hatten ihre Griffel genug zu tun. Seit Neujahr jedoch hat sie laut Eigenaussage keine Zigarette mehr angerührt. Sie hätte lange nachgedacht, meinte sie einmal, und sei dabei zu dem Schluss gekommen, dass sie nicht so enden wolle wie ihre Mutter. Das heißt, Lungenkrebstod mit Anfang vierzig.

Kinski scheint diesbezüglich übrigens ganz ihrer Meinung zu sein. Seine Froschvisage hüpft munter nickend auf und ab, während sie eifrig weiter nach Schätzen sucht.

„Also was ist denn nun?!", knarzt es ungeduldig aus Willerds Handy.

„Ja, ich ... Also wegen dem Konzert morgen, also ich mein, ja, warum nicht, aber ich muss noch mal sehen ..."

Wie Matthias wohl reagieren würde, wenn der wüsste, dass er gerade bei Yvonne ist?

Na, besser, er behält das auch weiterhin schön für sich.

„Ach was! Wird doch Zeit, dass wir mal wieder einen saufen! So ganz gemütlich! So wie in alten Zeiten! ... Also?"

Die Stimme von Matthias hat schon immer etwas Bestimmerisches an sich gehabt. Etwas, dem sich Willerd auch jetzt nicht entziehen kann. „Gut ... ich denk, ich komme!"

„Na cool, sehr schön! Dann sehen wir uns also morgen endlich mal wieder! Kannste so gegen acht im Underground sein? Dann können wir vorm Konzert noch 'n bisschen was quatschen."

„Denke schon."

„Gut so, Alter! Gut so ... Ich ruf dich vorher noch mal an. – Hau rein!"

„Hau rein!", will Willerd noch entgegnen, aber Matthias hat schon aufgelegt. Immer in Eile, der Mann.

Er steckt das Handy zurück in seine Jacke und schaut rüber zu Yvonne. Ihre Augen unter den zu Tode gezupften Brauen sind groß und starr auf ihn gerichtet. Langsam nimmt sie ihren Zeigefinger aus der Nase.

Die andere Hand ist nach wie vor zwischen ihren Beinen zugange. Er sieht sein Sperma auf ihrem Bauch glänzen. Es scheint sie nicht zu stören.

„Na du ...", sagt sie langsam und verzieht ihren Mund zu etwas, das wohl eine Art schelmisches Lächeln sein soll. Jetzt wirkt sie gar nicht mehr so desinteressiert wie eben noch, als er sich über ihr einen runtergeholt hat ... Ganz im Gegenteil ... Und auf einmal ist sich Willerd seiner eigenen Nacktheit unangenehm bewusst. Die Kälte des Linoleumfußbodens beißt in seine Fußsohlen. Seine Eier sind wie Glasmurmeln.

Zeit zu gehen, denkt er.

„Also das war der Matthias. Ich muss jetzt doch schon los. Wir hatten noch was vor. Hatte ich ganz vergessen."

Yvonne macht ein schnippisches Gesicht wie ein kleines Mädchen. Ihre Hand hält in der Kneterei inne.

„Aber du hast doch grade gesagt, du gehst erst morgen zum Konzert!", sagt sie mit ihrer Omastimme.

Na, im Lügen ist Willerd schon immer mies gewesen. Aber er versucht, sich nichts anmerken zu lassen. Er geht zwei Schritte auf das Bett zu und grapscht nach seiner Unterhose, die neben ihrem Korsett auf dem Fußboden liegt.

„Außerdem ist Matthias ist ein richtiger Vollidiot. Und ein

Säufer! Gar kein guter Umgang für dich!"

Auch wenn ihm Einiges einfiele, Willerd sagt besser nichts dazu. Die ausgeleierte Unterhose schlackert bereits an seinem knochigen Hintern. Gleich darauf hat er auch seine Jeans an. Nun blickt er sich suchend nach seinem T-Shirt um.

„Musst du denn wirklich schon los? Wollen wir nicht noch ein bisschen ... na ja, du weißt schon ... kuscheln ... ?"

„Nee ... jetzt nicht ... "

Wo war bloß sein verdammtes Shirt?

„Na komm, lass uns doch noch mal ... "

Willerd sucht nur noch intensiver nach seinem T-Shirt.

Plötzlich fängt Yvonne an glucksend zu kichern. Ihre kaputte Nase klingt wie ein Staubsauger kurz vorm Exitus.

Er hält inne und blickt sie fragend an. Ihr Gesicht ist hinterhältig verzogen. Nun sieht er auch, dass sie mit einer Hand etwas hinter ihrem Rücken versteckt.

„Könnte ich bitte mein Shirt haben?"

„Komm doch und hol's dir, Willi!"

Langsam zieht Yvonne sein graues Shirt hervor.

„Komm doch ...", singt sie und macht Anstalten, damit über ihren besudelten Bauch zu wischen.

„Eyyyyyy ...!"

Mit einem Satz ist er über ihr und bekommt den Lappen gerade noch zu fassen. Bereitwillig lässt sie los, rückt aber ein Stück zur Seite, so dass sie ihre stämmigen Waden um seine Hüften schlingen kann.

Willerd ist in diese Falle gestolpert wie nachts ein Betrunkener in einen schlecht abgesperrten Rohrgraben. Yvonne mag zwar auf den ersten Blick schlaff wie ein Sack toter Fische wirken, ist aber wie alle Verrückten zur Mobilisierung erstaunlicher Kräfte in der Lage. Mit einem Ruck zieht sie Willerd mit ihren Beinen so an sich, dass er das Gleichgewicht verliert und mit seinem nackten Oberkörper auf ihre vollgewichste Wampe klatscht. Ein hilfloses „Uff!" löst sich von seinen Lippen.

„Hab ich dich!"

Triumphierend röchelnd schlingt sie nun auch noch ihre

Arme um ihn. In ihren Irrenaugen blitzt es: So ein Spaß aber auch!

Und sogleich beginnt sich ihr nackter Unterleib an seinen Lenden zu reiben.

Willerd will protestieren, aber sofort schnellt ihr Kopf nach oben und ihre Zunge versucht, in seinen Mund zu fahren. Er kann ihr jedoch ausweichen, so dass lediglich ihr Piercing-Ring an seiner unrasierten Backe entlangschabt.

„Jetzt bist du dran!", singt Yvonne.

Flüchtig denkt Willerd daran, sich irgendwie zur Wehr zu setzen, ihrem Nasenbein mit einem Headbutt den Rest zu geben zum Beispiel ... und dann zuzusehen, dass er seine Siebensachen zusammenrafft und hier nie wieder aufkreuzt ...

Aber auf einmal ist da dieses wohlbekannte Prickeln in seinem Geschlechtsteil, dieses wohlige Pochen, das einer gewaltigen Erektion vorausgeht ...

Kaum zu fassen!

Yvonne, ganz der Profi, hat seine Erregung natürlich sofort registriert. Durch ihre Nase grunzt es frohlockend. Hastig beginnt sie, seinen Hosenstall aufzuknöpfen. Sie schiebt eine Hand in seine Unterhose und hat gleich darauf seine Eier umklammert. Willerd schließt die Augen und lässt sich sein letztes bisschen Restwiderstand wegmassieren.

Plötzlich aber drückt ihr grober Griffel zu, und ihn durchfährt ein greller Schmerz.

Er macht die Augen wieder auf und blickt entrüstet in das aufgedunsene Gesicht unter ihm. Wieder will Yvonnes halboffener Mund nach ihm schnappen, ihre feuchte Zungenspitze fährt über seine Lippen.

Und jetzt ist er an der Reihe: Mit einer schnellen Bewegung reißt er seine Jeans herunter bis zu den Kniekehlen, dann bohrt er seinen Schwanz tief in sie hinein. Sie windet sich stöhnend, vielleicht vor Lust, vielleicht, weil er ihr weh tut. Es interessiert ihn nicht. Mit einer Hand packt er ihren Hinterkopf wie eine Bowlingkugel und verkrallt seine Finger in ihren fettigen Haaren. Dann rammelt er sie auf eine Weise, dass das Bettgestell nur hilflos quietschend protestieren kann. Wenig später schafft es Willerd gerade noch, seinen Kolben aus ihr herauszuziehen. Ein paar trübe Tropfen spritzen auf Yvonnes Bauch knapp über dem stoppeligen Haaransatz.

Er hat sich aufgebäumt, nun rollt er kraftlos zur Seite, weg von Yvonne. Wärme breitet sich in sanften Wellen in seinem Körper aus.

„Genau das hab ich gebraucht“, schnauft es Augenblicke später neben ihm, aber er reagiert nicht darauf.

Für eine ganze Weile liegen sie nebeneinander. Yvonne sagt nichts weiter. Vielmehr scheint sie völlig zu erstarren. Wie eine Schildkröte, die Kopf und Extremitäten eingezogen hat. Nur ihr Röcheln ist zu hören. Nach und nach wird es immer lauter. Irgendwann ist sich Willerd sicher, dass sie eingeschlafen ist. Es ist jetzt auch ganz dunkel im Zimmer.

Im Liegen tastet er nach dem Schalter der Stehlampe. Gelbes Licht erhellt das Zimmer. Er steht auf, geht in ihr kleines Bad und macht sich an dem schmutzigen Waschbecken sauber, so gut es geht. Ein paar leere Tablettenschachteln lagern dort, wo andere Leute ihre Seife haben.

Als er zurückkommt, bleibt er kurz stehen und blickt auf Yvonne. Selbst im Schlaf sieht sie verrückt aus. Um ihren halboffenen Mund herum zuckt es angestrengt. Wovon sie wohl träumen mag?

Auf einmal kommt es ihm völlig unwirklich vor, dass er diesem röchelnden Wesen dort im Bett vorhin so nahe war. Völlig unwirklich ...

Nachdenklich breitet er die Bettdecke über ihr aus. Dann zieht er sich an und fährt in seine Sneakers. Gleich darauf macht er die Wohnungstür so leise wie möglich hinter sich zu.

Besser nicht riskieren, Yvonne aufzuwecken.

ZWEI

Verdammte Saukälte, denkt Matthias, als er vor die Haustür tritt und ihm ein eisiger Wind über sein penibel rasiertes Gesicht kratzt. Letzte Nacht hat es mal wieder in dicken Flocken geschneit. Hoffentlich zum letzten Mal für diesen elenden Winter!

Dennoch durchpflügen seine gewienerten Armeestiefel gleich darauf unternehmungslustig den grauen Matsch auf den Gehwegplatten. In einer Viertelstunde wird er bei Roman sein.

Beim Gehen knöpft er sich ein Bier vor. Für heute ist es gerade mal die dritte Flasche. Einen sitzen, so wie Willerd denkt, hat er also noch lange nicht. Aber er wird sich schon noch richtig schön zulöten. Das ist sozusagen das erklärte Ziel. Alle Aktivitäten, denen er im Verlaufe dieses Abends noch nachzugehen gedenkt, werden genau darauf hinauslaufen.

Während er durch den Matsch stiefelt, dudelt ihm die ganze Zeit der Song durch den Kopf, den er sich als letztes gegeben hatte, bevor er seine Wohnung verlassen hat: „Blitzkrieg Bop" von den Ramones.

„Hey! Ho! Let's go!"

Genauso sieht's aus!

Nach der Maloche auf dem Bau hat Matthias jetzt noch fast vier freie Tage vor sich. Gestern Abend, da ist er nach über zehn Stunden Gebuckel total kaputt gewesen. Verfickte Entkernerei! Da bleibt einem dann nicht viel mehr vom Tag ... Zwei Pils, Sofa, Glotze – und das war's dann auch schon!

Heute dagegen fühlt er sich frisch und ausgeruht. Kein Muskelkater, keine Rückenschmerzen – nichts! Er ist wirklich verdammt gut in Schuss. Da soll noch mal einer was sagen! Und die letzten paar Tage, also die, die ihn gestern noch so sehr ankotzten, na, auch die sind ihm jetzt herzlich egal. Er denkt gar nicht mehr daran. Das Einzige, was ihm diesbezüglich im Kopf herumgeht, während er zu Romans Bude läuft, ist: *Mach's gut bis Montag, Günther! Mach's gut, du verblödete Socke – !*

Die Rahmengestaltung der nächsten paar Tage steht im Groben auch schon fest, und zwar:

- heute die Session beim Onkeletti im Eck
- morgen Mister Sister Fister im Underground
- Samstagabend vielleicht noch mal ab in die Kneipe
- und für Sonntag ... Kickboxen vermutlich ... Der olle Herwig muss ihn doch schon vermissen ...

Matthias ist zufrieden mit diesem Plan. Sehr zufrieden sogar. Denn das gibt Struktur. Und Struktur ist, wie jeder halbwegs vernunftbegabte Mensch weiß, wichtig – vielleicht sogar das Wichtigste überhaupt im Leben. Man sieht doch, wohin ein Mangel an Struktur früher oder später unweigerlich führen muss.

Man nehme nur mal Romans Zimmer hier ... Scheiße aber auch, ist das ein Schweinestall!

Soeben hat sich Matthias auf den Sessel mit dem zerschlissenen Bezug gepflanzt, mal kurz in die Runde geschaut, und plötzlich versteht er sehr gut, wie sich sein Alter damals gefühlt haben muss, wenn der hin und wieder einen Blick in das Zimmer seines Ältesten wagte. – Na, nicht dass jetzt die falschen Schlüsse gezogen werden, so ein Schwein wie Roman ist er natürlich niemals gewesen ... *Um Himmels Willen!* Ein derartiges Chaos wie hier würde er keinen Tag lang ertragen. Da würde er das große Kotzen kriegen ...

Und kalt ist es in dieser Rumpelbude obendrein auch noch! Kaum wärmer als draußen! Natürlich war der Romanowski mal wieder zu faul, seinen dämlichen Arsch runter in den Keller zu bewegen, um Kohlen zu holen. Der zieht sich lieber gleich zwei Strickpullis übereinander an und lässt sich von dieser Fehlkonstruktion von Elektroradiator dort in der Ecke anhusten.

Na, das kann ja was werden, denkt Matthias, während er mit seinem Feuerzeug gekonnt die vierte Flasche Pils öffnet. Der Korken macht „PLOPP!", fliegt in einem eleganten Bogen durch den halben Raum, und landet schließlich bei dem anderen Müll: muffigen Klamotten, Pizzakartons, Kippenschachteln, Kaugummipapier, Knusperjoghurtbechern und was da sonst noch so alles herumliegt.

Roman hat ihm die Flasche soeben aus der Küche geholt. Das war gleich, nachdem er ihm die Wohnungstür geöffnet und ihn kurz wortlos wie ein verpennter Waschbär beäugt hat. Nun sitzt er wieder hier auf seinem Sofa. Und zwar in einer Haltung, die Matthias schon von ihm gewohnt ist: Die dünnen Beine in den verwaschenen Blue Jeans hat Roman ausgestreckt. Die knochigen Arme liegen schlaff neben ihm. Der stoppelhaarige Hinterkopf mit der Rastasträhne ist ins Polster gedrückt. Die rotumrandeten Pupillen sind an die Zimmerdecke geheftet. Die bleichen Lippen bilden einen blutleeren Strich.

Matthias fragt sich, was Roman wohl durch den Kopf gehen mag, wenn er so dasitzt, mitten in seinem Müll.

Vielleicht, dass die irgendwann mal weiße, jetzt aber graufleckige Raufasertapete oben an der Decke aus Abfallprodukten der deutschen Holzindustrie hergestellt wurde?

Na, dass Roman kifft wie ein Irrer, muss hier sicher nicht gesondert herausgestellt werden. Und richtig, neben ihm, auf der fleckigen Sofalehne, steht ein voller Aschenbecher aus Messing. Und auf diesem Aschenbecher thront der obligatorische Joint. Und dieser Joint ist so groß und fett wie eine kubanische Zigarre und qualmt in trägen Schwaden vor sich hin.

Na, Freundchen, heute wirste mal rauskommen aus deiner Bude ... heute geht's ins Eck ... – Irgendsowas Blödes dieser Art denkt Matthias jetzt, während er Roman stirnrunzelnd betrachtet und die Flasche ansetzt.

Als er sie wieder herunternimmt, ist sie, je nach Einstellung, bereits halbleer oder halbvoll. Matthias rülpst so triumphierend über diese Leistung, dass das aus den Boxen wabernde Gedudel der Red Hot Chili Peppers keine Chance hat: „RÖÖÖÖÖÖHHHHH!!!"

Bei diesem infernalischen Geräusch heften sich Romans rote Klüsen auf Matthias, und sein mageres Gesicht nimmt einen Ausdruck echter Bewunderung an.

„Was du wegsäufst, Alter, ich fass es nicht!"

Romans Stimme ist ein gehauchtes Nuscheln, und wie um dieser alles andere als bahnbrechenden Erkenntnis Autorität zu verleihen, hebt er eine dürre Hand und streicht sich damit gewichtig über das wirre Gefussel an seinem spitzen Kinn.

„Na, im Vergleich zu dem, was du kiffst, ist das aber immer noch wenig! Außerdem räumst du die Kippen nicht mal weg! Der Dreck liegt hier überall rum!"

Romans Antwort auf diese unverschämte Bemerkung – immerhin ist er der uneingeschränkte Herr über diesen Müllberg und kann hier schalten und walten, wie er will – ist ein verträumtes Lächeln. Er lächelt überhaupt sehr viel. Das meiste, was um ihn herum passiert, nötigt ihm nicht mehr ab als dieses Buddha-artige Lächeln. Denn das alles ist weit weg. Sehr weit weg.

Aber aus seiner einschränkten Perspektive hat Matthias natürlich recht, das steht außer Frage. Auf dem mit Brandlöchern übersäten Teppich, dem zugemüllten Schreibtisch, dem Fensterbrett und überall dort, wo sich auch nur die kleinste Ablagefläche bietet, liegen schweigende Zeugen seines Cannabiskonsums herum: heruntergebrannte Spliffs, Asche, krümeliger Tabak.

Und dabei hat er vor ein paar Tagen erst aufgeräumt und eine ganze Menge von dem Zeug aufgelesen. Richtig den Buckel krumm gemacht hat er sich dabei! Aber man sieht ja, was es genützt hat. Heute liegt hier schon wieder genauso viel herum wie vorher. Aufräumen ist eben eine durch und durch sinnlose Tätigkeit. Eine Beschäftigung für neurotische Hausfrauen und sonst nichts.

Seit vier, fünf Jahren hat er mit der Kifferei sowieso genug zu tun. Das füllt sein Leben bis zur Oberkante aus. Und paradoxerweise hat es sagenhafte zweiundzwanzig Jahre, vier Monate und elf Tage dauern müssen, bis Roman am ersten Joint seines Lebens zog. Vorher wusste er ja kaum was mit sich anzufangen. Da quälte er sich durch diese sterbenslangweilige Ausbildung zum Feinmechaniker und schleckte an den Wochenenden irgendwelchen hohlen Trinen die Mösen aus ... Heute dagegen gehört all das zum Glück längst der Vergangenheit an. Heute hat Roman Marihuana.

Den ersten Spliff zündet er sich für gewöhnlich gleich nach dem Aufwachen gegen Mittag an, das heißt, wenn er noch auf seiner Matratze dort in der Zimmerecke (oder hier auf dem Sofa) liegt. Das ist für ihn absolut notwendig, um, wie er es nennt, „hochzukommen". Den letzten pfeift er sich irgendwann in den frühen Morgenstunden durch die Lungen, wenn er sich pennen legt, dann natürlich um „runterzukommen". Dazwischen bringen ihn bis zu zwei Gramm hochpotentes Gras wunderbar durch den Tag, und insofern hat Matthias Unrecht, wenn er meint, bei ihm gäbe es keine Struktur. Ein Joint, eine Zeiteinheit, so einfach ist das.

Unangenehm kann es für Roman höchstens dann werden, wenn es zu Versorgungsengpässen kommt. Tatsächlich kam es früher hin und wieder mal vor, dass es Camilo nicht gelang, auch nur ein Fitzelchen minderwertigstes Haschgekröse aufzutreiben. Das war dann natürlich gleich die reinste Katastrophe, Romans persönlicher GAU sozusagen, und wer will schon im Schatten dieser ständigen Bedrohung leben?

Na, er ganz sicher nicht!

Deshalb beschloss er vor einer Weile, autark zu werden, das heißt: sich seinen Stoff selber anzubauen.

Bei der Umsetzung dieses Plans legte er schon bald einen Eifer an den Tag, für den ein dem Kiffen wenig zugeneigter Mensch wie Matthias kaum mehr als ein verständnisloses Stirnrunzeln übrig hat. Und ob es ihm passte oder nicht, die paar Male, die sie sich in den letzten Monaten gesehen haben, ließ Roman keine Gelegenheit aus, ihn aufs Detailreichste in die einzelnen Komponenten des Gewächshauses einzuweihen, das er in akribischer Kleinarbeit in dem kleinen Abstellraum neben seinem Zimmer aufgebaut hat: das Plastikzelt, die Luftabzugshaube, die teure, in Holland bestellte Spezialbeleuchtung, die Nährlösung für seine Pflanzen und, und, und!

Und als ihm Roman zum ersten Mal das fertige, nun in ein

mysteriöses Licht getauchte Gewächshaus mit den ganzen technischen und elektronischen Finessen in der kaum zwei Quadratmeter großen Abstellkammer präsentierte, da blieb Matthias glatt die Spucke weg.

Meine Fresse!, dachte er nur, Meine Fresse!

Die ersten Erfolge zeigten sich bereits nach kurzer Zeit: Drei der vier White Widows entwickelten sich nämlich ganz prächtig und bildeten bald ein Gewirr geradezu absurd großer Knospen aus. Der Ertrag der ersten Ernte belief sich später auf fantastische hundertachtzig Gramm. Das war ein stattlicher Berg klebrigen Grünzeugs, und wieder war Matthias beeindruckt, denn so viel von dem Stoff wie damals auf Romans ausnahmsweise mal aufgeräumtem Schreibtisch hatte er noch nie auf einen Haufen gesehen.

Mehr aus Höflichkeit zog er deshalb einmal an dem Monsterjoint, den ihm Roman zu diesem Anlass mit dem Ausdruck seligster Verzückung auf dem Gesicht gereicht hatte. Obwohl er natürlich höllisch aufpasste, bloß nicht zu viel von dem Zeug in die Lungen zu kriegen, musste er sich danach trotzdem erst mal japsend auf Romans Sofa ausstrecken, und so schnell ist er von dort auch nicht wieder aufgestanden. Er mochte noch so gut in Schuss sein, dieses Zeug verträgt er nicht, es macht ihn platt wie eine Flunder. Gras ist eben nicht sein Ding, nicht seine Droge. Da bleibt er lieber beim guten, alten Herrn Alkohol. Mit dem kann er seinen Rausch so gemütlich hochziehen wie ein Handwerker seine Mauer.

Roman selber hat mit dem Mount Everest auf seinem Schreibtisch genug, um seinen persönlichen Bedarf bis zur nächsten Ernte zu decken. Mehr noch: Bei vernünftigem Haushalten hat er ohne Weiteres einen Überschuss von ein paar Dutzend Gramm, den er über Camilo verticken kann. Die Investition in all die Apparate, Messgeräte und sonstigen Sachen für sein Gewächshaus würden sich dadurch bei mehr oder weniger gleichbleibenden Erträgen schon in weniger als einem Jahr amortisiert haben. Auch diese detaillierte Rechnung hat Matthias mehr als nur einmal über sich ergehen lassen müssen.

Wenn Roman hier erst mal in Fahrt kommt, fühlt er sich ein bisschen an früher erinnert. Das heißt, an eine Zeit, als Roman noch ganz anders drauf war. Als er einer war, der sich immer mit irgendwas beschäftigen musste. Der es auch mal zum Bezirksmeister im Hundert-Meter-Lauf geschafft hatte.

Aber das ist alles lange her. Der heutige Roman hat mit der Sportskanone von damals nur noch wenig gemein. Das Cannabis hat ihn neu konfiguriert. Er vegetiert nun ganz im Einklang mit den Wachstumszyklen seiner Hanfpflanzen. Immerhin, einen Pflanzenfimmel hat er schon früher gehabt, das muss auch Matthias zugeben. Zum Beispiel hat Roman schon immer aufgepasst, dass ihm seine paar Kakteen auf dem Fensterbrett nicht eingehen: Charles Taylor, Idi Amin, Robert Mugabe und was für reizvolle Namen er diesem Kroppzeug sonst noch so gegeben hat. Ein relativ gut gewachsener Arthrocereus, bei dem er schon seit Ewigkeiten davon ausgeht, dass er jeden Augenblick blühen wird, trägt den schönen Namen Muammar al-Gaddafi.

Romans Altbauwohnung ist übrigens ziemlich groß, insgesamt bestimmt so an die achtzig Quadratmeter. Weil er so viel Platz für sich allein nie im Leben brauchen würde, wohnen hier noch ein unauffälliger Doktorand aus Finnland sowie Enrico, Romans vierzehn Jahre alter Kater. Enrico ist auch so ein Fall für sich. Dieses rabenschwarze Monster trägt sein ganz individuelles Scherflein dazu bei, dass es mit diesem Affenstall zunehmend bergab geht. Erst mal stinkt es wegen Enrico in der ganzen Wohnung immer mehr oder weniger penetrant nach Katzenpisse, wogegen alle qualmenden Joints der Welt nichts ausrichten könnten. Dann muss jeder von Romans wenigen Besuchern immerzu damit rechnen, von Enrico in einer absonderlichen Kombination aus purer Boshaftigkeit und anfänglichem Altersnihilismus entweder gebissen zu werden oder eine mit der Kralle verpasst zu bekommen.

Im Allgemeinen hat Matthias nichts gegen Katzen. Mit Tieren kann er schließlich generell ziemlich gut. Diesem hinterlistigen, andauernd in irgendeiner Ecke auf der Lauer liegenden

Viech würde er jedoch in einem geeigneten Moment liebend gern mit dem Stiefel den Kopf zertreten. Aber das kann er Roman dann doch nicht antun. Immerhin kennen sie sich nun schon seit Grundschulzeiten, und nach so einer langen Zeit hat der Romanowski bei ihm mehr Kredit als die meisten anderen. Daher sieht er ihm auch Sachen nach, wofür andere von ihm schon längst eins auf die Zwölf gekriegt hätten ... Stichwort: Tom Petty! Wie ein Angehöriger seiner Generation auf diese haarsträubende Scheiße abfahren kann, ist Matthias ein absolut unergründliches Rätsel ... Er will gar nicht groß darüber nachdenken ... Menschliche Abgründe tun sich da auf ... Das Gequäke der Red Hot Chili Peppers dagegen, na, das gefällt ihm zwar auch nicht, aber als Hintergrundbeschallung geht das schon so einigermaßen in Ordnung.

Ohnehin beginnt sich Matthias gerade zu fragen, welche ominösen Mächte eigentlich dafür sorgen, dass er es nie schafft, *nur mal auf einen Sprung* bei Roman vorbeizuschauen. Nein, meistens hält er sich für mindestens eine Stunde in dieser Gammelbude auf, und das Schlimme ist, solange ihm Roman ein Bier nach dem anderen hinstellt, bleibt er einfach weiter sitzen. Seine trainierte Blase meldet sich oft erst nach der vierten oder fünften Flasche zu Wort, und wenn Roman dann auch noch sein SEGA-Mastersystem hervorkramt und ihm mit wissender Miene einen Joystick für den Zweispielermodus rüberreicht, ist sowieso alles zu spät: Irgendwann quält man sich mit weichen Knien und steifem Rücken aus dem Sessel und stellt vollkommen überrascht fest, dass einem glatt der halbe Tag geklaut worden ist!

Aber dazu wird es heute auf keinen Fall kommen! Heute will Matthias ins Eck. Das ist der Plan. Und eigentlich hat er Roman vorhin gleich an der Tür abfangen wollen, aber dann ist er wider seiner Vorsätze doch mit reingekommen, und zwar nicht nur wegen der verlockenden Aussicht auf ein Bier aus Romans Kühlschrank, sondern auch, weil er dachte, dass er vielleicht mal ein Wörtchen mit dem lieben Romanowski wegen dessen Gärtnerkünsten reden müsste. Mittlerweile stinkt es nämlich schon im Treppenhaus nach Cannabis! Und dann erst diese Wolke, die ihm vorhin an der Wohnungstür entgegenschlägt ... mehr als leichtsinnig ist das! Matthias hegt natürlich überhaupt keinen Zweifel daran, dass Romans geheime Plantage im Abstellraum irgendwann hochgehen wird. Es braucht sich ja nur mal einer für seinen so plötzlich in die Höhe geschossenen Stromverbrauch zu interessieren ...

Auf diese Weise kriegen sie doch die meisten Hobbygärtner früher oder später! Na, der Romanowski wird dann nicht behaupten können, er hätte ihn nicht gewarnt.

Als ihm Matthias diese Dinge nun zu erklären beginnt, und zwar ganz langsam und ausführlich, so dass auch der letzte Trottel begreifen muss, worum es ihm geht, beugt sich Roman umständlich nach vorn und langt nach einem neben dem Sofa abgestellten Teller mit einem Champignon-Baguette drauf. Man möchte nicht wissen, wie lange es schon her sein mag, seit es aus der Mikrowelle geangelt wurde, aber jetzt schlägt Roman seine Zähne in das Gebäck, als wäre es die größte Köstlichkeit seit der Erfindung der Apfeltasche.

Er hat schon drei Mal abgebissen und alles gut durchgekaut, als Matthias mit seinem Sermon fertig ist. Beim Schlucken muss Roman einmal würgen und seine roten Augäpfel quellen kurz hervor, aber dann ist es geschafft, und er hat wieder Luft zum Atmen und Antworten.

„Ach so'n Blödsinn!", nuschelt er und leckt sich über seine blutleeren Lippen. „Was soll'n die Nachbarn sagen? Die merken doch nichts! Die sind doch alle bekloppt hoch drei."

Keine Frage, seitdem das mit dem privaten Grasanbau so gut läuft, hat sich Romans Ego ganz schön aufgebläht.

„Na gut, aber was ist mit deinem Mitbewohner, dem – wie hieß der noch mal? – ... dieser Finne ..."

„Der Jussi-Pussi? Was soll mit dem Jussi-Pussi sein? Dem ist doch eh alles scheißegal, was nicht mit seiner Doktorarbeit zu tun hat. Der hat gar keine Ahnung von dem, was ich hier mache. Da bin ich mir sicher! Also hundertprozentig! – Der ist den ganzen Tag über an der Uni, und wenn der abends hier aufkreuzt, verkriecht der sich gleich in sein Zimmer. Ich krieg den kaum mal zu Gesicht! Sogar am Wochenende ist der fast immer in seinem Labor. Ich seh den pro Woche vielleicht zwei oder drei Mal. Meistens in der Küche beim Essen oder so. Und dann machen wir so'n bisschen Smalltalk ... Viel haben wir nicht zu bereden, weißte."

Roman beißt wieder in sein Baguette und nimmt gleich darauf – und zwar mit vollem Mund! – einen langen Zug von seinem jetzt schon fast runtergebrannten Riesenjoint. Genüsslich kauend schafft er es dennoch irgendwie, den Qualm gleichzeitig in Richtung Zimmerdecke zu blasen.

„Dein Jussi ist schon so'n richtiger Nerd, was?", meint Matthias nach einer Weile, damit das Gespräch nicht ganz versackt.

„Na das auf jeden Fall!" Roman legt den Joint in den Aschenbecher zurück. „Keine Freundin, keine Kumpels, kriegt nie Besuch ... Kann mir natürlich nur recht sein ... Kein Vergleich zu Manuel ... diesem Wichser!"

Von Manuel redet Roman öfters. Der hat vor Jussi-Pussi für eine Weile in dessen Zimmer gewohnt, und Matthias weiß, dass der sich irgendwann mit Roman richtig in die Haare gekriegt hat. Es ging wohl vor allem um so Sachen wie den zunehmenden Verwahrlosungsgrad der Wohnung und Romans Graskonsum. Laut Roman fing Manuel irgendwann an, sich wie „der hinterletzte Fascho" aufzuspielen. Nach einer ganzen Serie zermürbender Streitereien gab Manuel schließlich klein bei und zog aus.

Mit Jussi-Pussi dagegen, na, mit dem ist alles echt easy, fett, knorke, prima und so weiter.

„Na, wenn du meinst ..."

„Und ob! Richtig geil an Jussi-Pussi ist auch, dass der hier immer Sachen repariert. Zum Beispiel letztens erst wieder den Wasserkocher! Der ist richtig gut mit Werkzeug ... Nee, also der Jussi-Pussi, der ist perfekt als Mitbewohner ... Seine Mutti in Finnland überweist mir auch immer schön pünktlich seinen Mietanteil ... Nur sein Rumgehuste neuerdings, das nervt manchmal. Ich hab ihm ja schon gesagt, er soll mal zum Arzt gehen, denn das klingt absolut nicht gesund. Aber der meint immer, das wird schon wieder, wenn's draußen nicht mehr so kalt ist und so ... Dabei müsste der als Finne so'n Wetter ja nun wirklich gewohnt sein ..."

Aus Romans Champignon-Baguette-Perspektive ist die Situation damit völlig ausreichend analysiert, und Matthias will ihm nicht mehr unnötig wegen seinen Pflanzen auf den Sack gehen, auch weil ihm diese Leckt-mich-doch-alle-am-Arsch-Leute-Einstellung irgendwo imponiert. Es bringt doch absolut nichts, sich über Dinge Gedanken zu machen, die in der Zukunft irgendwann mal zum Problem werden könnten. Das ist genauso blödsinnig wie sich mit Sachen zu belasten, die man in der Vergangenheit vergeigt hat. Beides raubt einem nur die Energie, die notwendig ist, um das Beste aus der Gegenwart zu machen. Und nur darauf kommt es doch letztendlich an!

Die Gegenwart!

Den Moment!

Alles andere ist nichts weiter als totaler Bullshit! Dummes Gesülze, das sich die vielen Versager da draußen draufgepackt haben, um nicht in einer Tour kotzen zu müssen über ihre kleinkarierten Scheißleben!

Ist doch so!

Jetzt kommt Enrico durch die offene Tür hereingewatschelt. Er bleibt stehen und schnuppert. Als seine Katzenaugen Matthias erspähen, erstarrt er kurz. Vielleicht erinnert sich sein kleines Gehirn an die zwei, drei Tritte, die ihm Matthias in Momenten verabreicht hat, in denen Roman nicht dabei war. Sollte das tatsächlich der Fall sein, so lässt er sich davon nicht die Bohne beeindrucken. Selbstbewusst huscht er zum Sofa, springt flink auf ein Polster und von dort auf Romans Schoß. Sofort fängt er an, ihn von unten her mit seinen grünen Augen anzustarren.

Matthias sieht, wie Roman herunterblickt und wie sein verpenntes Kiffergesicht denselben leblosen Ausdruck anzunehmen beginnt wie das seines Katers. Seine roten Klüsen sind auf einmal wie aus Glas. So geht das eine ganze Weile: Mensch und Katze von Angesicht zu Angesicht. Ein entrücktes Starren.

Matthias fragt sich, und das nicht zum ersten Mal, ob Enrico nicht auch regelmäßig seine Portion Gras ins Futter gestreut bekommt.

Plötzlich macht der Kater eine schnelle Bewegung mit der Vorderpfote in Richtung von Romans Gesicht, und der fährt ruckartig zurück. Dann fasst er sich an die Backe. Enrico faucht böse, springt blitzschnell vom Schoß und ist Augenblicke später wieder zur Tür hinaus.

„Verflucht!", mault Roman, „Dreck!"

Als er die Hand runternimmt, sieht Matthias, dass ihn Enrico mit seinen scharfen Krallen tüchtig erwischt hat. Unter Romans linkem Auge verläuft jetzt ein blutiger Streifen quer über die Backe. Sauber!

„Ich glaub, der Enrico wollte mir ein Auge auskratzen", meint Roman lakonisch.

„Ach ja?"

Anstatt einer Antwort erhebt sich Roman wortlos vom Sofa, geht zum Schreibtisch und beginnt, in einem Haufen Krempel zu wühlen. Schließlich hat er einen kleinen Handspiegel in den Fingern und und betrachtet seine malträtierte Backe ausgiebig damit.

Matthias schaut ihm für eine Weile mit gerunzelter Stirn zu. Dann sagt er: „Ich würd das Scheißviech einfach einschläfern lassen."

„Einschläfern?!" Roman fährt herum. Plötzlich ist seine Stimme überhaupt nicht mehr vernuschelt, sondern scharf wie ein Bajonett: „Du bist wohl verrückt! Ich lass doch den Enrico nicht einschläfern!"

„Na, dann haste irgendwann ein Glasauge, verlass dich drauf. Irgendwann fällt der im Schlaf über dich her."

Roman zuckt nur mit den Schultern. Das Risiko ist es ihm anscheinend wert. Außerdem, wer braucht schon zwei gesunde Augen, wenn ausreichend Gras am Start ist.

„Der Enrico wird jedenfalls nicht eingeschläfert", sagt er mit Bestimmtheit, aber das Bajonett ist schon wieder abgenommen. „So was kann man doch auch anders klären!"

Matthias hat keinen Schimmer, was Roman damit genau meinen könnte. Er beendet sein Bier mit einem letzten Zug, rülpst noch mal und stellt dann die Flasche geräuschvoll neben sich auf den Fußboden: „PONG!"

„Lass uns mal zusehen, dass wir Land gewinnen, Mensch! Ansonsten sitzen wir hier übermorgen noch rum ..."

„Ist gut, ich geh nur noch schnell das Jod holen. Zum Desinfizieren."

Roman schlurft aus seinem Zimmer und Matthias hört ihn für eine quälend lange Zeit durch den Sound von Anthony Kiedis und Konsorten in verschiedenen Schränken herumwühlen. Schließlich kommt er mit einem breiten Pflaster auf der Backe zurück.

„Und jetzt noch schnell nach den Pflanzen schauen ..." Er blickt Matthias an wie ein sedierter Bernhardiner: „Willste die nicht auch sehen?"

„Wenn's denn sein muss ... aber wirklich nur ganz kurz!"

Roman schließt die Tür zu seiner Abstellkammer auf und tritt einen Schritt zur Seite, so dass Matthias als erster hineingehen kann. Das Zelt nimmt etwa die Hälfte des kleinen Raumes ein, welcher abgesehen von ein paar Behältern mit Spezialdünger und einem kleinen Hocker komplett leer und vor allem *sauber* ist. Nicht ein Krümel liegt hier herum. Gerade über diesen Umstand ist Matthias immer wieder verblüfft. Außerdem ist es in diesem Raum gefühlte zwanzig Grad wärmer als im Rest der Wohnung. Gewächshauswarm.

„Mach doch mal das Zelt auf." Romans Stimme hinter ihm ist ein erregtes Zittern.

Matthias hat nicht viel Lust dazu, aber wenn er schon mal hier ist, kann er Roman den Gefallen ruhig tun. Er hat die Prozedur schon ein paar Mal hinter sich gebracht und weiß daher, was zu tun ist. Er bückt sich, tastet nach dem Reißverschluss und zieht ihn nach oben. Sogleich wird der Geruch nach Marihuana noch viel, viel intensiver.

Roman schiebt sich neben ihn, schlägt die beiden Zeltwände zurück und befestigt sie an zwei Schlaufen, so dass Matthias ein freies Blickfeld hat. Der Anblick ist wirklich prachtvoll. Diesmal scheinen sogar alle vier Pflanzen gut zu gedeihen. Obwohl sich Matthias vorgenommen hat, sich nichts anmerken zu lassen, entweicht ihm dennoch ein nach unverhohlener Anerkennung klingendes „Na Mensch ..."

„Nicht schlecht, was?" Romans Genuschel ist jetzt ganz nah an seinem Ohr. Er flüstert fast, und sein Atem riecht nach Tabak, Gras und Champignonbaguette: „Dir fällt bestimmt auf, dass die Pflanzen diesmal viel gleichmäßiger gewachsen sind. Das liegt daran, dass ich das mit der Beleuchtung viel besser hingekriegt habe. Siehst du ... ?" Er zeigt mit dem Zeigefinger auf die Speziallampen, die an der Zeltdecke aufgehängt sind und die Pflanzen in ein warmes Licht tauchen: „Zwei 600-Watt-Lampen! Für meine Babys nur das Beste ... Und in drei Wochen ist schon Erntezeit. Diesmal sind's übrigens Jack Herers. Ganz klassisch. Du siehst doch, dass die Knospen diesmal etwas anders aussehen ... Da, schau mal!"

Er schiebt sich an Matthias vorbei, fasst eine der Pflanzen im Bereich der Knospen und drückt sie zärtlich zwischen Mittel- und Zeigefinger. Das Ganze hat etwas beunruhigend Erotisches, und Matthias verspürt plötzlich nur noch wenig, auch nur einen Augenblick länger in dieser engen Kammer zu bleiben und sich Romans Gesäusel anzuhören. Zumal ihm in seiner Bikerjacke bereits der Schweiß auszubrechen beginnt.

„Sehen schon gut aus", sagt er knapp.

„Nicht wahr! Und weißt du ...", Roman holt tief Luft, „die dürften sogar noch viel mehr knallen wie die White Widows. Ich hoff bloß, dass die Ausbeute ähnlich groß ist ... Na, lass mich mal eben meinen Gutesten noch was zu futtern geben ..."

Er beugt sich nach unten, und Matthias hört ihn keuchend an den mit Nährboden gefüllten Pflanzenkästen herumfummeln. Seine Rastasträhne wippt dabei an seinem stoppelhaarigen Hinterkopf herum wie ein Rattenschwanz.

„So ... und ... so ... gleich geschafft ..."

„Ich geh schon mal raus. Beeil dich mal 'n bisschen, du Heimgärtner! Wir müssen wirklich langsam los."

Im Wohnzimmer atmet Matthias einmal tief durch und setzt sich wieder auf den Sessel. Dabei passt er höllisch auf, dass dieses schwarze Mistvieh nicht irgendwo in der Nähe lauert, um ihm seine Krallen in den Arsch zu schlagen.

Schon ein Ding, wie sich die Leute so verändern, denkt er, während er auf Roman wartet und seine Finger nervös auf den Sessellehnen trommeln. Der verpeilte Hänfling da im Abstellraum ... Noch vor fünf Jahren war der ein Aufreißer vor dem Herrn. Kaum vorstellbar, wenn man den Romanowski heute so erlebt ... kaum vorstellbar ...

Es dauert noch eine halbe Ewigkeit, bis Roman endlich aus der Abstellkammer geschlurft kommt.

„Jetzt aber hopp-hopp, Alter!"

„Ja, ja, geht gleich los!" Roman schließt umständlich die Abstellkammer zu: „Wegen Enrico! Stell dir mal vor, der käme da rein! Dann wär's das mit den Pflanzen!"

„Ja, das wär echt zu schrecklich!"

Roman juckt dieser Sarkasmus natürlich kein bisschen. Ohne etwas zu entgegnen, setzt er sich an den Schreibtisch, wo er sogleich beginnt, mit konzentriertem Gesichtsausdruck einen Spliff zu bauen.

„Für unterwegs", meint er, ohne sich umzudrehen.

„Alter, echt mal ... Du kommst nie aus'm Arsch."

„Doch, doch, bin gleich fertig ... so ... siehste ... schon fertig!"

Wie eine Schnecke fährt Romans Zunge über das Paper, dann kleben Daumen und Zeigefinger geschickt die befeuchteten Stellen aneinander. Fertig ist die Laube.

„Jetzt kann's losgehen!"

„Na endlich!"

Matthias steht abrupt auf. Roman ist einen Augenblick später tatsächlich auch ausgehfertig. Das heißt, er hat sich einen riesigen, braunen Schal umgewickelt und einen speckigen, viel zu weiten Ledermantel über seine beiden Schlabberpullis gestreift. Dazu setzt er sich eine verbeulte Wollmütze auf und fährt schließlich in zwei ausgelatschte Halbschuhe, die er unter einem Berg Wäsche in der Zimmerecke hervorzieht.

Jetzt bloß schnell raus hier, denkt Matthias. Sonst fällt dem noch ein, dass der das Klo von seiner Scheißkatze saubermachen muss. Er baut sich vor Roman auf und beginnt, ihn aus seinem Zimmer in den Flur zu schieben.

„Hey ... mach mal langsam, Alter!"

„Ja, ja, sonst kommen wir hier nie los!"

„Mann, du hast heute vielleicht Hummeln im Arsch, das ist ja schrecklich mit dir!" Roman protestiert jedoch nur halbherzig. Er könnte sowieso nichts tun. Er ist mindestens zwanzig Kilo leichter als Matthias.

Hey! Ho! Let's go!

Draußen ist es inzwischen finstere Nacht, und der Wind fühlt sich noch eine ganze Ecke kälter an.

„Brrrr, ist das aber 'ne Scheißkälte!", mault Roman. „Bist du sicher, dass wir in deine komische Kneipe gehen sollen ...? Wir können doch auch wieder hoch zu mir und ..." Er macht tatsächlich Anstalten, gleich wieder umzukehren.

„Papperlapapp!" Matthias versperrt ihm den Weg. Aus einer der Taschen seiner Bikerjacke zieht er ein dünnes, schwarzes Tuch und wickelt es sich umständlich um den Hals: „Also los!"

Roman gehorcht schicksalsergeben und schlurft durch den nun wieder anfrierenden Schneematsch hinter ihm her. Bis zur Haltestelle sind es zum Glück nur ein paar Meter. Dort stehen zwei in graue Mäntel gehüllte Omas.

„Na, ich hoff' bloß, dass es nicht noch mehr schneit", meint Matthias, als sie im Bushäuschen stehen.

„Oh Mann, beschrei's nur nicht noch! Für dieses Jahr hab ich echt genug ... Du weißt ja gar nicht, wie das ist: immer Kohlen aus'm Keller schleppen ..." Roman macht ein Gesicht, als hätten sich seine Weisheitszähne alle auf einmal entzündet. Obendrein beginnt er nun auch noch zu schlottern wie ein alter Säufer. Mit einer zittrigen Hand fischt er den Joint aus seiner Manteltasche und will ihn anzünden, aber sein Feuerzeug funktioniert nicht.

„Fotzendreck ... elender Fotzendreck!", krächzt er unglücklich.

Eine der beiden Omas lugt missbilligend zu ihnen herüber.

„Na hier, nimm mal meins, das geht!"

Mit großmütiger Geste klappt Matthias sein Sturmfeuerzeug auf und reicht es Roman. Er selber hätte jetzt durchaus Lust auf eine Zigarette, das muss er zugeben. Aber er will nicht schwach werden. Lange genug hat er wie ein Schlot geraucht und vor einem Jahr endlich damit aufgehört. Dabei soll es auch bleiben. Das Feuerzeug hat er trotzdem immer mit dabei. Es gehört einfach zu ihm. Roman reißt es ihm fast aus der Hand. Sekunden später saugt er so gierig an dem aufglühenden Joint, dass das Ding gleich zu einem Viertel runterbrennt. Sofort ist er viel entspannter. Seine Züge glätten sich.

„Dein olles Feuerzeug gibt's ja auch noch! Find ich cool!"

Roman hält es immer noch in der Hand und beäugt jetzt die bereits stark zerkratzte Metalloberfläche.

„Klar, da pass ich drauf auf! Das hat mir doch mein Alter damals zum Abi geschenkt!"

„Ha ja, das waren noch Zeiten!" Roman grinst nachdenklich. „Aber 's is doch schon ganz schön abgewetzt. Die Gravur kann man zum Beispiel gar nicht mehr richtig erkennen ..."

Matthias zuckt mit den Achseln.

„Der Zahn der Zeit, mein Freund."

Roman gibt das Feuerzeug zurück, und plötzlich fällt Matthias etwas ein. Richtig, das hat er noch ansprechen wollen: „Weil wir gerade davon reden: Haste die E-Mail eigentlich auch gekriegt? Von wegen zehnjähriges Jubiläum!"

„Ich? Nee!"

„Biste sicher? Mir hat letztens dieser eine Typ von damals aus der Schule geschrieben ... Wie hieß der noch mal?"

Matthias kratzt sich am Kopf.

„Du weißt schon, dieser rothaarige Fettsack mit der bescheuerten Frisur, der sich bei den Lehrern immer eingeschleimt hat! Der, der rumerzählt hat, er will Jura studieren! Der, dem wir mal Abführmittel in seinen Tee getan hatten! Weißte noch? Wie der sich fast vor versammelter Mannschaft eingeschissen hätte? Seine Magenkrämpfe? Erinnerste dich? Na?"

„Nee …" In Romans Hauptspeicher ist in den letzten Jahren so Einiges archiviert worden.

„Na, ist ja auch egal. Jedenfalls will der in ein paar Wochen so 'ne bescheuerte Abifeier aufziehen und hat alle Leute angeschrieben, von denen er die E-Mail-Adresse auftreiben konnte. Ich hab ja immer noch die alte von der Uni, deswegen war ich da wohl auch drunter … Oh Mann, was dieser Trottel für einen Stuss geschrieben hat … Los ging die E-Mail mit ‚Lieber Matthias, alter Freund aus längst vergangenen Schulzeiten …' oder so ähnlich … Stell dir das mal vor! Ich hätt dem damals zum Abschied so richtig die Fresse polieren sollen! Was denkt sich dieser Vollidiot!"

„Und, willste hingehen?"

„Was, *ich*?? Ich geh doch da nicht hin! Die Vollpfosten können mir allesamt gestohlen bleiben! Was hätt ich mit denen zu bequatschen? Soll ich mir dummes Gesabbel über Bürokarrieren, Familie und Reihenhauskredite anhören? Nee, bloß nicht, da käm mir die Kotze! Hab doch außer dir und Wilson von den Schulpappnasen sowieso seit Jahren keinen gesehen. Sind doch eh alle abgehauen, entweder nach Leipzig oder Berlin, oder gleich rüber in den Westen!"

„Da haste recht …"

Matthias merkt, dass ihm Roman gar nicht mehr so richtig zuhört. Der ist jetzt ganz bei seinem Joint. Die Kälte scheint ihn auch nicht mehr zu stören.

„Ach, du beschissener Kifferwichser", knurrt er leise und mehr zu sich selbst. Aber Roman hat schon recht: Bringt doch nichts, sich über irgendwelche Kamellen von früher aufzuregen. Stattdessen sollte er sich mal lieber auf die böhmischen Bierspezialitäten freuen, die es dann gleich im Eck geben würde. Vielleicht wäre es gut, denkt er, Eck-Anton anzurufen und ihm zu sagen, dass er in etwa einer halben Stunde aufkreuzen würde. Denn dann könnte der schon mal mit dem Bierzapfen beginnen. Bei einem Puristen wie seinem Onkeletti dauert der Spaß nämlich immer mindestens sieben Minuten. Wenn der Druck auf der Leitung nicht hoch genug ist, gern auch etwas länger.

Gleich darauf kommt die 24 angerauscht und bleibt mit quietschenden Bremsen neben der Haltestelle stehen. Etwas grauer Schneematsch spritzt zur Seite. Roman drückt seinen Joint an einer der Glasscheiben des Bushäuschens aus und steckt sich den Rest für später in die Tasche. Beim Gang zur Bustür stößt er versehentlich der Oma, die vorhin so giftig rübergeschaut hat, mit dem Ellenbogen in die Seite.

„Ja, pass doch auf!", fährt sie ihn an. Sie klingt so, als hätte sie nur auf einen Grund gewartet, genau das zu tun.

„'Tschulligung!", kichert Roman, was die alte Frau noch mehr aufbringt.

„Also das ist doch ... Unverschämtheit!" Ihre Stimme zittert, und die andere Oma pflichtet ihr heftig mit dem Kopf nickend bei. Beide sind schon alt, sehr alt sogar, bestimmt über achtzig. Sie wirken dementsprechend gebrechlich.

Betont langsam dreht sich Roman um: „Machen Se ma halblang, junge Frau, das war ganz bestimmt nicht meine Absicht, ja?!", raunzt er.

„Werd jetzt nicht noch frech, du Drogensüchtiger!"

„Wer ist hier drogensüchtig, du pillenfressendes altes Aas?! Hä?!"

Bei alten Leuten hat der sonst so friedfertige Roman schon immer eine niedrige Toleranzgrenze gehabt.

„Waaaaaaas?!" Die Oma schnappt so entrüstet nach Luft, dass es für einen Augenblick aussieht, als würden ihre Dritten aus dem faltigen Mund fallen. Aber bevor die Situation eskalieren kann, packt Matthias Roman bei den Schultern.

„Jetzt reiß dich mal am Riemen!"

„Bitte alles einsteigen!", schnarrt der Busfahrer ungeduldig vorn hinter seinem Lenkrad.

„Los! Rein jetzt!" Matthias gibt Roman einen Schubs, dass der halb in den Bus stolpert.

Die Omas gehen leise schimpfend hinter ihnen her, ziehen es jedoch vor, nicht weiter herumzustänkern. Stattdessen verdrücken sie sich in Richtung der Vierersitzgruppen im vorderen Teil des Busses.

Obwohl das Fahrzeug fast leer ist, bleiben Matthias und Roman im mittleren Bereich stehen. Sie tun das deswegen, weil sie von hier aus die günstigsten Fluchtmöglichkeiten für den Fall haben, dass sich einer der wenigen Fahrgäste plötzlich als Fahrscheinkontrolleur zu erkennen gibt. Matthias sieht nämlich überhaupt nicht ein, weshalb er mittlerweile fast zwei Euro für eine Einzelfahrt bezahlen soll. Aber gut, dieser Irrsinnspreis kann keinen verwundern, wenn man bedenkt, dass die Fuzzis von der Verkehrsgesellschaft immer noch sieben Straßenbahnlinien unterhalten! Man stelle sich das nur mal vor: *sieben Linien!* Ein Riesenwitz für eine bevölkerungsmäßig derart zusammengeschrumpelte Stadt! Jeder, der auch nur ein klitzekleines bisschen Ahnung von Kostenrechnung hat, muss doch im Nu dahinterkommen, dass ein dermaßen aufgeblähtes Straßenbahnnetz viel zu kostspielig ist bei heutzutage kaum was über zweihunderttausend Einwohnern! Dass Busse viel, viel günstiger wären, na, das liegt ja wohl auf der Hand! Matthias weiß natürlich genau, dass hier nicht alles koscher zugeht.

Ganz im Gegenteil: Hat nicht letztens erst der Philipp auf dem Bau über die kriminellen Machenschaften seines Onkels geschimpft, der bei der Verkehrsgesellschaft im Vorstand sitzt? Hat der Philipp nicht lang und breit in der Frühstückspause erzählt, wie in dieser Kungelrunde immerzu Gelder verschoben werden, zum Beispiel durch die großzügige Verteilung von teuren aber sinnlosen Ausbauprojekten an genehme Subunternehmen? Ganz zu schweigen von den Prämien, die sich diese Arschlöcher gegenseitig andauernd zuschanzen? Und dass obendrein auch noch der Bürgermeister seine krummen Wichsgriffel mit im Spiel hat? – Den reinsten Filz hat der Philipp beschrieben und schließlich erklärt, er wolle demnächst anfangen, ein Enthüllungsbuch darüber zu schreiben, und sie alle haben ihm zugehört und beifällig gemurrt, während sie in der Baubude auf ihren Brötchen herumbissen. Nur der Gernot sagte dann noch, er solle bloß aufpassen, dass ihm bei seinen Recherchen kein „Unfall" zustoße, siehe *das mysteriöse Zeugensterben in der Dutroux-Affäre,* aber der Philipp hat nur abgewunken und entgegnet, er wüsste schon, was er täte.

Ob Roman aus ähnlichen Beweggründen wie Matthias schwarzfährt? Na, sicher nicht. Dem ist es ganz einfach viel zu umständlich, sich extra einen Fahrschein zu kaufen. Bislang ist er auch noch nie erwischt worden. Er ist eben ein Glückskind. Und wenn sich Matthias jetzt hier im Bus über die angeblich so korrupte Verkehrsgesellschaft echauffiert, dann weiß Roman mit seinem Marihuanadurchblick natürlich ganz genau, dass es vor allem der sinkende Alkoholspiegel ist, der seinem Gegenüber zu schaffen macht.

Die vier Haltestellen bis zur Zentralhaltestelle in der Innenstadt sind schnell geschafft. Weil sie dort auf die 3, eine dieser beschissenen Straßenbahnen, warten müssen, will Matthias noch zur Imbissbude gleich um die Ecke. Wär doch nicht schlecht, noch schnell einen Haps zu essen ... Roman tapert mit einem verklärten Ausdruck im Gesicht hinter ihm her. Ihm ist alles recht. Eben hat er sich noch mal Matthias' Sturmfeuerzeug ausgeliehen.

Mustafa, der Verkäufer vom Imbiss Istanbul, raucht gerade ein Zigarillo und bläst dicke Rauchwolken in die Kälte vor dem geöffneten Plexiglasfenster seiner Bude.

„Ah, Matthias! Wie geht? Wie geht?"

„Bestens, Alter, bestens!"

Mustafa holt sofort eine Flasche Bier aus dem Kühlschrank, öffnet sie und reicht sie Matthias augenzwinkernd über die Theke: „Hier, schmeckt dir gut!"

„Du verstehst mich, Mustafa! Auch ohne Worte."

„Und auch Döner, ja?"

„Na logo!"

„Einmal normal?"

„Jawoll, einmal normal!"

„Wird gemacht!"

„Und für dein' Freund?"

„Für mich nix, danke!"

„Ist gut!"

Mustafas Lächeln ist von orientalischer Unergründlichkeit.

Er legt ein Fladenbrot in den Toaster und beginnt dann, mit einem langen Schneidemesser dünne Fleischfitzelchen von dem träge rotierenden Dönerspieß zu säbeln.

Er ist übrigens ein echtes Phänomen unter den Dönermännern der Stadt, weil ihm der rechte Unterarm fehlt. Das macht aber nichts, denn er weiß seinen Stumpf bei der Dönerzubereitung fast genauso geschickt wie eine Hand einzusetzen. Und zwar geht das so: Sobald das Fladenbrot aufgebacken ist, breitet er ein nicht ganz sauberes Geschirrtuch über den Stumpf und legt ihn an seine Brust. In die so entstandene Spalte klemmt er das aufgeklappte Brot und beginnt dann, mit der freien Hand dampfendes Fleischgekröse und Gemüse reinzuschaufeln. Das geht so schnell, dass die Amputation gar nicht ins Gewicht fällt.

„Wieder mit scharfe Soße, ja?"

„Jawoll!"

„Zum gleich essen?"

„Ja!"

„So ... hier! Macht mit die Bier dreifuffzig, mein Freund!"

„Hier, Mustafa!"

„Danke, ja! Und mach gut!"

„Hau rein und genieß den Frühling!"

„Ach, du alte Witzbold! Diese Scheißwetter! Wie soll man genießen?!"

„Der Mustafa sieht zwar ein bisschen ulkig aus, aber er macht mit Abstand den besten Döner weit und breit", meint Matthias kauend, während sie zur Haltestelle zurückgehen.

Die 3 kommt natürlich wie immer mit Verspätung. Mit Bier und Döner ist Matthias da schon lange fertig. Nach fünf Minuten Fahrt sind sie an der richtigen Haltestelle angelangt. Sie müssen jetzt nur noch in eine Nebenstraße einbiegen, dann ist ihr Ziel erreicht: das Eck.

DREI

Das Eck befindet sich an der Hausecke zweier sich kreuzender Straßen, der Hirschstraße und dem Engelsweg. Bis zu ihrer Umbenennung vor ein paar Jahren hieß die Kneipe noch Hirsch Eck, und so stand es auch immer in grellgrüner Neonschrift über der Eingangstür: „HIRSCH ECK". Aber die nicht allzu zahlreiche Stammkundschaft einigte sich bald darauf, dass dieser Name viel zu umständlich auszusprechen ist, ganz besonders wenn man schon einen in der Krone hat. Eck als Bezeichnung sei völlig ausreichend, und auch heute noch, nach der Umbenennung, nennt es jeder so. Denn mal ehrlich: Hartz-Bier-Treff mag zwar durchaus ein dem Zeitgeist genehmer Name sein, aber es klingt einfach nur schrecklich. Keiner weiß so richtig, was Eck-Anton Anfang 2005 dabei geritten hat, politisches Potential hin oder her, selbst seine Olle, die Natascha, die weiß es nicht, und die kann diesen neuen Namen erst recht nicht richtig aussprechen. Aber im Grunde liegt es doch auf der Hand: Eck-Anton will protestieren – protestieren gegen das Schweinesystem, das ihm seine Kunden wegnehmen will, indem es ihnen ein geregeltes Arbeitsleben aufzwingt und dadurch weniger Zeit zum Saufen lässt ...

Na, ganz so schlimm haben sich die Dinge glücklicherweise nicht entwickelt, denn der Kundenstamm des Eck ist in den letzten Jahren zahlenmäßig mehr oder weniger konstant geblieben. Der Staat mit seinen blitzsauberen Agenturen hat bei den meisten von Eck-Antons Stammgästen ja doch schon lange aufgegeben. Die stehen auf dem Abstellgleis wie ausrangierte Mitropa-Speisewagen.

Bevor man einen Fuß ins Eck setzt, fällt einem ein an der Eingangstür befestigtes Plastikschild ins Auge. „Preise (fast) so wie zu DDR Zeiten!" steht großspurig in schwarzer Frakturschrift darauf, und spätestens jetzt outet sich der gute Eck-Anton als lupenreiner Kapitalist. Ein großes Bier kostet bei ihm mittlerweile nämlich auch schon seine 2,10 Euro – was natürlich immer noch moderat ist, keine Frage. Die vergilbte Speisekarte in dem kleinen Glasschaukasten neben der Tür orientiert sich ebenfalls an diesem Niveau und offeriert – allerdings nur im „Tages Menü" – „gute deutsche Hausmannskost" wie „Eisbein und Sauerkraut" und „Schnitzel mit Pommes Frites und Zigeunersoße", dazu „hausgemachte Pelmeni".

Betritt man das Eck, so wie in diesem Moment Matthias und Roman, schlägt einem besonders in den späteren Abendstunden ein schaler Geruch nach Fusel, Männerschweiß und Zigarettenrauch entgegen. Je nach Einstellung ist es eine Note, die entweder abstößt oder anzieht, und dass Matthias auf sie anspricht, muss hier sicherlich nicht gesondert betont werden. In der Tat dreht er sich gerade mit einem erwartungsfrohen Gesicht zu Roman um und sagt: „Na dann mal rein in die gute Stube!"

Drinnen hockt Eck-Anton wie gewöhnlich hinter seinem holzvertäfelten Tresen und liest in einer Illustrierten. Über ihm blinkt eine Lichterkette in einem halben Dutzend Farben. Er hat sie zum Anlass der Dreißig-Jahre-Eck-Feier vom letzten Juni angebracht. Sie wird dort wohl auch erst mal hängen bleiben.

Beim „BI-LIMM!" des Türglöckchens hebt sich erwartungsvoll sein Kopf. Er sieht Matthias, und seine blassen Lippen unter dem protzigen Schnurrbart verziehen sich zu einem feinen Lächeln, das die Spitzen einiger vergoldeter Zahnkronen zutage fördert.

„Hallo, hallo, hallooo! Na, wer ist denn das?! Das ist ja echt mal 'ne Riesenüberraschung!"

Eck-Anton legt die Illustrierte weg und latscht hinter seinem Tresen hervor. Sein Gesicht ist der Inbegriff der Leutseligkeit. Er ist gut einen Kopf kleiner als Matthias und sehr hager. Sein Oberkörper ist in ein viel zu weites Hawaiihemd gehüllt, in das Natascha zweifellos all ihre Bügelkünste investiert hat. Oben ist es nicht ganz zugeknöpft, so dass ein paar Locken seiner üppigen, inzwischen fast durchgehend weißen Brustbehaarung daraus hervorquellen wie Schafwolle. Nacheinander reicht er zuerst Matthias und dann Roman seine kleine Knitterhand mit den gepflegten Fingernägeln.

„Alles paletti bei dir, Matthias?"

„Klar, Onkeletti, könnt nicht besser gehen! ... Das ist der Roman."

„Super, freut mich ..." Flink wie Insektenfühler tasten Eck-Antons Augen hinter der großen Metallgestellbrille die neuen Gäste ab. Dann macht er eine einladende Geste hin zu dem halben Dutzend Tische, die in dem Raum verteilt sind: „Na, setzt euch doch erst mal hin! Macht's euch richtig gemütlich! Bei der Saukälte da draußen müsst ihr euch doch sicher erst mal ein bisschen aufwärmen, nicht wahr?"

„Da haste recht! Der elende Scheißwinter dieses Jahr ..."

„Ach, hört mir bloß auf!" Eck-Anton macht eine Geste mit der Hand, als will er jemandem eine kleben. „Ich kann's gar nicht mehr hören! Ich wollt mit meiner Ollen schon vor Wochen in 'n Garten, mal mit dem Frühjahrsputz beginnen und so! Aber solange das jede zweite Nacht immer noch Frost gibt, bringt das ja nichts. Wenn das so weitergeht, wird das dieses Jahr wieder nix mit meinen Tomaten ... Von den Erdbeeren will ich mal gar nicht erst anfangen!"

Er macht ein verdrießliches Gesicht.

„Na, scheiß der Hund drauf ... Was macht denn die Familie?"

„Na ja, das sollteste deinen Bruder vielleicht mal besser selber fragen!"

„Ach was, ihr habt euch immer noch nicht wieder vertragen?"

„Nee."

„Na, du und der Rolfi, ihr seid aber auch zwei Dickköppe! Da will auch keiner mal auf den andern zugehen! Aber einer von euch muss schon mal langsam den ersten Schritt machen. Ist doch keine Situation! Immerhin ist das Familie, und Familie ist wichtig!"

Mit Rolfi ist Matthias' Vater Rolf gemeint, Eck-Antons jüngerer Bruder. Seit sie sich am zweiten Weihnachtsfeiertag mal wieder in die Haare kriegten, hat Matthias nicht mehr mit ihm gesprochen, und er hat auch nicht vor, so bald wieder damit anzufangen. Seine Sippe kann ihm fast ausnahmslos den Buckel runterrutschen. Nur der Eck-Onkel, der ist in Ordnung, aber der ist auch nicht so drauf wie die anderen Spießer. Der gilt selber als schwarzes Schaf der Familie, seit er 1977 sein Studium kurz vor dem Abschluss schmiss und wenig später seine Kneipe aufmachte, ein in Anbetracht der damaligen Verhältnisse eigentlich unmöglicher Vorgang.

„Na ja, jedenfalls schön, dass ihr da seid!", meint Eck-Anton, als Matthias außer einem Schulterzucken nichts auf seinen Appell entgegnet und ein paar Augenblicke verstrichen sind. „Was darf ich euch denn servieren?"

„Für mich bitte ein großes Tschechisches!"

„Sicher! Und für deinen Spezi mit dem Pflaster auf der Backe?"

„Tja ... Ich nehm auch eins ..." Roman klingt eindeutig viel weniger begeistert als Matthias. Fast schon gleichgültig.

„Sehr gut, dauert aber ein paar Minuten ... Und jetzt setzt euch um Himmels Willen endlich mal hin! Ist doch kein Stehcafé hier!" Eck-Anton dreht sich um und wackelt gemütlich zu seinem Platz hinter dem Tresen.

„Klar!", sagt Matthias, aber es gefällt ihm gar nicht, dass es noch viele Minuten dauern wird, bis er endlich sein Bier vorgesetzt bekommt. Eck-Anton wird sich diesbezüglich nämlich unter keinen Umständen aus der Ruhe bringen lassen. Das weiß er. Für den ist ein akkurat gezapftes Bier eine überaus bedeutsame Angelegenheit.

Aber im Grunde hat sein Onkeletti ja recht: So viel Kultur muss schon sein.

Außerdem: Vorfreude, schönste Freude.

Sie gehen zu einem der Tische, hängen ihre Jacken über die Stuhllehnen und setzen sich. Momentan ist das Eck fast leer. Die meisten Gäste tauchen erst in ein oder zwei Stunden auf und bleiben dann bis Mitternacht, wenn Eck-Anton die Schotten dicht macht und alle rausschmeißt. Auch Natascha, Eck-Antons zweite Frau aus dem Kaukasus und damit Matthias' aktuelle Tante, scheint nicht im Hause zu sein.

Aber Der Zentralrat, der ist natürlich anwesend. Der ist schließlich fast immer hier. Wie gewöhnlich sitzt er in seinen alten Militärmantel gehüllt mit dem Rücken zur Wand an seinem Stammtisch hinten in der Ecke. Auf seiner rotgeschwollenen Alkoholikernase thront eine große Hornbrille. Vor sich auf dem Tisch hat er ein aufgeklapptes Notizbuch, einen Kugelschreiber sowie ein Bier- und ein Schnapsglas.

„Guten Tag, die Herren! Und auf das Wohl der Menschheit!", ruft er, und tief und wohltönend breitet sich seine Stimme im Raum aus. Er setzt das Schnapsglas an die wulstigen Lippen seines krötenhaften Mundes und leert es in einem Zug. „Zum Wohl!", intoniert er nochmals. Matthias nickt ihm kurz zu und denkt, dass er wohl eine ganze Menge mehr intus haben muss, bevor er auf den kann.

Kaum dass sie sich hingesetzt haben, wird Roman unruhig. Seine Hände beginnen seine Manteltaschen zu durchwühlen wie zwei Hamster, die im Stroh nach Getreidekörnern suchen. Schließlich huscht ein zufriedenes Lächeln über sein sich nach Marihuana verzehrendes Gesicht.

„Ich geh noch mal kurz vor die Tür!", meint er und steht abrupt auf.

„Alter, Alter ...", raunt Matthias über den Tisch. Ihm ist natürlich klar, dass sein Gegenüber gerade irgendeinen Joint-Rest aufgespürt haben muss. Vor allem stört ihn, dass Roman gleich auf seine Kosten kommen wird, während er hier glatt am Verdursten ist. Das schnelle Pils bei Mustafa hat nicht lange vorgehalten.

„Ach was, ist doch alles paletti – so wie dein Onkel sagt!" Roman kichert meckernd und ist gleich darauf zur Tür raus.

„Dem gefällt's wohl nicht bei mir?", ruft Eck-Anton vom Tresen her. Misstrauische Falten zerfurchen seine ohnehin schon faltige Stirn.

„Ach nee, der will bloß mal eine knastern gehen!"

„Kann der doch auch hier drinne machen!"

„Der raucht aber lieber draußen, oder was weiß ich."

„Aha." Eck-Anton stellt keine weiteren Fragen und widmet

sich wieder ganz dem Bierzapfen. Dazu pfeift er schief zu einer Schlagermelodie, die leise aus den Boxen der Stereoanlage hinter dem Tresen dudelt.

Als sich Matthias umblickt, fällt ihm auf, dass der „Flippermaster 2000" an der Wand zwischen den beiden Fenstern mit den vergilbten Blümchengardinen ausgeschaltet und eins seiner vier Beine seitlich etwas abgebogen ist, so dass der ganze Automat schief steht. Außerdem ist die Glasscheibe über dem Spielfeld gesplittert.

„Was ist denn mit deinem Daddelkasten los? Ist der kaputt oder was?"

„Mensch, erinner mich bloß nicht da dran, Matthias!" Eck-Anton macht ganz den Eindruck, als hätte er nur auf diese Frage gewartet. Er schlägt sich auf die Stirnglatze, bläst die Backen auf und sieht auf einmal außerordentlich verärgert aus: „Eine Riesenscheiße ist da passiert!"

Aus der Ecke Des Zentralrats weht ein zustimmendes Brummen.

„Oh, was denn?" Eck-Antons Reaktion macht Matthias hellhörig. Er weiß, dass seinen Onkeletti bis auf das Scheißwetter, sein dämliches Gemüse und natürlich die Hartz-IV-Gesetze nichts so leicht aus der Ruhe bringen kann.

„Ach, hör mir auf! Hier gab's letztens 'ne üble Schlägerei!"

„Echt? Aber bei dir isses doch sonst immer ruhig."

„Tja, ist es ja eigentlich auch! Aber nicht, wenn hier der Mongolensturm durchfegt!"

„Hä?"

„Anton will damit zum Ausdruck bringen, dass sich in diesen vier ehrbaren Wänden vor einigen Tagen zwei Menschen aus dem Lande Kasachstan geprügelt haben!", erklärt Der Zentralrat mit viel zu lauter Stimme und schlägt mit dem Zeigefinger auf die Tischkante.

„Genau! Es stand sogar was in der Zeitung darüber!"

„Ach echt?"

„Ja, warte, ich komm gleich rüber und erzähl's dir ausführlich." Eck-Anton räuspert sich. „Ich müsste hier auch noch irgendwo den Artikel aus der Zeitung haben ... Ich schau gleich mal ..."

„Kannste nicht erst mal unser Bier fertigmachen?"

„Na aber hallo!"

Roman beweist einen ausgezeichneten Sinn für Timing, als er wenig später genau in dem Augenblick wieder zur Türe hereinkommt, als Eck-Anton die beiden kunstvoll gezapften Sieben-Minuten-Biere zusammen mit zwei Bierdeckeln auf der etwas fleckigen Decke ihres Tisches abstellt.

„Na endlich! Zum Wohl!" Ohne allzu viel Zeit damit zu vergeuden, den Anwesenden großartig zuzuprosten, setzt Matthias das Glas an seine Lippen und trinkt es wieder fast bis zur Hälfte aus.

„Na, hier ist einer aber besonders durstig heute!", brummt Der Zentralrat aus seiner Ecke anerkennend und schreibt etwas mit dem Kugelschreiber in sein Notizbuch.

„Kannste laut sagen! Der Matthias hat einen Zug wie sein Vater!"

„Ich will das mal als Kompliment nehmen!" Matthias wischt sich mit dem Handrücken den Schaum von der Oberlippe. Ein für seine Verhältnisse moderater Rülpser löst sich von seinen Lippen.

Roman schenkt derweil keiner Beachtung, aber der hat auch nur ein bisschen an seinem Glas genippt. Er selber schert sich allerdings auch um keinen der Anwesenden. Der Joint-Rest in seiner Jacke hat ihn wieder in eine Wolke wohligen Behagens gehüllt. Der ganze Schwachsinn um ihn herum, was geht ihn das an? Ein Hoch auf die Weiße Witwe und die Anarcho-Heimgärtnervereine des Internets!

„Also, was war denn nun mit den Kasachen los?"

Mit einem weiteren Schluck hat Matthias sein Glas schon fast ausgetrunken.

„Tja ...", meint Eck-Anton in einer Mischung aus Verärgerung und Nachdenklichkeit: „Wie war das ... ? Also die haben sich wegen irgendwas in die Wolle gekriegt. So richtig hab ich das alles selbst nicht mitgekriegt. Meine Olle hatte ja Bardienst, und ich lag da schon in der Heia ... – Na ja, plötzlich kommt die jedenfalls zu mir hochgerannt und meint ganz aufgeregt, die da unten fetzen sich gleich! Ich denk mir: Hä, was? Die Kasachen?! Die saßen doch vorhin noch ganz friedlich nebeneinander wie zwei Pinguine! Aber ich will besser doch mal runtergehen und mir angucken, was da los ist. Ohne Grund kommt meine Olle schließlich nicht angewetzt! Na jedenfalls, ich bin grad dabei, mir 'ne Hose anzuziehen, da hör ich von unten her ein fürchterliches Gescherbel! Ich denk noch: Jetzt geht's wohl los hier! und renn runter, so schnell ich kann, und als ich unten bin, seh ich, wie einer der beiden Kasachen den anderen grade im Schwitzkasten hat und mit'm Kopf volle Kanne gegen die Scheibe von meinem Flippermaster knallt! Die ist dabei natürlich zu Bruch gegangen ... So einen Kasachenschädel hält die nicht aus. Einen Tisch hatte die Schweinebande auch schon zerkloppt, und der im Schwitzkasten, also der hat geblutet wie 'n Schwein. Das war vielleicht ein Bild, das könnt ihr euch nicht vorstellen! Wie 'n Schwein! Meine Olle war den ganzen nächsten Vormittag lang am Rumwischen!"

Eck-Anton macht ein betroffenes Gesicht und fährt sich durch die weiße Pracht auf seiner Brust und Matthias denkt, dass er sich so ein „Bild" durchaus vorstellen kann. Immerhin ist er selbst schon oft genug in Angelegenheiten verwickelt gewesen, bei denen es ordentlich zur Sache gegangen war.

„Na, ich hab dann jedenfalls meine Olle nur angeschrien, sie soll die Polizei rufen", fährt Eck-Anton nach einer dramatischen Pause fort. „Aber das hätt ich wohl mal lieber selber machen sollen, denn wenn die aufgeregt ist, na, dann ist der ihr Deutsch 'ne Katastrophe ... 'ne einzige Katastrophe ... Tja, und dann hat's auch noch 'ne halbe Ewigkeit gedauert, bis die Bullen endlich hier waren ... In der Zwischenzeit hab ich die Kasachen angebrüllt, dass sie raus sollen aus meiner Kneipe, dass sie sich von mir aus gerne abstechen können, aber bitteschön nicht hier drin. Der hier kann's bezeugen, der war nämlich auch da! War doch so, oder?" Eck-Anton wendet seinen Kopf in die Ecke, wo Der Zentralrat sitzt.

„Sodom und Gomorrha, meine Herren! Ich wiederhole: Das war Sodom und Gomorrha in Reinkultur!", dröhnt es von dort.

„Jawoll, es gibt Zeugen! Zeugen für dieses Blutbad in meiner Kneipe!", deklariert Eck-Anton. Jetzt hält er auch den Zeitungsartikel in der Hand und wedelt damit herum. Er hat ihn sauber ausgeschnitten. Wer weiß, was er damit noch vorhat. Als Referenz zum Einrahmen so wie die zwei, drei anderen Artikel an der Wand hinter dem Tresen ist er ja nun nicht gerade geeignet.

„Wie isses denn nun ausgegangen?" Weil alle erwartungsvoll auf Eck-Anton schauen und Eck-Anton selber, sicherlich zum x-ten Mal, den Artikel studiert, hat Matthias gerade eben und ohne dass es jemandem aufgefallen ist, sein leeres Bierglas mit dem noch fast vollen von Roman vertauschen können. Den scheint dieser unverschämte Diebstahl auch nicht zu jucken.

„Na, wie gesagt, der eine Komsomolze hat den anderen richtig übel vermöbelt", fängt Eck-Anton wieder an. „Am Ende ist der sogar mit'm Stiefel auf den drauf. Also, als der auf'm Boden lag. Der hat dann auch gar nicht mehr gezuckt ... Hat's aber überlebt. Die Kerle haben schließlich ein dickes Fell. Ist ja bekannt. Allerdings liegt der jetzt mit Schädelbruch auf der Intensivstation!"

„Und den anderen Kasachen haben die Herren Polizisten unter der Aufbietung all ihrer Kräfte überwältigen müssen!", fügt Der Zentralrat ungefragt aus seiner Ecke hinzu und schreibt wieder etwas in sein Notizbuch.

„Jawohl, aber das war dann erst später. Zuerst lässt der nämlich von seinem Kumpel ab und setzt sich seelenruhig wieder an die Bar und säuft seinen Schnaps weiter. Ohne sich von irgendwas stören zu lassen! Glotzt einfach vor sich hin. Aber als dann endlich die Bullen aufkreuzen, dreht er plötzlich wieder richtig auf. – Die mussten zu dritt auf den drauf! ... Der war wie'n Tier! Wie'n Tier, sag ich euch!" Eck-Anton schüttelt fassungslos den Kopf. „Na, der geht jetzt natürlich erst mal für 'ne ganze Weile in den Kahn, und da gehört der auch hin, wenn ihr mich fragt! Also nach der Gerichtsverhandlung! Und dann schicken sie den hoffentlich zurück nach Kasachstan! Da kann er dann Radau machen, wie er lustig ist ..."

„Jawohl, gemeingefährliche Subjekte dieses Kalibers haben nichts in diesem schönen und friedlichen Land verloren!", resümiert Der Zentralrat feierlich und schlägt wieder mit seinem Zeigefinger auf die Tischkante. Keiner achtet auf ihn.

„Am meisten kotzt mich an, dass mir diese Bande meinen Flippermaster ramponiert hat!", meint Eck-Anton schließlich.

„Kannste denn das Geld nicht von der Versicherung ... na ja ... irgendwie zurückfordern?"

„Nee, die Kiste hab ich doch schon seit fast fuffzehn Jahren, die ist schon lange abgeschrieben. Da krieg ich vielleicht noch drei Hosenknöppe für! Und dass die Kasachen was ham, also das möcht ich mal ganz stark bezweifeln ... Na ja, mal sehen, vielleicht kann der ja noch repariert werden. Ich müsste mal mit dem Schubi reden, der kriegt das vielleicht wieder hin. Der hat ja 'n Händchen für so 'n Technikzeugs ... Jedenfalls hoff ich, dass bei der Gerichtsverhandlung was für mich rausspringt! Schadensersatz wegen seelischem Terror vielleicht! Immerhin ham die meine Olle mit dieser – Ich sag mal ... – Gewaltorgie total fertiggemacht ... Und auch ich krieg immer noch das große Zittern, wenn ich dran denk!"

Über Eck-Antons Stirn zieht eine ganze Armada neuer Sorgenfalten. Er räuspert sich kurz und blickt in die Ecke, wo Der Zentralrat sitzt: „Jedenfalls isses echt gut, dass ich dich als Zeugen anführen kann!"

„Aber das ist doch selbstverständlich, mein lieber Anton!", donnert es von dort, und Matthias glaubt, aus dieser seltsamen Stimme eine Art unterschwelligen Spott herauszuhören. „Freunde wie wir müssen doch zusammenhalten, und zwar wie Pech und Schwefel! *Wie Pech und Schwefel, Anton!* ... Oh, und bringe mir doch bitte noch ein großes Glas Pilsner und einen Kurzen!"

„Na klar, und du musst nicht immer so rumplärren wie 'n Volksempfänger! Ich hör dich auch so!"

Eck-Anton macht Anstalten, sich wieder hinter den winzigen Tresen zurückzuziehen.

„Machste mir bitte auch noch ein Pils klar?"

„Sicher, sicher ..."

Matthias ist mit dem von Roman entwendeten Glas auch schon wieder fast fertig. Es ist nur noch eine kümmerliche Pfütze drin. An Tagen wie heute läuft ihm die Brühe wie von selbst in den Hals. Dabei ist er natürlich mitnichten der Saufaus, für den man ihn nach diesen Ausführungen mit einiger Berechtigung halten könnte. Nein, es gibt genug Tage, an denen er kaum was trinkt, das heißt, höchstens mal seine zwei, drei Pilsetten vor dem Schlafengehen – mehr nicht! Wichtig ist ihm nämlich, dass er sich selber in Griff hat. Kontrolle – darauf kommt's doch an! Denn ansonsten wäre man kaum besser als dieses abgemagerte Suchtwrack mit den roten Klüsen und dem bescheuerten Grinsen vor ihm ... Na, wenn er den lieben Romanowski so betrachtet, fragt er sich, und zwar nicht zum ersten Mal heute, ob er mit dem zukünftig überhaupt noch was zu tun haben will ... Scheiß auf die alten Zeiten, das bringt doch alles nichts mehr. Der ist im Sack, in einer anderen Welt, das sieht man doch ...

„Und dein Spezi? Will der gleich auch noch eins?"

„Dem Spezi geht's super, der braucht erst mal nix!", antwortet Roman anstelle von Matthias. Seine Stimme ist ein glückliches Nuscheln.

„Na gut ..." Eck-Anton wirft ihm einen misstrauischen Blick zu. Es versteht sich von selbst, dass er mit Gästen, die nichts oder nur wenig trinken, nicht allzu viel anfangen kann. Was für einen Jammerlappen hat der Matthias da nur angeschleppt?

„Der junge Mann ist nicht von der trinkfreudigen Sorte, das ist offensichtlich!", sekundiert Der Zentralrat, als hätte er Eck-Antons Gedanken gelesen und schreibt wieder etwas in sein Notizbuch.

Und so geht es weiter. Hin und wieder bimmelt das Glöckchen über der Tür, mehr und mehr Gäste kommen. Bald sind es schon ein Dutzend. Für einen Donnerstagabend ist das sehr ordentlich. Eck-Anton kann zufrieden sein.

„Mach mal hin, Anton, wir verdursten!", dröhnt es immer wieder in Richtung Tresen, aber Eck-Anton lässt sich durch diese Rufe nicht sonderlich aufscheuchen. Eile mit Weile. Hier in seiner Kneipe kommt jeder auf seine Kosten. Dafür weiß er schon zu sorgen.

Matthias kennt einige der Saufnasen bereits von früheren Besuchen, und die sind natürlich hocherfreut, ein noch relativ unverbrauchtes Gesicht in ihren Reihen zu wissen. Vielleicht weil es in ihnen nostalgische Erinnerungen an eine Zeit weckt, als sie selbst noch jung und lebensfroh waren.

Schließlich taucht auch Natascha mit zwei großen Einkaufstüten auf. Sie sieht Matthias und ihr wie immer stark geschminktes Gesicht verzerrt sich freudig: „Oh, solch ein Uberraschunk! Wie nett zu sehen dich!" Matthias palavert noch einige Minuten mit ihr, bevor sie sich in ihr Privatgemach in der darüber liegenden Etage zurückzieht. Heute stemmt Eck-Anton den Bardienst allein. Von Freitag bis Sonntag werden sich er und Natascha die Arbeit teilen, denn dann kommen für gewöhnlich mehr Gäste, und Montag und Dienstag hat Anton seine freien Tage und sie muss ran.

Mittlerweile hat Matthias elf Bier und fünf Kurze intus und ist damit so langsam aber sicher doch schon ziemlich voll. Irgendwann lässt er sich mit Dem Zentralrat auf eine bescheuerte Diskussion über den Weltfrieden ein, bei der er schließlich angewidert abwinkt und lieber ein bisschen mit seinem Onkeletti quatscht. Für sein Gelalle hat der selbstverständlich zwei offene Ohren und einen verständnisvollen Gesichtsausdruck parat.

Roman dagegen trinkt den ganzen Abend über nur drei Bier, wobei das von Matthias stibitzte Glas schon mit eingerechnet ist. Obwohl er die meiste Zeit über schweigsam an seinem Platz sitzt, wirkt er ausgesprochen zufrieden mit sich und der Welt im Allgemeinen. Eck-Anton wirft ihm hin und wieder einen Blick durch seine Metallgestellbrille zu, der seine Verachtung kaum verhehlt. Würde Roman nicht zu Matthias gehören (der für zwei trinkt), hätte er dieses Aas schon längst ohne großes Palaver hinauskomplimentiert. Denn dass sich Roman mit etwas anderem draufbringt als Alkohol, das fällt einem erfahrenen Gastwirt wie ihm natürlich sofort auf. Er bemerkt auch, wie Roman in regelmäßigen Abständen auf sein Klo pilgert und kurze Zeit später vor die Tür geht ... Natürlich um dort seine Drogen zu konsumieren! Was denn sonst! ... Wie böse Gespenster wabern Begriffe wie Cannabis, Crystal Meth, Heroin, Speed und Kokain durch Eck-Antons Kopf, Begriffe, von denen er hier und da mal etwas gelesen oder gehört hat, von denen er aber sonst nicht viel weiß. Aber das Wenige, das er weiß, das reicht ihm schon. Mehr will er im Grunde gar nicht wissen. Denn das ist doch alles dasselbe Teufelszeug, das Menschen mit der Zeit in Tiere verwandelt, in Kriminelle, Vergewaltiger und Mörder ... Man liest es doch jeden Tag in der Zeitung! Und ja, jetzt ist dieser Dreck auch in seiner Kneipe angelangt! So weit ist es schon gekommen! Und ausgerechnet die eigene Familie hat ihn eingeschleppt! Letzte Woche die Kasachen, heute ein Drogensüchtiger ... Wo zur Hölle soll das noch hinführen! Soll seine Olle demnächst Fixerspritzen vom Boden neben seinem Klo fegen? Oder Drogentote reanimieren? – Na, er wird mal ein ernstes Wörtchen mit Rolfi reden müssen, ihn über den Umgang aufklären, den sein Ältester so pflegt ... Oder er wird sich selbst mal an den Jungen wenden und unter vier Augen bei einem Glas Bier Klartext mit ihm reden. – Ja, das wäre sicher besser ... Am liebsten würde Eck-Anton Matthias jetzt sofort beiseite nehmen und mit ihm ins Gericht gehen, aber das geht natürlich nicht, dazu ist er momentan viel zu beschäftigt, und außerdem ist Matthias schon so betrunken, dass er zu ernsthaften Gesprächen gar nicht mehr in der Lage wäre. Es muss also ein andermal geschehen ... Na, er hofft bloß, dass der Junge nicht ganz so ein Dickkopf ist wie sein Bruder Rolfi, denn der lässt sich gar nichts sagen, von niemanden, aber so wie Eck-Anton Matthias einschätzt, ist der leider genauso vernagelt wie sein Bruder ... Er wird also vorsichtig sein müssen, sehr vorsichtig ... diplomatisch ... Eine schwierige Situation! Auf keinen Fall will er Matthias vor den Kopf stoßen. Denn auch wenn sein Neffe nicht gerade ein häufiger Gast ist, so kommt er doch mit regelmäßiger Zuverlässigkeit ... und er kommt nie allein! Sonst sind es natürlich nicht solche Asseln wie dieser Penner heute, nein, sonst ist es immer junges, trinkfreudiges Volk so wie Matthias, und das bringt Schwung in sein Hartz-Bier-Treff, sein geliebtes Eck, das kann er auch an den anderen Gästen sehen! – Ja, er kann sehen wie sich auch heute die anderen von Matthias anstecken lassen, wie sie lebhafter und fröhlicher sind als sonst, wie sie mehr trinken ...

Der Charme der Jugend lässt die Kasse klingeln ... !

Diese und viele ähnliche Gedanken gehen Eck-Anton durch den Kopf, während er den gut gelaunten Gastwirt mimt und es langsam auf Mitternacht zugeht. Dann kann er endlich zumachen und sich zu seiner Ollen in die Heia legen. Nach und nach leert sich das Eck. Als letztes gehen Matthias und sein verkommener Anhang.

Allerdings hat Matthias noch lange nicht genug. Er lässt sich daher von Eck-Anton ein Taxi bestellen, das ihn und Roman ins Watzlawik bringen soll. Auf der Hinfahrt nickt er kurz auf dem Beifahrersitz ein und fängt an, sich zu bekotzen. Natürlich ist der Fahrer darüber alles andere als erfreut. Mit quietschenden Bremsen hält er mitten auf der menschenleeren Straße an, langt über Matthias hinweg, um die Tür zu öffnen, und drückt ihn unter einer Salve arabischer Schimpfworte mit beiden Händen nach draußen. Matthias stolpert aus dem Taxi und fällt dabei fast hin, kann sich jedoch gerade noch an der Autotür festhalten. Als er sich wieder aufgerichtet hat, lallt er zuerst etwas Unverständliches und schmeißt dann plötzlich die Tür zu.

Roman schaut sich die Szene auf seinem Platz hinten im Taxi ganz ruhig an. Dann meint er mit klarer Stimme zu dem Fahrer, er soll ihn doch bitte nicht mehr ins Watzlawik fahren, sondern gleich zu sich nach Hause. Der dreht sich um und blickt ihn an wie ein Habicht, aber als ihm Roman einen Zwanzig-Euro-Schein hinhält, ist sein Ärger auf einmal wie weggewischt und er grinst durchtrieben. Immerhin gibt es auch keinen Grund, wütend zu sein, schließlich hat sich Matthias nur selbst bekotzt, auf die Armaturen oder den Sitz ist nichts gelangt. Es riecht lediglich etwas säuerlich. Der Fahrer dreht daher die Lüftung auf, und das Taxi setzt sich in Bewegung. Beim Wegfahren winkt Roman dem auf der Straße herumtaumelnden Matthias leutselig zu. Der ist durch für heute, denkt er.

Wegen des Zwanzig-Euro-Scheins ist der Fahrer nun ausgesprochen freundlich zu ihm und erzählt alles Mögliche über Libyen, sein Heimatland, und darüber, wie abgrundtief er Gaddafi hasst. Roman sagt zwar immer mal wieder „Aha" und „Interessant", aber er hört ihm gar nicht richtig zu. Er denkt stattdessen an seinen Arthrocereus und ob der nicht vielleicht bald blühen wird.

Er ist jetzt so breit, dass er seine Pupillen nicht mehr auf einen Punkt fixieren kann ... Alles dreht sich um ihn herum, alles tanzt ... und das ist schön ...

Natürlich hat er sich den ganzen Abend über immer weiter zugedröhnt. Ohne sein Notfall-Kit – eine alte Zigarettenschachtel aus Metall, Inhalt: ein Gramm Weiße Witwe, Tabak und Papers, dazu eine Packung „Big Red"-Kaugummis – hätte er sich niemals von Matthias aus seiner Wohnung scheuchen lassen. Und die Stunden in dieser bescheuerten Kneipe, auf die Matthias seltsamerweise so abfährt, wären anders kaum zu ertragen gewesen. Die Gänge zum Klo und vor die Tür hat Eck-Anton schon völlig richtig interpretiert.

Kaum in der WG angekommen, rollt er sich erst mal ein besonders dickes Ding, das er sich ohne Umstände zur Hälfte in die Lungen pfeift. Anschließend macht er sich in der Küche zwei dick mit Zervelatwurst belegte Toastbrotscheiben zurecht, die er in seinem Zimmer zusammen mit einem großen Glas Cola Light aus dem Kühlschrank verspult. Während er isst, lässt er das aktuelle „Greatest Hits"-Album von Tom Petty and the Heartbreakers laufen. Gleichzeitig klickt er sich im Internet durch eine Seite mit den neuesten Artikeln über Hybridzüchtungen: Wow, wow, wow! denkt er begeistert. Da wird in nächster Zeit Einiges hammerhart auf uns zurauschen!

Irgendwann kommt Enrico in sein Zimmer und huscht auf seinen Schoß. Jetzt ist der Kater ganz zutraulich, und Roman denkt gar nicht mehr an den Kratzer auf seiner Backe. Er streichelt das weiche Fell, während er konzentriert weiterliest, aber plötzlich merkt er, dass seine Klamotten und Hände schwarz verschmiert sind. Enrico hat sich also mal wieder im Aschkasten vor dem Ofen gewälzt. Sein schwarzes Fell ist ganz stumpf von der Asche ... Na egal, er hat sowieso vorgehabt ein Bad zu nehmen. Wenn man stoned ist, gibt es kaum was Besseres als ein heißes Schaumbad.

Später setzt er sich vor seine Spielkonsole und versucht in der folgenden Stunde, Alex Kidd dabei zu helfen, seine Freundin zu befreien, scheitert aber schließlich an den beweglichen Wänden im Schloss, so dass Alex bald alle Leben ausgehaucht hat.

Bevor er sich auf seine Matratze haut, schaut er noch mal bei seinen Lieblingen in der Abstellkammer vorbei. Die Gro-Lux-Lampen sind jetzt ganz ausgeschaltet, denn die Pflanzen müssen einen genau geregelten Tageslauf haben, um optimal wachsen zu können. Deswegen scheint nur von der Funzel in seinem Zimmer etwas Licht in das Zelt.

Lange bleibt er auf dem kleinen Hocker sitzen und starrt auf die dunkelgrünen Schatten vor ihm. Und während er hier sitzt, den Messingaschenbecher mit einem qualmenden Joint auf seinem Knie, fragt er sich, warum er nicht *immer genau an dieser Stelle sitzt*. Es gibt doch nichts Erfüllenderes, als seinen Pflanzen beim Wachsen zuzuschauen, sie von allen Seiten zu betrachten, dem geheimnisvollen Geraschel ihrer Blätter zuzuhören, wenn er sie sanft anbläst ... Wozu noch rausgehen, wozu andere Menschen treffen, wenn es letztendlich immer damit endet, dass man sich gegenseitig anödet, weil es nichts zu erzählen, rein gar nichts mitzuteilen gibt! Matthias zum Beispiel, na, der ist sicherlich kein schlechter Kerl, und er mag ihn irgendwo, weil sie sich schon seit tausend Jahren kennen. Aber letztendlich ist der doch heutzutage auch nur noch ein dämlicher Prolet, der nichts Besseres mit sich anzufangen weiß, als sich mit blöde machendem Alkohol zu betäuben ... !

Später, als er auf seiner Matratze liegt und am letzten Joint des Tages – genau: dem zum Runterkommen – zieht, kommt ihm der Gedanke, morgen Gras-Brownies zu backen. Gegessen hat er die natürlich schon oft, aber an ihre Herstellung hat er sich bislang noch nicht getraut. Das wäre doch mal ein Projekt, denkt er, und ist schon ganz schläfrig ... Und Camilo wird das sicher auch gefallen. Gleich morgen früh wird er ihn anrufen, ja, das wird er ... Camilo ist ein echter Freund, der tickt genau wie er ... Zu ihm hat er eine wirkliche Verbindung ... Wie hat dieser eine Klapskopf in der Pennerkneipe von Matthias' Onkel vorhin gesagt: ‚wie Pech und Schwefel'? – Ja, das kommt hin: Er und Camilo, sie sind tatsächlich wie Pech und Schwefel, ja, das sind sie, sie gehören zusammen, sie ...

Eine riesige Geisterhand greift nach Roman und trägt ihn sanft weit weg.

Ganz weit weg.

VIER

Das Punkthaus, in dem Willerd wohnt, hat spätestens seit letztem Sommer einen ziemlich üblen Ruf. An einem heißen Vormittag ist damals ein junges Pärchen mit dem Fahrstuhl bis in den vierzehnten Stock gefahren und über die Feuerleiter aufs Dach geklettert. Dann ist es gesprungen.

Man könnte sich jetzt natürlich die Frage stellen, ob sich die beiden dort oben geküsst oder wenigstens noch einmal verzweifelt in die Augen geschaut hatten, bevor es ab nach unten ging, was aber angesichts dieser Tragödie völlig belanglos wäre. Die Leute spekulieren daher lieber über ganz andere Dinge. Zum Beispiel über ein mögliches Motiv. Immerhin hatten die beiden nichts hinterlassen, keinen Abschiedsbrief, keine Erklärungen, nichts.

Wenn es ein älteres, von Langzeitarbeitslosigkeit, Suff und Depressionen zerrüttetes Ehepaar gewesen wäre ... – Na, dann wäre der Fall schnell klar gewesen. Dann hätte man desinteressiert mit den Schultern gezuckt und sich ansonsten höchstens über die Sauerei aufgeregt. (Schlaftabletten hätten's doch auch getan.)

Bei diesen beiden sah die Sache jedoch anders aus. Warum verlobt man sich erst mit großem Trara, wenn man einen Monat später die Biege macht? Noch dazu, wo SIE eine richtige Schönheit war, also eine, die sogar mal einen entsprechenden Wettbewerb bei einem Stadtteilfest gewonnen hatte. Außerdem eine, die zwei Jahre zuvor so mit das beste Abitur ihres Jahrgangs hingelegt hatte ... Und was IHN betrifft, die, die ihn kannten, beschrieben ihn unisono als einen vom Leben verwöhnten Sonnyboy, der gerade dabei war, sein Wirtschaftsingenieurstudium weit vor der Regelstudienzeit abzuschließen.

Unbegreiflich also, was einen bei so viel Startkapital in den Freitod treibt. Man sollte vielleicht nicht allzu viel darüber nachdenken. Es könnte einen nervös machen. Denn wenn sich jetzt sogar schon *solche* Leute umbringen, dann ist der eigene Lebensentwurf möglicherweise nicht nur in Frage gestellt, nein, er ist geradezu besudelt von dem Matsch, der von einem Menschen nach einem freien Fall von vierzig Metern plus anschließendem Aufprall auf den zersplitterten Gehwegplatten noch übrig ist.

Deswegen ist es sicherlich kein Wunder, wenn die Leute anfangen, nach den abwegigsten Erklärungen für diesen Selbstmord zu suchen. Man nehme nur mal Willerd selber. Der stellt sich Folgendes vor:

So wie jeden Morgen werden die beiden Selbstmörder in spe vom Gekreische ihres Radioweckers geweckt. Aber anstatt aufzustehen und den Tag voller Elan in Angriff zu nehmen, machen sie diesmal den verhängnisvollen Fehler, sich in die verpennten Gesichter zu blicken, und zwar nicht mal nur so beiläufig, wie man es beim Aufstehen oft tut, sondern *richtig*. Und bei diesem wortlosen Glotzen tritt bei beiden plötzlich haargenau dieselbe niederschmetternde Erkenntnis ein: *nämlich dass da immer so ein beschissener Radiowecker sein wird. Dass das für die nächsten drei, vier Jahrzehnte genauso weitergehen wird, immer in diesem elenden Trott. Und dass es im Grunde rein gar nichts geben wird, was der Mühe des täglichen Aufstehens, Zähneputzens und sich Zurechtmachens wert wäre, das heißt, wirklich wert wäre, weil es doch letztendlich sowieso immer nur darauf hinausläuft, dass man am nächsten Tag wieder in derselben Situation ist: dass der Radiowecker aufs Neue loskreischt und das Spiel von vorn beginnt. – Warum also nicht gleich Schluss machen? Warum sich dieses Elend immer wieder aufs Neue antun, wenn man es doch im Grunde jederzeit in der Hand hat, sich ein für allemal das Licht auszuknipsen?*

Soviel zu Willerds Vorstellungen.

Auch die Lokalzeitung widmet dem Selbstmord am Tag danach einen ausführlichen Bericht in ihrem „Stadtnachrichten"-Teil. Dem Autor gelingt es dabei, mit einigen fragwürdigen Bemerkungen über das „Horrorhaus" und seine Bewohner eine Anzahl von Lesern dermaßen auf die Palme zu bringen, dass die Redaktion in den nächsten Tagen von massenhaften E-Mails und sogar Anrufen bedrängt wird und sich schließlich genötigt sieht, dem Abdruck einer Auswahl dieser Leserreaktionen eine ganze Sonderseite zu opfern. Das passiert nicht oft, das letzte Mal, wenn sich Willerd richtig erinnert, anlässlich der Ereignisse des 11. September 2001.

Und was steht im Einzelnen in diesen Briefen? Zum großen Teil natürlich der übliche hysterische Käse. Ein Leser weist allerdings ganz richtig darauf hin, dass die beiden Selbstmörder gar nicht in dem Haus gewohnt, sondern lediglich nach einem hohen Gebäude mit leicht zugänglichem Dach gesucht hätten. Ein anderer meint wiederum, es wäre „total abartig", zu implizieren (wie es der Verfasser des Artikels angeblich getan hätte), das Haus sei ein sozialer Brennpunkt, immerhin wohne die Oma von dem und dem dort, und das wäre ja wohl eine sehr anständige, ältere Dame: *Er kenne sie persönlich!* Und obendrein wäre – so eine in unterschiedlichen Formulierungen immer wiederkehrende Einschätzung – ein solches Geschmiere angesichts dieser Tragödie nicht nur äußerst zynisch, sondern obendrein der, wie so ein unverbesserlicher Wichtigtuer tatsächlich schreibt, „Kohäsion innerhalb der Bevölkerung insgesamt abträglich".

Gerade die letzte Anschuldigung hält Willerd für völlig überzogen: Welche „Kohäsion" denn bitte? Oder meinte die Arschgeige, die das geschrieben hatte, vielleicht die „Kohäsion", die der Anblick der zermatschten Leichen unter den Hausbewohnern erzeugt hatte? Viele von ihnen hatten sich nämlich in der Tat ganz einträchtig im Kreis um das Gekröse auf den Gehwegplatten versammelt. Angeblich waren sogar die Feuerwehr und Rettungskräfte bei ihrer Arbeit behindert worden.

Nein, keine Frage, in dem heutzutage noch bewohnten Teil der hundertsechsundneunzig Ein-Zimmer-Wohnungen des Punkthauses haust schon so allerhand Gesocks. Willerd wäre vermutlich der Letzte, der das abstreiten würde. Trotzdem will er nicht pauschalisieren. Das wäre ihm zu billig. Er ist schließlich Soziologe, genauer gesagt: angehender Soziologe.

Vielleicht liegt hierin auch der Grund, weshalb ihn die Frage, welche Leute im Punkthaus wohnen, schon seit einer ganzen Weile beschäftigt, und zwar nicht erst seit dem Doppelselbstmord. Aber spätestens seit diesem Vorfall ist er geradezu besessen davon, so viel wie möglich über die anderen Hausbewohner herauszufinden. Und mittlerweile weiß er auch, wie er seine Erkenntnisse verwerten wird.

Er wird ein Buch schreiben.

Einen Roman.

Genau das wird er tun.

Ein Konzept hat er bereits im Groben ausgearbeitet. Er hat lange daran gesessen. So ein Roman ist schließlich keine Sache, die man sich mal so eben aus dem Ärmel schüttelt.

Ausgangspunkt soll ein atomarer Schlagabtausch zwischen den USA und Russland in Europa bilden, ein globaler Showdown der ehemaligen Blöcke des Kalten Krieges sozusagen. Was die eigentliche Handlung betrifft, hier ist sich Willerd noch nicht hundertprozentig darüber im Klaren, welche Richtung er genau einschlagen wird. Was er sich jedoch vorstellt, ist eine Geschichte über eine Gruppe von Menschen, die dem nuklearen Holocaust entkommen ist und deren Mitglieder sich nun in einem Punkthaus wie diesem verschanzen, um sich nach und nach gegenseitig in unerbittlichen Macht- und Verteilungskämpfen zu massakrieren.

An der Niederschrift einiger Szenen hat sich Willerd bereits versucht. Er ist auch ganz zufrieden damit. Aber natürlich sind seine Ansprüche hoch. Das, was er an Informationen über die Hausbewohner zusammengetragen hat, wird ihm jedenfalls sehr nützlich bei der Entwicklung seiner Charaktere sein.

Zur besseren Einordnung der gesammelten Informationen hat Willerd vor einer Weile eine Typologie entwickelt, in die sich die Hausbewohner nach fünf Kategorien einordnen lassen. Ihre jeweiligen Merkmale hat er im Laufe der Zeit immer weiter spezifiziert, das heißt, er hat sie auf Zettel geschrieben und mit Klebeband oder Reißzwecken an den Wänden seines

Wohnzimmers befestigt. Diese Methode ist zwar etwas umständlich, immerhin könnte er die Informationen auch ganz einfach in die Tastatur seines Computers hämmern. Aber so findet er es einfach anschaulicher.

Außerdem hat Willerd begonnen, die fünf Kategorien in „Archetypen" und „Pseudotypen" zu unterteilen. Als Archetypen bezeichnet er solche Hausbewohner, auf die die einzelnen Merkmale der jeweiligen Kategorie mehr oder weniger genau zutreffen. Dagegen passen Pseudotypen nur bis zu einem bestimmten Maß in sein Schema. Selbstverständlich gibt es sehr viel mehr Pseudotypen als Archetypen, und nicht wenige Hausbewohner ordnet Willerd mit Hilfe eines Ausschlussverfahrens zu: Weil also der und der (oder die und die) in die anderen vier Gruppen noch weniger passt, muss er (oder sie) zwangsläufig zur übriggebliebenen Kategorie gezählt werden.

Zu den Vertretern der ersten Gruppe zählt Willerd vor allem alleinstehende Männer mittleren Alters. Ein Archetyp dieser Kategorie ist mindestens vierzig Jahre alt, alleinstehend, alkoholabhängig und geht keiner geregelten Tätigkeit nach.

Erst vor ein paar Monaten gab es einen Vorfall mit einem Angehörigen dieser Gruppe. Der Mann, ein gewisser Herr Petereit, war allerdings nur ein Pseudotyp, denn er hatte noch gearbeitet, und zwar als Schichtarbeiter in einer Großdruckerei.

Eines Nachmittags, als das Eisauto so wie fast jeden Tag vorfährt und am Treppeneingang des Punkthauses stehenbleibt, tickt dieser Herr Petereit unvermittelt aus. Nur mit Unterhosen bekleidet ist er in wenigen Augenblicken von der dritten Etage bis nach unten gerannt, jedoch nicht, um sich ein Eis zu kaufen, sondern um unter übelsten Beschimpfungen auf den Fahrer einzudreschen. Erst als sein Opfer bereits bewusstlos in einer sich ausbreitenden Blutlache liegt, beruhigt er sich wieder. Auch von der Polizei lässt er sich kurz darauf ohne Gegenwehr abführen. Später heißt es, die über Lautsprecher abgespielte Erkennungsmelodie des Eisautos hätte Herrn Petereits Mittagsschlaf gestört.

Ende vorletzten Jahres ist einer der seltenen Archetypen

dieser Kategorie auf Willerds Etage eingezogen. Hin und wieder trifft er ihn im Fahrstuhl, es ist ein wahres Prachtexemplar. Sein Gesicht ist völlig entstellt vom Suff, und seine Augen sind rotgesoffene, stumpf stierende Löcher. Er scheint immer dieselben Klamotten anzuhaben und verpestet mit seinem Gestank die ganze Kabine.

Ein weiterer Vertreter dieser Gruppe, allerdings wieder nur ein Pseudotyp, wohnt ebenfalls bei ihm auf dem Flur: ein unglaublich fetter Mann mit einer Stimme wie ein blubberndes Abflussrohr, der so gut wie nie seine Wohnung zu verlassen scheint, jedoch regelmäßig von einer sehr viel jüngeren und verblüffend attraktiven Frau mit grellrotem Lippenstift besucht wird. Immer hat diese Frau zwei große Tüten mit Lebensmitteln dabei. Erst dachte Willerd, es ist die Tochter, aber dann hörte er einmal im Vorbeigehen ein bezeichnendes Stöhnen durch die dünne Wohnungstür dringen ...

Abgesehen von Vorfällen wie dem mit Herrn Petereit verhält sich die erste Gruppe seiner Typologie insgesamt verträglich und unauffällig. Das trifft im Großen und Ganzen auch auf die zweite zu. Hierzu zählt Willerd die im Punkthaus wohnenden Ausländer, das heißt, vor allem Araber und Russen, außerdem ein paar Schwarzafrikaner. Einen Archetypen, einen älteren Algerier, trifft er manchmal, wenn er seine Wohnung auf- oder zuschließt. Aus dessen immer sehr höflichen, zugleich aber auch scheuen Grüßen leitet er ab, dass der genauso wenig Interesse an nachbarschaftlichem Austausch hegt wie er selber.

Andere Vertreter dieser Kategorie sind zugänglicher, halten ihm unten die Eingangstür auf oder bieten ihm, wenn sie Pseudotypen sind, bisweilen sogar Zigaretten und Süßigkeiten an. Obwohl er immer dankend ablehnt, gehören die Typ-2-Hausbewohner zu den angenehmsten Nachbarn. Problematisch können sie höchstens dann werden, wenn sie es mit der Sauferei übertreiben. Besonders bei den Russen kommt das häufiger vor. Dann werden sie schnell zu Pseudotypen der fünften Kategorie.

Während es sich bei den Angehörigen dieser ersten beiden Gruppen interessanterweise durchweg um Männer handelt, setzt sich die dritte vor allem aus alleinstehenden Frauen zusammen. Die meisten von ihnen sind alt, manche sogar sehr alt. Viele wohnen hier schon seit zig Jahren.

Zur genaueren Unterscheidung hat Willerd bei dieser Kategorie eine weitere Unterteilung in zwei Untertypen vorgenommen, nämlich in „explorative" und „einzelgängerische" Pseudo- beziehungsweise Archetypen. Die explorativen Typen halten sich, in Bademäntel oder Kittelschürzen gehüllt, vom frühen Morgen bis zum späten Nachmittag zumeist im Eingangsbereich oder – je nach Wetterlage – im näheren Umkreis des Punkthauses auf und sind scheinbar immer damit beschäftigt, auf irgendetwas zu warten, den Besuch eines Verwandten zum Beispiel. Die einzelgängerischen Typen dagegen verschanzen sich in ihren Wohnungen und öffnen allerhöchstens dann die Tür, wenn der Essen-auf-Rädern-Service einmal am Tag den Assiettenfraß anliefert. Im vorletzten Frühsommer ist einer der wenigen Archetypen dieser Unterkategorie im Alter von achtundsiebzig Jahren im Schlaf an einem Hirnschlag verschieden. Es war zu diesem Zeitpunkt selbst für Juni ungewöhnlich heiß, und nach drei Tagen muss sich auf der ganzen Etage ein grauenhafter Geruch ausgebreitet haben.

In Willerds Stockwerk gibt es einen explorativen Pseudotyp dieser dritten Kategorie. Die Wohnung der alten Frau befindet sich seiner direkt gegenüber. Mit Nachnamen heißt sie Zimmermann. Ihren Vornamen kennt er nicht. Immer trägt sie einen gelben Bademantel. Ihre nackten Füße stecken in abgewetzten Pantoffeln aus grauem Filz.

Das Seltsame an dieser Frau Zimmermann ist, dass sie völlig auf Willerd fixiert zu sein scheint. Oft, wenn er gerade im Begriff ist, seine Wohnung zu verlassen, geht ihre Tür auf, ganz so, als hätte sie dahinter auf der Lauer gelegen.

„Ah, der liebe Herr Naumann, wie schön ..."

Frau Zimmermann hat große Augen, die lebhaft unter den schweren Lidern funkeln, und wenn sie zum ihm spricht, reiben sich ihre verrunzelten Hände mit den knotigen Fingern lustvoll aneinander. Ihre Stimme ist ein sanftes, durch den Hausflur hallendes Murmeln.

Willerd hat natürlich schnell begriffen, wie wertvoll ihm Frau Zimmermann im Hinblick auf seine Typologie sein kann. Immerhin wohnt sie schon seit den späten Achtzigern hier im Punkthaus und ist ausgezeichnet mit vielen anderen Angehörigen der dritten Kategorie vernetzt. Das macht sie zu einer Quelle enormen Wissens. Oft wenn er mit ihr gesprochen hat, hält Willerd die für ihn wesentlichen Informationen auf kleinen Zetteln fest, die er später an den Wänden seiner Wohnung befestigt.

Manchmal zieht Frau Zimmermann auch an andere Mieter gerichtete Briefe aus den ausgeleierten Taschen ihres Bademantels und drückt sie ihm in die Hand. Der Postbote hätte sie versehentlich bei ihr in den Briefkasten geworfen, sagt sie dann immer und lächelt verschmitzt.

Was Willerd anfangs verwundert hat, ist die Verachtung, mit der Frau Zimmermann von den meisten Mietern im Haus spricht. Andererseits ist es sicherlich deprimierend, aus nächster Nähe mit ansehen zu müssen, wie hier langsam alles vor die Hunde geht. Und dann auch noch in dem Alter ... In ein paar Jahren wird das Punkthaus wohl ganz abgerissen werden. Oder renoviert. Aber das ist Willerd egal. Er wird dann schon lange ausgezogen sein.

Das dürfte übrigens den meisten Vertretern der vierten Kategorie so gehen, der er sich selber als Pseudotyp zuordnet. Zu dieser Gruppe zählt Willerd junge Erwachsene beiderlei Geschlechts, Studenten zumeist, die sich im Punkthaus vor allem wegen der niedrigen Miete einquartiert haben. Nur die wenigsten von ihnen wohnen hier für längere Zeit. Die meisten ziehen aus, sobald sie einen für den Arbeitsmarkt halbwegs verwertbaren Abschluss in der Tasche haben.

Und dann wäre da noch letzte Kategorie ... Zwar ist sie zahlenmäßig die kleinste, aber ihre Angehörigen bilden mit Abstand die interessanteste Gruppe, das heißt, aus rein literarischer Sicht. Insbesondere ihr Archetyp („asozialer, gewalttätiger Jugendlicher aus kaputtem Elternhaus mit Typ-1-Prognose") dürfte der Hauptgrund dafür sein, weswegen es die einzelgängerischen Pseudo-/Archetypen der dritten Kategorie vorziehen, in ihren Wohnungen zu versauern. Wenn mal wieder ein Scheißhaufen die Luft in der Fahrstuhlkabine verpestet oder eine Flurwand mit Graffitis vollgeschmiert wurde, steckt mit Sicherheit so ein Fünfer-Chaot dahinter. Und selbstverständlich regt sich über so ein bisschen Kacke keiner weiter auf. Aber ab und zu wird eben nachts auch eine Tür eingetreten oder irgendjemandem eine Bierflasche ins Gesicht geschlagen. Dann müssen ein paar kräftige Bullen in Kampfanzügen aus der nahegelegenen Polizeiwache anrücken und die Sache regeln.

Erst neulich erzählte ihm Frau Zimmermann, dass derzeit gleich zwei Pseudotypen der fünften Kategorie unten im sechsten Stock wohnen würden: „Stellen Sie sich vor, Herr Naumann, diese Rabauken machen die Nacht zum Tage ... ! Es ist entsetzlich ..."

Hier auf Willerds zwölfter Etage ist es dagegen sehr ruhig. Von den vierzehn Wohnungen sind nur noch fünf bewohnt. Der anderen stehen leer. Bei einer ist die Tür schon seit einer ganzen Weile mit Brettern vernagelt.

Einmal überreichte ihm Frau Zimmermann ein Schreiben vom Jugendamt an einen Typ-5-Archetypen, einen gewissen Rocko Selich. Der Brief war eine Art ultimative Vorladung mit der relativ unverblümten Androhung von Jugendknast, sollte er sich auch nur noch den kleinsten Fehltritt erlauben. Durch Frau Zimmermann weiß Willerd inzwischen eine ganze Menge mehr über diesen Rocko, beispielsweise, dass seine Mutter bei der Geburt gestorben und sich sein Vater, angeblich ein begabter Mathematiker, wenig später aufgehängt hat. Dass Rocko dann zuerst im Kinderheim, später in diversen Jugendheimen aufwuchs. Dass er nach neun Jahren Schule immer noch nicht weiter war als bis zur sechsten Klasse ...

Im Augenblick jedoch ist das alles weit weg.

Ganz weit weg.

Dafür pocht es beharrlich in seinen Eiern.

Den ganzen langen Weg von Yvonnes Wohnung bis hierher zum Punkthaus hat ihn dieser dumpfe Schmerz begleitet.

Immerzu hat er an sie denken müssen, die Grobheit ihrer Pfoten, das Geflacker in ihren Augen und daran, nie wieder bei ihr aufzukreuzen.

Nie wieder!

Nun steht er im Fahrstuhl. Sanft ruckelnd fährt die Kabine in den zwölften Stock. Durch den zerkratzten Spiegel sieht er ein Gesicht. Es sieht aus wie sein eigenes, aber es wird ihm umso fremder, je länger er es betrachtet. Dieses Gesicht sieht müde aus. Müde und auch schon etwas verbraucht. Außerdem ist es ein schmales Gesicht mit ernsten, braunen Augen und einem leicht verkniffenen Mund. Es wirkt so, als hätte derjenige, dem es gehört *(Ihm? Wirklich?)* ein ziemliches Problem mit sich und der Welt im Allgemeinen. *(Hat er das? Er? Nicht doch!)*

Gleich darauf tritt er in seinen Hausflur. Von den leise summenden Neonröhren über ihm geht ein fahles Licht aus. Frau Zimmermann wird er jetzt nicht mehr über den Weg laufen. Die nimmt gegen 17 Uhr immer ihre Tabletten und ist danach für zwölf Stunden ausgeknockt.

Die Gummisohlen seiner Sneakers quietschen leise über die glatten Fliesen, links und rechts zieht ein Dutzend Pressholztüren an ihm vorbei. Nun steht er vor seiner eigenen Wohnung ganz am Ende des Ganges. In Hüfthöhe ist die Tür stark zerkratzt, und irgendein früherer Mieter hat sie mit zahlreichen Obstaufklebern verziert. Ein paar beharrliche Reste zeugen immer noch von dieser seltsamen Angewohnheit.

Willerd wühlt in seiner Hosentasche nach dem Schlüsselbund und dreht Augenblicke später den richtigen Schlüssel im Schloss um. Er will die Tür aufmachen, aber irgendetwas lehnt von innen dagegen. Etwas Nachgiebiges. Er kann sich schon denken, was es ist, und drückt entschlossen gegen die Tür. Vielsagend schabt und raschelt es über das Linoleum in dem kleinen Vorraum.

Er tritt ein und blickt auf ein Gewirr aus leeren Einwegplastikflaschen, klebrigen Konservendosen und nachlässig zusammengefalteten Pizzakartons. Der blaue Müllsack, den er heute mit runternehmen wollte, muss irgendwann umgekippt sein.

Willerd macht die Tür hinter sich zu und beginnt, seinen Abfall der vergangenen Woche zurück in den Beutel zu schaufeln. Schon unfassbar, wieviel Müll man so produziert. Und dabei kauft er noch nicht mal viel ein. Nein, er beschränkt sich doch schon auf das Allernotwendigste. Mehr lässt sein Budget ohnehin nicht zu.

Als er fertig ist, zieht er seine Sneakers aus, hängt die Jacke an den Haken und geht ins Badezimmer, um sich die Hände zu waschen.

Dann betritt er sein Wohnzimmer. Im gelben Licht der nackten Vierzig-Watt-Birne sieht es in dem zwanzig Quadratmeter großen Raum kaum anheimelnder aus als bei Yvonne. Das ist leider wahr. Damals, nach seinem überhasteten Einzug, waren Einrichtungsfragen eher nebensächlich gewesen.

Drei Jahre ist das jetzt schon her.

Drei verdammte Jahre ...

Viel hatte er nicht mitgenommen. Seine Bücher, die CDs ... Das meiste davon hatte er einfach weggeschmissen. Alles ab in die Tonne. Nach der Trennung war es ihm egal gewesen. Und bis heute vermisst er nichts von dem ganzen Krempel ... Vielmehr fühlte er sich befreit. Ja, befreit.

Dafür bedeckt seine Typologie inzwischen einen großen Teil der Zimmerwände. Gerade in den letzten Wochen hat ihn Frau Zimmermann mit so vielen Informationen versorgt, dass er inzwischen mehr als genug Material zusammen hat.

Vielleicht sollte er den Roman gleich als Trilogie angehen.

Darüber müsste er mal nachdenken.

Aber bevor er damit anfängt, muss er erst mal zusehen, dass er was in den Magen kriegt. Seit heute Mittag hat er nichts mehr gegessen. An den angebrannten Makkaroniklumpen in dem Topf in Yvonnes Schmuddelküche hat er sich selbstverständlich nicht herangetraut.

Er geht zur Küchennische, holt einen Tetra Pak mit Milch aus dem Kühlschrank und schenkt sich ein Glas ein. Gierig trinkt er es in wenigen Zügen leer.

Erneut macht er den Kühlschrank auf und fischt eine bunte Schachtel aus dem vereisten Kühlfach. Es ist eine Dreier-Pizza-Packung. Er hat sie erst gestern Vormittag im Billigmarkt an der die Ecke gekauft. Ein Sonderangebot. Eine Pizza ist noch drin.

Routiniert befreit er den gefrorenen Fladen aus seiner Plastikhülle und platziert ihn auf einem mit verkohlten Fettflecken übersäten Blech. Er schiebt es in den kleinen Elektroofen und stellt Backzeit sowie Temperatur über die beiden Reglerknöpfe ein.

Er macht das Milchglas noch mal voll und stellt es auf dem Kühlschrank ab. Dann zieht er seine Jeans aus und schlüpft in die graue Jogginghose.

Gleich darauf sitzt er mit dem Glas in der Hand auf seinem Sofa und schaltet mit der Fernbedienung den großen Flachbildfernseher ein, der auf einem kleinen Tischchen an der gegenüberliegenden Wand steht. Das Gerät gehört zusammen mit dem DVD-Player mit Abstand zu den wertvollsten Gegenständen in seiner Wohnung. Seine Oma hat sich beides kurz vor ihrem Tod von ihrer Riesenrente zugelegt. Als sie dann vor zwei Jahren starb, hatte seine Mutter nichts dagegen, dass er sich beides unter den Nagel riss.

Das Abendprogramm gibt jedoch wie üblich nicht viel her. Da sind schwitzende Menschen, die an der Sechzehntausend-Euro-Frage scheitern ... aufgetakelte Prominente, die ihre Pudel zum Friseur bringen ... amerikanische Hausfrauen, die mit ihren Freundinnen völlig hirnverbrannten Stuss quatschen ... Dreiundvierzig Kanäle und dann nur so ein Dreck!

Nach einer Weile bleibt Willerd bei einer mehrteiligen Dokumentation über die guten, alten Jugoslawienkriege hängen. Das ist ja doch mal ganz interessant. Heute geht es um das Dayton-Abkommen von 1995. Man sieht Holbrooke, die alte Giftspinne, wie er Tudjman und Izetbegović gegen Milošević ausspielt. Der Serbe merkt erst gar nicht, wie er über den Tisch gezogen wird, aber dann fängt er an, herumzumosern. Am Ende vertragen sie sich jedoch wieder. Es gibt auch reichlich Sekt.

Die Sendung ist gerade vorbei, als es „PING!" macht. Willerd steht auf, holt die dampfende Pizza aus dem Ofen und legt sie auf einen Teller. Dann kramt er Messer und Gabel aus dem Besteckkasten und haut sich wieder vor die Glotze.

Während er darauf wartet, dass sich die Pizza ein wenig abkühlt, zappt er sich weiter durch die abendliche Fernsehlandschaft. Schließlich entscheidet er sich für eine Sendung, in der es um Menschen geht, die es irgendwie geschafft haben, sich so richtig in die Scheiße zu reiten. Der Moderator, ein Schlaks in schlecht sitzendem Jackett und einer Visage, die auch durch das Kassengestell auf seinem Zinken nicht vertrauenswürdiger wirkt, hat gerade ein Pärchen in der Mache, das rumlamentiert, es hätte sich beim Kauf seines „Traumhauses" so richtig verhoben: die Scheißbank mit ihren beschissenen Zinsen! Wer hätte das auch wissen können? – Ja wer wohl?

Willerd und der Moderator hören sich das Gejammer ganz geduldig an. Schließlich säuselt letzterer, sein Team würde „mal ein Wörtchen mit der Bank sprechen".

Jetzt ist die Pizza soweit abgekühlt, dass Willerd seine Zähne hineinschlagen kann ... – Na, ganz so verroht ist er natürlich nicht. Nein, er greift ganz gesittet zu Messer und Gabel und säbelt sich ein mundgerechtes Stück nach dem anderen ab.

Während er kaut und schluckt, kündigt der Moderator die Zuschauerrunde an. Die ersten beiden Anrufer solidarisieren sich mit dem Pärchen, aber der dritte raunzt durchs Telefon, dass er „sich auch keinen Porsche kaufen würde, wenn er sich keinen leisten" könne und dass „die beiden Penner ganz allein die Schuld an ihrer Situation" trügen. Die Frau verliert nun endgültig die Fassung. Schon vorher hat sie sich verhalten in ihren Augen herumgewischt, nun aber fängt sie richtig an zu schluchzen. Ihr Mann sitzt mit einem tumben Gesichtsausdruck neben ihr und hält ihre Hand mit seinen Wurstfingern umkrallt.

Jetzt merkt Willerd auch, dass etwas mit der Pizza nicht stimmt. Schon die anderen beiden Pizzas schmeckten alles andere als „delicioso“, aber die hier ... Argwöhnisch hebt er den halbaufgegessenen Pizzadeckel auf seinem Teller hoch und ...

Schimmel!!

Der Boden der Pizza ist über und über mit dunkelgrünen Schimmelschlieren bedeckt!

Reflexartig rotzt Willerd das halbzerkaute Stück Pizza in seinem Mund auf den Teller.

Ekelhaft!

Und jetzt?!

Zum Klo rennen, den Finger in den Hals stecken, den Dreck wieder auskotzen?

Er lauscht ausgiebig in sich hinein. Sein Magen zickt jedenfalls noch nicht rum.

Seufzend steht er auf und entsorgt die Pizzareste im Müllsack an der Tür.

Später, die Sendung mit dem dämlichen Pärchen ist schon lange vorbei, setzt er sich an den Schreibtisch und schaltet seinen Computer ein. Gleich darauf hat er die Datei geöffnet, die den Text beinhaltet, an dem er gestern gearbeitet hat. Er liest:

Überall in der Stadt brannte es jetzt. Rocko hatte eine ganz bestimmte Vermutung, wer diese Feuer angezündet haben könnte, denn von seinen eigenen Leuten war es niemand gewesen. Die hatte er alle sehr gut unter Kontrolle. Er stand auf dem Dach des Turmes und blickte über die Stadt, die ein einziges Flammenmeer war! So musste sich Nero gefühlt haben, nachdem er Rom hatte anzünden lassen, dachte er, aber dieser Gedanke bereitete ihm kein Vergnügen.

Als er sich umdrehte, stand Sieglinde hinter ihm. Sie war eine der ältesten unter seinen Gefährten, und er schätzte sie sehr für ihre große Weisheit.

„Bald wird es Regen geben“, sagte sie jetzt und lächelte ihn dabei an. „Dann werden diese Feuer von ganz allein wieder ausgehen.“

„Wie du meinst, aber ich bin mir da nicht so sicher. Ich glaube, es sind vor allem die Tankstellen, die brennen, und die haben gewaltige Reservoirs an Benzin. So ein bisschen Regen wird diesen Feuern dann nichts anhaben können."

Sieglinde lächelte ihn immer noch an, und Rocko begriff sofort, dass sie eine andere Meinung dazu hatte. Sie zog es jedoch vor, diese für sich zu behalten. Nun musste er selber lächeln, denn es gefiel ihm sehr, dass ihm inzwischen jeder aus der Gruppe so viel Respekt zuteil werden ließ, dass seine Autorität uneingeschränkt anerkannt wurde!

Was er sagte, war Gesetz!

Hm, macht Willerd, und reibt sich die Stirn. So richtig gut liest sich das noch nicht.

Er nimmt ein paar Änderungen vor, tippt ein paar neue Sätze, löscht alte, und wird immer unzufriedener.

Schließlich gibt er auf. Er schließt die Datei, ohne die Änderungen gespeichert zu haben und liegt gleich darauf wieder auf seinem Sofa.

Aber es kommt nur Scheiße im Fernsehen ... nichts weiter als gequirlte Scheiße ...

Schon überlegt er, ob er runter in die Videothek gehen soll, sich einen Film ausleihen, aber dann sieht er auf einmal das markante Gesicht des jungen Robert De Niro.

Das ist doch ... Ja, das ist tatsächlich „Wie ein wilder Stier"!

Na, das ist ja wirklich mal eine Überraschung!

Jake LaMotta, du verrückter Hund! Machst erst deine Gegner im Ring fertig, dann deine Alte zuhause ...

In einer der Werbepausen holt sich Willerd noch ein Glas Milch. Bald wird er müde, aber er merkt es gar nicht. Seine malträtierten Eier pochen jetzt kaum noch. Er ist eingeschlafen, noch bevor sich LaMotta in einen fetten, alten Arsch verwandelt hat.

Willerd verpasst sogar die Nackedeis im Nachtprogramm des Sportkanals. Erst im Morgengrauen wacht er wieder auf. Mit einem unguten Gefühl im Magen taumelt er ins Bad.

Dort kotzt er kurz und schmerzlos einen stinkenden Matsch aus halbverdauter Schimmelpizza und Milch in sein Klo.

FÜNF

Seit einer halben Stunde hockt Matthias im Underground an der Theke. Abgesehen von den Bands und Uwe ist noch niemand weiter da. Die Japaner, drei Musiker und eine Sängerin, sind gerade mit dem Soundcheck fertig und hocken nun wie ein Haufen Meerschweinchen hinter dem Merchandise-Tisch. Vor ihnen liegen, sorgfältig ausgebreitet, T-Shirts und CDs. Die Mitglieder der Vorgruppe dagegen fläzen an einem Tisch neben der Bar und können ihr Glück kaum fassen, heute ausnahmsweise mal auf Kosten des Hauses saufen zu dürfen.

Durch die großen Boxen hinter der Theke dröhnt ein Scorpions-Album aus den Siebzigern. Die Lautstärke ist infernalisch. Die Scorps sind Uwes absolute Lieblingsband, und seine Leidenschaft hat im Laufe der Zeit immer perversere Züge angenommen. Das Shirt, das sich straff über seinen monstrosen Brustkorb spannt, zeigt die unzensierte Version des Covers von „Virgin Killer".

Dass im Underground noch nichts weiter los ist, stört Matthias nicht im Geringsten. Der Uwe hinter der Theke sorgt schon dafür, dass er hier nicht verdurstet. Außerdem dürfte der Laden in Bälde sowieso gerammelt voll sein. Schließlich spielen heute Mister Sister Fister, na, und das bei wie immer freiem Eintritt!

„Geht's denn der Angie jetzt mal wieder besser?!" Matthias muss brüllen, damit ihn Uwe hinter dem Tresen bei dem Lärmpegel überhaupt verstehen kann.

„Nee, soweit ich weiß, nicht!", meint Uwe ungerührt und kratzt sich an den Tätowierungen auf seinem Bizeps.

„Hm! Die ist doch schon seit bald drei Monaten dort!"

Uwe zuckt mit seinen Riesenschultern und sagt nichts weiter. Es scheint ihn nicht sonderlich zu jucken, dass Angie mal wieder in der Klapsmühle einsitzt. Zusammen mit Uwe und noch zwei anderen Nasen, dem Thorsten und der Monique, gehört sie zur ständigen Belegschaft des Underground. Wenn sie nicht in der Klapse ist, wohnt sie so wie Uwe in einer der Wohnungen hier im Sieberthaus.

Das Sieberthaus ist ein vierstöckiges Mietshaus und heißt so, weil es sich in der Siebertstraße befindet. Seit Kriegsende war es (so wie alle anderen Häuser in der Siebertstraße) immer mehr verfallen, dann aber Mitte der Neunziger als Teil eines Wiedereingliederungsprojektes für soziale Problemfälle aufwendig renoviert worden. Nun wohnen hier etwa zwei Dutzend Ex-Junkies, Skinheads und Punks. Die Hausordnung ist streng, und wer mit Heroin, Speed oder Crystal erwischt wird, fliegt ohne Gnade zum Monatsende raus. Derartige Vorkommnisse hat es jedoch schon seit Jahren nicht mehr gegeben. Uwe und Konsorten passen ganz genau auf, dass niemand aus der Reihe tanzt.

Dieses strenge Regime hat dazu geführt, dass das Wohnprojekt mittlerweile sehr gut etabliert ist. Den vielen Kritikern der Anfangsjahre konnte dadurch nachhaltig das Maul gestopft werden. Vielleicht nicht ganz zu Unrecht hatten die sich damals vor allem darüber mockiert, dass sauer erwirtschaftete Steuergelder für Fußbodenheizungen, Edelholzeinbauküchen und ähnlichen Firlefanz verpulvert worden waren. Für die „schreckliche Kneipe im Keller" hatten diese Spießer natürlich erst recht kein Verständnis.

Dabei ist das Underground ein richtiger Schmelztiegel. Das kann man durchaus so sehen. Abend für Abend saufen sich hier nämlich viele der Hausbewohner zusammen mit zahlreichen Gästen „von außerhalb" ganz friedlich einen an, ohne sich einen Scheiß darum zu scheren, ob ihr Gegenüber früher mal „ein ganz übler Fascho", „eine Zecke" oder was auch immer war.

Bis auf montags ist das Underground immer bis spät in die Nacht geöffnet. Der Eingang befindet sich im Hof, und von dort mündet eine schmale Treppe in einen etwa sieben Meter langen Gang, dessen Wände vollständig mit Konzertpostern und Flyern beklebt sind. Schließlich steht man vor einer soliden, mit

Metall beschlagenen Eichenholztür, die nur noch aufgestemmt werden muss. Dahinter befinden sich zwei große, weißverputzte Kellerräume. In dem einen ist die Bar eingebaut, im hinteren Teil des anderen befindet sich eine Bühne, die immerhin groß genug ist, dass sich vier, fünf Musiker mit ihren Instrumenten und Verstärkern nicht allzu sehr im Weg stehen.

Konzerte gibt es im Underground mehrmals pro Woche, meistens dienstags und freitags. Obendrein findet einmal im Monat ein Chili-Abend statt, der dank Angies Kochkünsten inzwischen eine Art Kultstatus genießt. Ihr Chili ist aber auch ein Gedicht! Die reinste Götterspeise! Seit sie jedoch in der Klapse hockt und Uwe notgedrungen in der Küche für sie einspringen musste, hat sich die Qualität des Chilis allerdings drastisch verschlechtert: Das letzte Mal zum Beispiel war es vollkommen versalzen und obendrein so scharf, dass man denken konnte, jemand hätte Uwe ein paar dieser berüchtigten Bhut-Jolokia-Horrorschoten aus Indien untergejubelt. Dem Einzigen, dem es augenscheinlich ganz wunderbar mundete, war Uwe selber, aber der hat sich seine Geschmacksnerven vermutlich schon mit ganz anderen Abscheulichkeiten weggeätzt.

Trotzdem war der Chilitopf gegen Ende des Abends fast leer. Uwe hatte allen Anwesenden reichlich Nachschlag gegeben, gern auch ungefragt. Und seine Fähigkeiten in der Küche kritisieren, das traut sich dann doch keiner. Lieber löffelt man keuchend und mit tränenden Augen seine Portion und säuft ein paar Bier und Schnäpse extra.

Denn mit Uwe verscherzt man es sich besser nicht. Das könnte böse enden, sehr böse, das weiß jeder im Sieberthaus, und längst nicht nur dort. Immerhin ist Uwes gewalttätige Vergangenheit noch viel legendärer als der Chili-Abend. Als führender Kopf der lokalen Hooliganszene war er in den späten Achtzigern und frühen Neunzigern so einige Male in den Knast gewandert. Das dickste Ding hatte er sich geleistet, als er und ein Typ namens Seifi vor lauter Freude über ein gewonnenes Spiel einen Asylbewerber aus Somalia erst halbtot geprügelt und anschließend mit einem Abschleppseil an die Anhängerkupplung von Uwes Opel „Kazett“ gebunden hatten. Danach war es fröhlich hupend ein paar Runden durch ein Wohngebiet gegangen.

Uwe hatte damals jedenfalls enormes Glück, dass der Somalier nicht etwa krepierte, sondern nach ein bisschen Koma und Reha schon bald wieder so gut beisammen war, dass er wie geplant in sein krisengebeuteltes Heimatland abgeschoben werden konnte.

Uwe war für diese Untat daher auch nur zu gerade mal fünf Jahren verknackt worden. Und während sich Seifi schon vor einer ganzen Weile totgesoffen hatte, zog er selber nach seiner vorzeitigen Entlassung wegen guter Führung als einer der ersten Mieter in die Siebertstraße und fing wenig später im Underground an. Den Aushilfsjob hatte er allerdings nur so lange, bis sich der damalige Leiter der Kneipe mit den nicht gerade üppigen Einnahmen einer ganzen Woche nach Osteuropa abgesetzt hatte. Seitdem ist er hier der Chef, und anscheinend macht er seinen Job sehr gewissenhaft. In Anbetracht der Umstände hat er damit eine beeindruckende Entwicklung zum Besseren hingelegt. Uwes zahlreiche Sozialarbeiter haben allen Grund, sich gegenseitig anerkennend auf die Schulter zu klopfen. Tatsächlich scheint er mit seinen gewalttätigen Eskapaden von früher weitgehend abgeschlossen zu haben. Zumindest hat er seit Jahren niemanden mehr vermöbelt, das heißt, richtig vermöbelt. Hier und da mal einen Klaps auf den Hinterkopf, klar, manchmal geht es eben nicht anders. Aber im Krankenhaus ist wegen ihm schon lange keiner mehr gelandet. Die Zeiten sind anscheinend vorbei.

Inzwischen hat sich Matthias noch zwei Bier hinter die Binde gekippt, und Klaus Meine lispelt sich durch „Lonesome Crow“. Eigentlich kein schlechtes Album, findet er, aber Uwe schnaubt nur verächtlich, als er diese Sichtweise über die Theke brüllt. Was seine Scorps betrifft, interessieren ihn die Meinungen von anderen einen Scheiß.

Zum Glück trudeln so langsam ein paar mehr Nasen ein, unter anderem der Manne.

„Alter, hey!"

Auf Manne hat Matthias schon gelauert. Der ist cool und verträgt auch ordentlich was. Sie hauen sich gegenseitig ihre Pranken auf den Rücken, dass es kracht.

Hinter Manne kommt Schnecki in die Bar geschlurft. Den nennt hier jeder so, weil er so ziemlich das langsamste Geschöpf auf Gottes Erde ist. Selbst beim Biertrinken vergeht eine unfassbar lange Zeit, bis sein Glas leer ist. Er ist aber trotzdem ein durchaus ernstzunehmender Alkoholiker und braucht nur hin und wieder mal etwas Brennstoff, um seinen Spiegel zu halten. Man fragt sich allerdings, wie er es bei diesem Tempo überhaupt erst geschafft hat, sich diesen Spiegel anzusaufen.

Manne selber ist bereits gut versorgt. Ganz offensichtlich wurde vorgeglüht. Seine Rockabilly-Frisur ist ein bisschen durcheinander. Er bestellt sich auch gleich ein Bier.

„Wie war's denn gestern bei deinem Onkeletti im Eck?!"

„Schon lustig!" Matthias lacht herzlich, damit Manne sehen kann, wie lustig.

„Alter, ich war vielleicht besoffen! Weiß kaum noch, wie ich nach Hause gekommen bin! Heute morgen, da wach ich bei mir auf'm Sofa auf! Noch mit meinen Stiefeln an!"

Er erzählt noch ein paar Dinge, an die er sich irgendwie zu erinnern glaubt und nimmt dann einen großen Schluck aus seinem Bierglas. Roman erwähnt er mit keinem Wort.

„Wo hast 'n heute eigentlich deine Olle?!", fragt er dann. „Die sieht man auch nicht mehr so oft wie früher!"

„Tja also ... die Sabine ist heute leider nicht so gut auf mich zu sprechen! – Gestern ist mir was echt Blödes passiert!" Manne grinst schelmisch.

„Ach ja?"

„Na ja, so schlimm war's nun auch wieder nicht!"

„Erzähl schon, komm!"

„Also schön: Wir hatten gestern Filmabend bei uns zuhause, hatte ich dir ja erzählt. Ich bin ja immer noch krankgeschrieben." Manne kratzt sich an der Schläfe und schiebt die Brille auf seiner Nase ein Stück höher. „Wir kucken also Filme! Zuerst 'nen Klassiker: ‚Total Recall'! Immer wieder geil! ... Der Arnie war schon 'ne ausgesprochen coole Sau früher! ... Danach kommt die Sabine mit 'nem anderen Film: ‚Brokeback Mountain'! Sie sagt, es wär 'ne romantische Komödie! Und ich denk schon: Och nee ... ! Aber wenn ich mal gewusst hätte, was da wirklich auf mich zukommt ... !"

„Haha, du Idiot! Du kanntest den Film nicht?! Der war doch letztes Jahr im Kino!"

Matthias knufft Manne mit seiner großen Faust in die Seite.

„Nee! Vorher noch nie was von gehört! Du weißt doch, ich kenn mich mit neueren Filmen nicht so aus! Jedenfalls, wir fangen an, den zu kucken, und irgendwann merk ich natürlich, in welche Richtung das geht! Voll der Horror! – Ich dachte, ich krieg 'nen Anfall, als die zwei Cowboy-Schwuchteln plötzlich anfangen, sich gegenseitig die perversen Hackfressen abzulecken!"

„Kann ich mir denken! Wäh! Wer will so was auch sehen!"

„Ja, hab ich der Sabine auch gesagt! Aber die meinte, sie fänd den Film voll schön und will wissen, wie's ausgeht! Hab ich sie natürlich angesaut: dass ich mir diesen Schwulendreck nicht mehr reinziehe und dass wir jetzt was andres ankucken! Na, und da isse gleich abgegangen wie 'ne Rakete! Ich wär 'n intolerantes Arschloch und so!" Manne klingt ganz entrüstet: „Ein intolerantes Arschloch?! – Iiiich?! Also Matthias, Alter, du kennst mich: Bin ich ein intolerantes Arschloch?!"

„Na und ob du ein intolerantes Arschloch bist!"

„Fresse, Mann!"

Beide lachen, und auch Schneckis Mundwinkel verziehen sich mit einiger Verzögerung langsam in Richtung Raumdecke.

„Oh Mann, seitdem die Alte diesen elenden Gender-Dreck studiert, erkenn ich die manchmal kaum wieder! Die Uni verblödet die noch mal völlig! ... Na, und wie die so rumkeift, bin ich dann natürlich irgendwann auch fuchsteufelswild geworden! Kann ich mir doch nicht bieten lassen! Immerhin bring ich die Brötchen nach Hause, also kann ich auch entscheiden, was bei uns geglotzt wird!"

„Haste recht!“

„Klar hab ich recht! ... Wir beide waren auch schon richtig besoffen! Also besonders ich! Wir hatten noch 'ne Zwei-Liter-Flasche von diesem Schokolikör von ihrer Geburtstagsfeier letzte Woche übrig! Und die ham wir leer gemacht. Die ging weg wie nix! Das Zeug schmeckt ja auch eher wie 'ne Süßigkeit! Da merkste gar nicht, wie du langsam besoffen wirst. Aber irgendwann kannste kaum noch gradeaus gehen ...“

„Und wie ging's dann weiter?!“

„Na warte Mal 'n Augenblick! Ich erzähl's gleich ... !“

Manne wühlt in der Tasche seiner Jeansjacke nach Zigaretten und zieht eine etwas zerdrückte Schachtel hervor. Er fragt Schnecki nach Feuer, und der beginnt, wie ein gerade aus dem Winterschlaf erwachter Hamster danach zu suchen.

„Mach mal hin, Schneckerich! So viele Taschen haste doch gar nicht!“, brüllt Manne durch den Lärm.

„Nun warte ... doch mal ... gleich ... siehste ... hier isses ... auch ... schon!“

Schnecki wedelt mit dem Feuerzeug wie ein Flusskrebs mit seiner Schere, und gleich darauf brennt Mannes Fluppe.

„Also, jetzt mach's mal nicht so spannend!“

Manne hat wirklich Sinn für Dramaturgie, das muss man ihm lassen!

„Ja, also du kennst doch diesen großen Massivholzschrank, der bei uns im Schlafzimmer eingebaut ist! Also *richtig* in die Wand eingebaut ist! Irgendwann wird mir die Alte zu blöd, und ich schnapp sie mir und sperr sie da rein! Machen wir manchmal so! Aber mehr so aus Scheiß, weißte! Nach 'n paar Minuten lass ich sie immer wieder raus! Wenn sie sich beruhigt hat! Aber diesmal! ... Also diesmal bin ich auf'm Bett eingepennt!“

„WAS?!“

„Ja, eingepennt! Und zwar richtig fest! Lag vielleicht auch mit an den Tabletten wegen meiner Erkältung, dass ich so schnell weggesackt bin! Außerdem, du kennst doch meinen Schlaf! Mich kriegt keiner wach! – Ich penn also ein ... !“

„Und die Sabine ist noch im Schrank?!“

„Ja! Und hämmert vermutlich die halbe Nacht gegen die Tür und krakeelt sich einen ab, aber ich penn ja tief und fest und hör nix!"

„Ich fass es nicht!" Matthias legt den Kopf in den Nacken und fängt an, scheppernd zu lachen. „Du wirst tatsächlich jedes Jahr bescheuerter, Manne! Sperrst deine Alte im Schrank ein! Echt mal ... !"

Anerkennend klopft er seinem Freund auf die Schulter.

„Ja, bekloppt, ich weiß! Heute früh, als ich mir beim Aufwachen denk, wo is 'n die Sabine ... und als mir dann alles schlagartig einfällt ... ! Na, du kannst dir denken, wie ich mich gefühlt hab, als ich den Schrank aufschließe und meine Biene liegt da drin und schläft ganz friedlich auf 'nem Haufen Pullover!"

„Aber nicht mehr lange, wie?!"

„Nee, die ist gleich wachgeworden! Und sie hat mich nur angekuckt! Ganz giftig angekuckt! Wie die eben manchmal so kuckt! Und seitdem redet die kein Wort mehr mit mir! Dabei war ich den ganzen Tag über nett zu ihr! Hab mich tausendmal entschuldigt! Hat bis jetzt alles nix geholfen!"

„Alter, ich würd' dich sowas von rausschmeißen! Und zwar aus deiner eigenen Wohnung!"

„Ja, war Scheiße von mir! Aber was soll ich machen! Passiert ist passiert! Aber ich krieg das schon wieder hin! Vielleicht führ ich die am Wochenende mal fein zum Essen aus, und dann hat sich das hoffentlich! ... Ja, das werd' ich wohl mal machen, glaub ich!"

„Na, viel Glück, du Penner! Ich würd' dir das jedenfalls nicht so schnell verzeihen!"

Matthias stellt sich vor, wie Manne seiner Perle eine Ein-Euro-Rose vom Chinesen mitbringt und sie im Anschluss in einen der schäbigen Imbisse in der Stadt ausführt und muss wieder lachen. So ein Vollidiot! Aber wenigstens ein lustiger Vollidiot: ein Filmabend mit „Brokeback Mountain" ... zum Wegschießen! Und wie die Sabine überhaupt dazu kommt, sich so einen Dreck mit ihrem Stecher reinziehen zu wollen. Muss wirklich langsam verblöden, die Alte.

Matthias hebt sein Glas und lässt sich die Brühe in den Hals laufen. Auch Manne nimmt ein paar kräftige Schlucke von dem Glas, das ihm Uwe soeben hingestellt hat. Schnecki ist immer noch dabei, sich zu entscheiden, ob er ein Helles oder nicht vielleicht doch lieber ein Dunkles trinken würde. Er muss sich das augenscheinlich alles noch mal überlegen ... und zwar ganz genau ... Nichts kann ihn dabei aus der Ruhe bringen, nicht mal Uwe, der ihn mit seinen stahlblauen Augen wie einen Käfer mustert, den er gern zertreten würde.

„Alter, wir sollten wirklich mal wieder was mit der Band anleiern!", brüllt Matthias nun in Mannes Ohr.

„Oh Mann, da haste recht! Absolut! Scheiße ... Wir haben schon ewig nicht mehr geprobt! Weißte, ob der Tobi heute mit am Start ist?!"

„Bin ich mir nicht so sicher! Hab dem vorhin 'ne SMS geschickt, aber bis jetzt kam noch nix zurück!"

„Der macht sich in letzter Zeit generell verdammt rar! Ist mir schon aufgefallen! Ich glaub, der hat einfach zu viel mit seiner Maloche zu tun! Der ist doch vor kurzem befördert worden, der olle Bürohengst! Und ich vermute mal, dass seine Alte schwanger ist!"

„Ach was!"

„Also ich hab die zwei letztens beim Einkaufen gesehen! Die Sandra hat da vielleicht 'nen Kessel vor sich hergeschoben! Alter Schwede! Ich bin mir sicher, dass die was in der Mache hat! Aber ich hab nicht so direkt danach fragen wollen! Der war eh kurz angebunden. Ich mein, wenn's soweit ist, werden wir's eh mitkriegen!"

„Also wenn der Tobi jetzt auch noch ein Balg an den Hals kriegt, wird's in Zukunft erst recht schwierig mit der Band! Vielleicht sollten wir zusehen, dass wir 'n neuen Schlagzeuger auftreiben können!"

„Na wart's nur erst mal ab! 'nen guten Drummer findeste nicht ohne Weiteres! Und der Tobi ist wirklich verdammt gut. Die faule Socke müsste halt nur mal mehr üben!"

„Seh ich genauso! Aber was willste machen! Wir brauchen

sowieso erst mal wieder ʼnen Proberaum!"

„Das ist auch so ʼn Ding, genau! Na, vielleicht könnten wir was in der Albrechtstraße kriegen!"

„In der Albrechtstraße?! Also ich weiß ja nicht! Mir isses dort viel zu verzeckt! Und nachher klauen die einem noch die Instrumente! Das ist doch damals dem Mokka passiert!"

„Ja, aber der Depp hat die Bude auch nie abgeschlossen! Also isses kein Wunder, wenn die Leute denken, es ist ein Selbstbedienungsladen!"

„Stimmt! ... Na mal sehen!"

Matthias nickt und setzt das Glas noch mal an. Das ständige Rumgebrülle geht ihm so langsam auf die Stimmbänder.

Es ärgert ihn sehr, dass ihr Bandprojekt zur Zeit auf Eis liegt. Dabei hat vor ein paar Jahren alles vielversprechend angefangen. Manne und Tobi sind beides alte Kollegen aus der lokalen Szene. Als Gitarrist ist der Manne wirklich nicht übel, und Tobi ist sowieso ein Naturtalent. Er selber als Bassist und Sänger, das hat auch ganz gut funktioniert. Eine ganze Zeit lang hatten sie sehr regelmäßig einmal pro Woche geprobt und auch schon ein paar Songs fertig gehabt. Aber dann, vor einem halben Jahr, mussten sie plötzlich aus ihrem Proberaum raus. Irgendein Investor hatte das alte Fabrikgebäude gekauft und baut da jetzt Nobelwohnungen für reiche Yuppies rein. Zum Kotzen ist das.

Weder Matthias noch Manne noch Tobi haben sich gleich um einen neuen Proberaum gekümmert, daher war erst mal Sense mit der Band. Mittlerweile verstaubt Tobis Schlagzeug in der Garage im Haus der Eltern seiner Freundin, und auch Matthias hat seinen Rickenbacker-Bass seit mindestens drei Monaten nicht mehr angerührt. Wenn sie nicht bald ein bisschen mehr Einsatz zeigen, wird das mit der Band wohl nichts mehr werden. Na, und das wär doch eine Schande! Denn Hand aufʼs Herz: Stalinʼs Avengers – also wenn das mal nicht ein schön provokativer Name für ʼne Motörhead-mäßige Rock-ʼnʼ- Roll-Truppe ist, was dann?

Matthias trinkt noch einen nachdenklichen Schluck Bier.

Nein, die Band muss unbedingt schnellstens reanimiert werden. Er muss sich darum kümmern.

Schnecki, der jetzt endlich ein Dunkles in seiner weichen Pfote hält, flüstert Manne etwas ins Ohr und beide setzen sich in Richtung Ausgang in Bewegung. Bevor sich Manne umdreht, wirft er ihm noch ein vielsagendes Grinsen zu: „Sind gleich wieder da!"

Klar, jetzt verpissen sich die beiden Penner erst mal, um auf dem Klo ihr dreckiges Speed zu ziehen!

Matthias versteht nicht, was die Leute dazu treibt, sich so einen Chemiescheiß zu geben. Zwei Tassen schwarzer Kaffee auf ex, das tut's doch genauso! Außerdem weiß man nie, womit das Zeug gestreckt ist. Puderzucker und zerstampfte Kopfschmerztabletten sind da noch das kleinste Übel. Er kennt da noch ganz andere Geschichten ... mit Rattengift versetztes Speed und so ... Gratuliere, wenn du dir so was in den Riecher ziehst.

Inzwischen meldet sich seine Blase, und zwar mit Nachdruck. Bevor er sich nach draußen verdrückt, legt er seine Lederjacke über den Barhocker. Auf diese Weise wird ihm in seiner Abwesenheit keiner den günstig gelegenen Platz am Tresen klauen. Er zieht die Eichentür auf, geht durch den Gang und im Hof in eine dunkle Ecke. Wenn Matthias im Underground ist, pinkelt er immer in diese Ecke. Es ist seine Ecke. Das Klo der Kneipe ist ihm zu eng, da kann er sich nicht entspannen.

Als er wieder zurückgeht, fällt ihm Wilson ein, und dass der Junge langsam überfällig wird. Mittlerweile ist es nämlich schon fast neun. Nicht, dass die kleine Schwuchtel wieder kneift! Vorhin hat er ihn extra noch mal angerufen, und da hat ihm der Wilson noch hoch und heilig versichert, er würde auf jeden Fall kommen. Während Uwe ein neues Bier für ihn zapft, schickt er ihm noch eine Kurznachricht. Er soll mal aus dem Knie kommen.

Inzwischen ist das Underground ganz ordentlich gefüllt. Neben vielen altbekannten Nasen, die sich Mister Sister Fister nicht entgehen lassen wollen, ist auch reichlich Nachwuchs da. Manche der Kids sind höchstens sechzehn oder siebzehn, vielleicht auch jünger. In ihren aufgekratzten Gesichtern glaubt Matthias viel von seinem früheren Selbst zu erkennen. Vor einer halben Ewigkeit war er auch mal so drauf. Kein Konzert ohne ihn und so weiter.

Plötzlich haut Matthias von hinten jemand mit einer schweren Hand auf die Schulter. Er dreht sich um: Vor ihm steht eine untersetzte, bis zum Hals zutätowierte Gestalt.

„Ah, Mensch! Sören!"

„Matze! Allet tutti mit dir?"

„Klar, Alter!"

Sören kommt aus Berlin und ist wegen einer Alten hier hängengeblieben. Vor drei Jahren haben sie geheiratet und mittlerweile zwei Bälger miteinander. Er ist damit einer der wenigen, die freiwillig von außerhalb hergezogen sind. Mittlerweile ist er schon richtig sesshaft geworden. Seinen Berliner Dialekt hat er sich aber immer noch nicht abgewöhnt. Matthias kennt ihn vom Kickboxen her. Schnell haben sie herausgefunden, dass sie auch sonst eine ganze Menge Interessen teilen.

„Wo is 'n deine Gang heute?!", brüllt Matthias und wirft einen Blick hinter Sörens breite Schultern. Keine Spur von den zwei Jungs, die sonst immer an ihm kleben.

„Tja, ditt is 'n bissjen problematisch: Der Chinese liecht mit Fieber daheeme in die Koje und Milfio hat sich beim Skateboard-Fahren jestern ditt Steißbeen jebroch'n!"

„Bei dem Wetter?! Ist der bekloppt?!" Matthias blickt überrascht auf Sören runter, der fast einen Kopf kleiner ist als er selber.

„Ja, ick hab zu ihm och zigmal jesacht, dass er noch mal richtig auf die Fresse fliejen wird, und jetz is et passiert!"

Die Adern auf Sörens dickem Hals zucken wie kleine Giftschlangen.

„Und dann ausgerechnet das Steißbein! Muss dem Milfio höllisch weh getan haben."

„Ditt kannste laut saren!"

Sören wendet sich ab haut mit der Faust auf den Bartisch:

„Meester! Een Glas Hopfentee bitte!"

„Klar!"

Bald hat Sören sein Glas in der Hand, und sie stoßen an. Nun folgt ein längerer Dialog über diverse Kickbox-Kämpfe und -Techniken, wobei Sören detailliert erzählt, wie er den Herwig letztens aufs Kreuz gelegt hat.

Irgendwann sieht Matthias Willerd durch die Tür treten.

„ARSCHLOCH!", brüllt er, über Sörens Kopf hinweg.

Ungefähr ein halbes Dutzend Gesichter fühlen sich angesprochen und drehen sich neugierig nach ihm um. Auch Willerd hat ihn gleich bemerkt und schiebt sich an den Leuten vorbei in seine Richtung. Dunkle Schatten liegen unter seinen Augen. Die Trantüte sieht genauso verpeilt aus wie vor zwei Monaten, als Matthias ihn zum letzten Mal gesehen hat. Aber diesmal hat er sich wenigstens die dünnen Fusseln auf seinem Kopf gewaschen.

Jetzt ist er bei ihnen und beugt sich an sein Ohr: „Wie geht's, wie steht's?!" Sein Atem riecht nach Pfefferminz. Hat sich der Trottel vorm Weggehen doch extra noch mal die Zähne geputzt!

„Na, so wie immer!" Matthias grinst wie ein Haifisch. Langsam aber sicher machen sich die sechs oder sieben Bier doch bei ihm bemerkbar.

„Warum kommst 'n jetzt erst?"

„Ich hatte noch Sachen zu tun!"

„Ach ja?!"

„Ja ... Du weißt doch, ich schreibe grade an diesem Roman! Das geht jetzt richtig gut voran!"

„Na, da bin ich aber mal gespannt!"

Wer weiß, was der in Wirklichkeit in seiner Bude so treibt, denkt Matthias. Davon abgesehen ist ihm dieser verdammte Eigenbrötler ganz eindeutig viel zu nüchtern.

Jetzt ist es Zeit für den Fünfzig-Euro-Schein, den er sich vorsorglich hinter seinen Personalausweis geklemmt hat.

„Uwe, noch zwei Bier und zwei Braune! – Papperlapapp, Wilson, die Runde geht auf mich!", fügt er hinzu, als er sieht, dass Willerd etwas einwenden will.

Uwe ist inzwischen zu Hochtouren aufgelaufen. Die beiden Biere zapft er in Rekordzeit. Ein Perfektionist wie Eck-Anton hätte vermutlich einen hysterischen Anfall gekriegt, aber Uwe ist eben kein Zapfpurist. Er kracht die beiden Biergläser vor Willerd und Matthias auf den Bartisch, so dass ein bisschen oben rausschwappt, und klappert gleich darauf mit den Schnapsflaschen an der Wand hinter dem Tresen. In seinen Bewegungsabläufen wirkt er so präzise wie ein Schwenkroboter in der Autoindustrie.

Einen Moment später stehen neben den Biergläsern zwei bis zum Rand gefüllte Schnapsgläser. Matthias drückt eins davon in Willerds Hand und krallt sich das andere.

„So, hier: bitteschön! – Zum Wohl!"

Beide setzen sich die Gläser an die Lippen und trinken sie in einem Zug leer, Matthias mit der ihm innewohnenden Begeisterungsfähigkeit für alles Alkoholhaltige, Willerd mit einem kaum verhohlenen Widerwillen.

„Das tut gut!", ruft Matthias und wischt sich mit dem Handrücken über den Mund.

„Gleich noch einen?!"

„Ach nee!"

„Doch, doch! – Uwe: noch zwei Braune!"

Die Prozedur wiederholt sich. Nach dem Absetzen seines Glases verzieht Willerd das Gesicht.

„Hab dich mal nicht so! Das ist doch die reinste Medizin!"

„Also ich weiß ja nicht!"

„Na, dann lass dir das mal vom Onkel gesagt sein!"

„Na gut ... Was macht 'n deine Arbeit?!"

„Ach, hör auf! Derselbe Scheiß wie immer! Mal hier was, mal da was! Hauptsache, ich zahl für den Rotz nicht auch noch Steuern! Also immer schön schwarz!"

Über seine, wie er es nennt, Geldbeschaffungsmaßnahmen, redet Matthias nicht gerne. Sie bringen ihm genug Kohle ein, um sich ein relativ sorgenfreies Leben zu finanzieren, und damit hat es sich. Dass die Leute im zunehmenden Alter keine anderen Themen mehr zu haben scheinen als über ihren Broterwerb zu tratschen ... ! Nur beschissene Nerds und Waschlappen reden in der Freizeit über ihre Maloche.

Ihm fällt auf, dass Wilson die beiden Schnäpse bereits zuzusetzen beginnen. Unter seinen Augenringen haben sich rote Flecken gebildet und er beginnt leicht zu schielen – ein untrügliches Anzeichen!

Gerade eben hat er ihm irgendwas ins Ohr gebrüllt, aber Matthias hat nur die Hälfte verstanden.

„Was?!"

„Ich hab dich gefragt, ob du die E-Mail von dem Robert auch gekriegt hast?!"

„Von wem?!"

„Na von Robert! Dem Typen von damals aus der Schule! Wegen Abiturtreffen!"

„Ach so! Stimmt!" Matthias haut mit der flachen Hand den Tresen: „Robert hieß die fette Sau! – Ja, hab ich gekriegt!"

„Und gehste hin?!"

„Waaaas?!"

Matthias hält Willerd in etwa denselben mit Beschimpfungen gespickten Vortrag wie Roman am Tag zuvor.

„Ja, ich werd auch nicht hingehen! Hast vollkommen recht!", resümiert Willerd und nimmt einen vorsichtigen Schluck von seinem Bier.

„Ich glaub sowieso nicht, dass allzu viele kommen werden! Wohnt doch kaum noch einer von denen hier! Ich weiß eigentlich nur von Roman!"

„Ach ja, der! Den hab ich auch lange nicht gesehen! Was macht 'n der momentan so? Kifft der immer noch so viel?!"

„Na, und ob! Das wird nicht besser mit dem! Ich war gestern erst bei dem! Ein Saustall ist das dort ... ! Ei, ei!"

„Ach, echt?!"

„Klar, kannste Gift drauf nehmen! ... Und danach waren wir noch im Eck!"

„Im Eck?! Ist das nicht diese Kneipe von deinem Verwandten?! Waren wir da nicht auch schon mal?!"

„Ja, genau!"

„Mann, dass es das Ding immer noch gibt! Wann war'n wir denn noch mal dort?! Ist doch bestimmt auch schon fünf Jahre her! Gibt's da noch diesen einen alten Typen, der immer in der Ecke sitzt?! Den alle nur ‚Kreisrat' nennen oder so ähnlich?! Der immer Sachen aufschreibt und dummen Blödsinn labert?!"

Wilson macht tatsächlich ganz den Eindruck, als hätte er schon richtig einen sitzen. Unfassbar, wie schnell das bei dem geht!

„Ja, ja, den Zentralrat gibt's noch! ... Allerdings hat mein Onkeletti die Kneipe jetzt in Hartz-Bier-Treff umbenannt! Selten blöder Name, wenn du mich fragst! Ansonsten ist alles wie früher! Das Eck ist 'n richtiges Relikt aus der Vergangenheit!"

„Na, äh, wunderbar ... !"

„Du sagst es, Kamerad ... !"

Weil das Gespräch schon wieder zu versacken droht, bestellt Matthias zwei neue Schnäpse und obendrein noch ein Bier für sich. Er nölt seine Bestellung über den Tresen, und einen Augenblick später stehen wieder zwei Braune vor ihnen.

„Komm, Wilson, auf-auf!"

„Willst mich wohl abfüllen?!"

„Ach was! Wenn ich dich schon mal einlade!"

Sie leeren ihre Gläser, und Matthias fällt auf, dass Willerd diesmal überhaupt keine Zicken macht. So ist es brav.

Jetzt kommen endlich auch Manne und Schnecki zurück. Sie müssen sich tatsächlich Speed reingepfiffen haben, denn Manne wirkt nun noch aufgekratzter als vorhin, und Schnecki hat zwar immer noch dieselbe Grundbehäbigkeit an sich, macht aber trotzdem einen irgendwie agileren Eindruck. Matthias bemerkt, dass Manne Willerd argwöhnisch durch seine Brille beäugt. Er ist sich nicht sicher, ob sich die beiden kennen. Vermutlich nicht.

„Das ist der Manne! Mein Gitarrist! Und hier: Wilson, wir war'n zusammen in der Schule!"

„Tach'sch'n!", grunzt Manne abweisend und quetscht Willerds schmale Hand.

Willerd verzieht sich wenig später mit seinem Bier woanders hin. Matthias quatscht nun wieder mit Manne. Schnecki sieht ihnen aufmerksam dabei zu.

„Bin mal gespannt, wie das dann mit den Japsen wird!"

„Oh ja! Die sehen aus wie 'ne Ladung feuchte Handtücher, aber Asiaten darfste nicht unterschätzen! Die sind allesamt richtig krank im Kopp!" Manne zeigt lachend mit dem Finger auf den Merchandise-Tisch in der Ecke, hinter dem sich die Japaner nach wie vor schüchtern aneinanderdrängen und hin und wieder eine CD oder ein T-Shirt verkaufen.

Wieder tippt Matthias jemand von hinten an die Schulter. Er dreht sich um.

„Bernd! Mensch! Was machst'n du hier?!"

„Alter, Alter ... !"

Matthias und Manne sind beide völlig geplättet. Den Bernd hat man nun wirklich nicht erwartet. Bernd wie er leibt und lebt. Aber ... gealtert ist der in den paar Jahren! Du meine Fresse! Kaum wiederzuerkennen! Sein Rauschebart ist ähnlich grau wie die abgetragene Armeejacke, die er anhat. Und auch sein ganzes Gesicht ist grau: die Haut, die Lippen, selbst die Farbe seiner Pupillen. Alles grau. Grau und verwittert.

„Seit wann biste denn schon wieder raus?!"

„Seit 'n paar Tagen erst!"

„Oh Mann, und ich brauch dich ja nicht fragen, wie's war oder?!"

„Ach nee, bloß nicht! Bin so was von froh, wieder draußen zu sein!"

Matthias bestellt bei Uwe für Bernd erst mal ein Bier. Das ist doch mal was! Der Bernd!

„Wieviel hatten die dir damals noch mal aufgebrummt?"

„Fünf Jahre und drei Monate!"

„Krass, Alter! Krass! Wegen so'n paar Einbrüchen in 'n Scheiß-Edeka! So was Asoziales!"

Für Matthias und Manne ist der Bernd eine lebende Legende.

„Und was machste jetzt so?"

„Na, vor allem zusehen, dass ich nicht noch mal in 'n Bau

einfahre!" Bernd grinst unglücklich und entblößt zwei Reihen schiefer Zähne. Selbstverständlich sind die auch allesamt grau.

„Das wär 'n guter Anfang!", pflichtet Matthias bei.

Jetzt reicht Uwe Bernds Bier über den Tresen. Fröhlich klirren ihre Biergläser gegeneinander.

„Auf die alten Zeiten! Mensch! Bernd!"

„Danke für's Bier! – Prost!", entgegnet Bernd kurz.

„Also, und was ist jetzt mit dir?!"

„Na, ich wohn erst mal wieder bei meiner Mutter ... !" Bernd kratzt sich mit seinen langen, ungepflegten Fingernägeln ungeniert am grauen Fleisch seines Halses, dort, wo sein Bart losgeht. „Ja, und dann, mal sehen! Vielleicht 'ne Umschulung machen! Vielleicht krieg ich ja was vom Arbeitsamt! Systemadministrator oder so was! Für so 'n Technikzeug hatte ich ja immer schon 'n Händchen! Hab da im Knast auch 'n paar Kurse besucht ... ! Wisster, ich bin jetzt achtunddreißig Jahre alt und muss echt mal so langsam zusehen, dass ich mit'm Arsch an die Wand komme!"

Matthias stimmt ihm zögerlich zu. Da hat er natürlich recht, der Bernd. Aber irgendetwas ist ihm auf einmal unangenehm an seinem Gegenüber. Äußerst unangenehm. Was hat der Knast bloß mit dem Bernd angestellt?! Mit der Kampfsau von früher hat diese früh gealterte, sich mühsam am Tresen festkrallende Erscheinung jedenfalls nicht mehr viel gemein! Nein, der Bernd wirkt eher, als hätte er sich mit seinen letzten Kräften hierher geschleppt, als wäre er sprichwörtlich auf seinem grauen Zahnfleisch hierhergekrochen ...

Es kann einen nur schütteln ...

Soeben hat ihm Manne einen vielsagenden Blick zugeworfen. Er scheint ganz ähnliche Gedanken zu hegen.

In diesem Augenblick fängt die Vorgruppe im Nachbarraum an, zu spielen. Natürlich interessiert sich keine der inzwischen etwa fünfzig anwesenden Nasen für den Lärm, den die Schwachmaten produzieren. Schließlich stellen sie lediglich das Schlagzeug für Mister Sister Fister, mehr nicht.

Für Matthias bietet sich dennoch die Gelegenheit, sich vom

Acker zu machen. Er brüllt noch zwei, drei unmotivierte Sätze über die „guten, alten Zeiten" in Bernds Ohr, nimmt dann sein Bier, hängt sich seine Jacke über die Schulter und geht in Richtung Bühne. Auf seinem Weg muss er hier und da jemanden zur Seite drücken. Das Underground ist jetzt rappelvoll und die Temperatur um Einiges gestiegen. Seine Stirn fühlt sich schweißig an.

In der Nähe des Merchandise-Standes sieht er Willerd in einer Ecke stehen. Wilson hat eine Hand um sein immer noch halbvolles Bierglas gekrallt und ist augenscheinlich gerade dabei, sein Glück bei der Frauenwelt zu versuchen. Die Rothaarige, auf die er einlabert, betrachtet ihn jedoch eher gleichgültig. Alles andere hätte Matthias allerdings auch stark gewundert. Willerds Gegenüber ist nämlich 'ne richtige Kirsche: schlank und groß mit glatten Haaren, die ihr weit über die Schulter reichen. Auf der linken Seite hat sie einen dieser zur Zeit sehr angesagten Sidecuts. Dazu trägt sie eine schwarze Lederjacke und hautenge Jeans. Ihre ebenmäßigen Gesichtszüge glühen vor Arroganz und Selbstbewusstsein. Zwischen ihren vollen Lippen klemmt eine Zigarette.

Nee, für Wilson ist die Alte ein paar Nummern zu groß. Klare Sache.

Matthias stellt sich neben die beiden und hat plötzlich ihren Duft in seiner Nase, eine Mischung aus Seife, Parfüm und Mädchenschweiß. Herrlich ... Ihre Stimme ist klar und hell. Mühelos schneidet sie durch den Lärm, den die Band auf der Bühne produziert.

Gerade hat sie gesagt: „Wie, ‚Willerd'?! Ist das wirklich dein Name?! Wie schreibt sich das denn?!"

„Ja, der heißt wirklich so! Willerd! Mit zwei ‚L'! Aber ich nenn ihn immer Wilson!", mischt sich Matthias ein.

Die Rothaarige blickt ihn kurz mit einer spöttisch nach oben gezogenen Augenbraue an und bläst etwas Mentholqualm in seine Richtung: „Ach ja?! Ist ja interessant!"

Dann dreht sie sich um und geht.

Willerd und Matthias schauen ihr beide hinterher.

„Wer war 'n das?!"

„Keine Ahnung! Hab nicht nach dem Namen gefragt!" Obwohl Matthias ihn kaum verstehen kann, hört er, dass Willerd bereits ein bisschen lallt.

„Die sah gar nicht mal so schlecht aus! Hätteste dich mal mehr angestrengt!"

„Ach was!"

„Wieso?! Drauf, Alter! Ran an den Speck!"

„Na ja ..."

„Ach komm!"

Willerd sagt nichts darauf, und momentan ist es sowieso viel zu laut für eine vernünftige Unterhaltung. Also stehen sie schweigend nebeneinander und schauen der Band zu. Ein wirklich erbärmlicher Haufen ist das, denkt Matthias.

Der Sänger, dieser Knilch, der hält sich wohl für Iggy Pop ... Na, träum weiter, du Pflaume!

Zum Glück hat sich diese Peinlichkeit von Konzert nach nur zwanzig Minuten erledigt und die Arschlöcher packen ihre Instrumente zusammen. Zuvor lässt der Sänger noch schnell seine Hose runter und streckt dem Publikum seinen knochigen Arsch entgegen. Auf die beiden Backen hat er mit schwarzem Edding jeweils ein B gemalt.

Als er sie auseinanderzieht, liest es sich „BOB" ... Vermutlich sein Name.

Matthias tippt Willerd an die Schulter und nickt mit dem Kopf in Richtung Bar. Dort gibt es Nachschub, dort gehen sie jetzt hin. Manne und Sören sind immer noch fröhlich am Quatschen. Bernd sitzt etwas abseits und schlürft an demselben Bier, das Matthias ihm vorhin spendiert hat. Er redet gestikulierend auf Schnecki ein, der sich alles mit der ihm eigenen Gemütsruhe anhört.

„Noch mal zwei Schnäppeckens, Uwe!"

Matthias hat einen Heidenspaß daran, Willerd nach Strich und Faden abzufüllen. Das ist ihm die paar Kröten auf jeden Fall wert. Dem verklemmten Stubenhocker tut das doch auch mal gut.

Nun schlurfen auch schon die Mitglieder von Mister Sister Fister zur Bühne. Bis auf Bernd und Schnecki wackeln alle hinterher. Es wird jetzt richtig eng.

Mit ihren schwarzen Leggings und dem engen Wifebeater ist die spindeldürre und über und über mit primitiven Symbolen tätowierte Sängerin natürlich der Blickfang der Band. Jetzt krallt sie sich am Mikrofonständer fest und wirft den Kopf in den Nacken. Wie in Trance verharrt sie in dieser Pose, während das Intro, ein konfuses Gerassel und Gekeuche wie aus einem Snuff-Film, durch die Boxen gejagt wird.

Die Lippen der Sängerin zucken, als würde sie beten, bald zucken sie immer stärker ... Ihr ganzes Gesicht verzerrt sich, wird zu einer Grimasse ... Die anderen Mitglieder fummeln derweil an ihren Instrumenten rum ...

Dann, als das Intro nach vielleicht zwei Minuten abrupt endet, klappt ihr Kopf plötzlich nach vorn. Ihre Augen sind nun weit aufgerissen und glänzen völlig irre. Sie stiert mit diesen Augen auf das Publikum wie ein gequältes Tier in seinem Käfig und brüllt ein paar Wortbrocken ins Mikrophon, die keiner der Anwesenden versteht.

EGAL!

Was jetzt losbricht, ist gewaltig: eine rohe Urgewalt aus unstrukturiertem Geschepper, rasenden Riffs und wildem Gekreische. Ein paar Leute rasten aus und fangen an, sich vor der Bühne zu verprügeln. Rein freundschaftlich, versteht sich. Andere zucken, als wären ihre Eier an eine Elektrisiermaschine angeschlossen.

Song reiht sich an Song. Kaum einer geht länger als eine Minute. Irgendwann klettert die Sängerin auf eine der Bühnenboxen und springt mit ihren Stiefeln voran ins Publikum. Ein paar Leute gehen zu Boden, aber niemand scheint ernsthaft verletzt zu sein. Flink wie eine Spinne krabbelt die Japanerin zurück zur Bühne und kreischt die höllischsten Geräusche ins Mikrofon.

Augenblicke später ist das Konzert auch schon wieder vorbei. Schwer atmend und mit leerem Blick verlässt die Sängerin die Bühne. Das verschwitzte Publikum weicht vor ihr zurück wie das biblische Meer vor den Israeliten. Der Bassist schnallt sein Instrument ab und packt es am Hals. Übermütig schwenkt er es ein paar Mal, dann zerdrischt er es auf dem Bühnenboden. Der Schlagzeuger wirft seine Drumsticks ins Publikum – um ein Haar hätte er Matthias am Kopf getroffen – und schneidet debile Grimassen.

Nur der Gitarrist steht scheinbar unbeteiligt rum. Seine langen, schwarzen Haare hängen in speckigen Strähnen vor seinem Gesicht. Die Feedback-Geräusche seiner Klampfe fräsen sich noch minutenlang in die malträtierten Löffel aller Anwesenden und gehen nach und nach in ein abartiges Kreischen über. Zum Glück erbarmt sich irgendwann einer und dreht den Verstärkern den Saft ab.

Mit diesem Gig haben Mister Sister Fister ihre Europatour beendet. Morgen geht es zurück nach Japan.

„Watt 'n Brett, Alda, watt 'n Brett! Völlich jeil!", grölt Sören neben Matthias. Er zeigt ihm ein paar Fotos, die er mit seinem Handy von der Sängerin geschossen hat. Auf einem ist es dem alten Profi sogar gelungen, ihren Camel Toe sehr schön festzuhalten.

„Von der Ollen würd ick mir jerne och ma 'n Marsch blasen lassen, ditt kannste mir aba glooben!" Er lacht so dreckig, als hätte er seinen Mund mit allen Abwässern Berlins ausgespült. Auf seiner hochroten Glatze stehen dicke Schweißtropfen.

Um zur Bar zu gelangen, muss man sich nun an Massen schwitzender Leute vorbeikämpfen. Matthias tut das, indem er Willerd als eine Art Rammbock vor sich herschiebt. Der wehrt sich nicht mal nicht dagegen.

Gleich darauf hat ihnen Uwe neue Getränke serviert. Matthias drückt Wilson seinen Schnaps in die Hand: „Sauf aus!"

„Jaaaa ..."

Ein paar Tropfen der braunen Flüssigkeit rinnen an Willerds Mundwinkeln herunter. Er wischt sie nicht ab.

„Und hier, dein Bier!"

„Daaaankeeeschöööön!"

Willerd sieht aus, als könnte er jeden Augenblick umkippen. Er krallt sich an der Theke fest, und sein Hintern lehnt gegen den Hocker, auf dem der Bernd unverrückbar mit der Art von Ruhe sitzt, die er sich in all den Jahren im Knast angewöhnt haben muss.

Plötzlich sieht Matthias wieder die arrogante Rothaarige von vorhin. Sie steht nicht weit von der Bar entfernt, gleich neben dem gemauerten Stützpfeiler, und qualmt eine Zigarette. Keiner scheint sich um sie zu scheren.

Hier könnte man ja durchaus mal ... Er lässt Wilson und die anderen stehen und setzt sich in Bewegung.

„Na, so alleine?!"

„Hä, was?!"

Nachdem das Konzert nun vorbei ist, hat Uwe die Anlage hinter der Bar wieder voll aufgedreht. Es ertönt „The Boys are back in Town" von Thin Lizzy, noch was Feines aus den guten, alten Siebzigern.

„Ich hab gesagt: So alleine?"

„Ach so ... ! Nö! Ich wart nur noch drauf, dass meine Freundin vom Klo kommt! Dann hauen wir ab!"

„Was denn, jetzt schon?!"

„Klar, ist doch nix mehr los hier!"

„Das würd ich nicht so sagen! Jetzt geht's doch erst richtig los!" – Kurze Kunstpause ... – „Wie heißt 'n eigentlich?!"

„Ich heiß Melanie!"

„Cool! Ich bin der Matthias!" Er streckt ihr seine Hand entgegen, sie greift mit einem spöttischen Lächeln danach.

„War doch 'n Superauftritt von den Japsen, was?!"

„Ja, war schon okay! Aber ich steh nicht so auf so'n Gedresche!"

„Ach ja?! Worauf denn dann?!"

„Also eher älteres Zeug ... so Sachen wie Joy Divison, Dead Boys, Siouxsie ... !"

„Na, ist doch cool! Da steh ich auch voll drauf! Hab mir letztens erst wieder die ‚Young, Loud and Snotty' reingezogen! Ein Klassiker!"

Und Matthias fängt an, den Refrain von „Sonic Seducer" zu grölen. Melanie hebt wieder ihre Augenbraue, aber er sieht, dass sie Mühe hat, ein Grinsen zu unterdrücken. So eine dämliche Nummer kommt doch immer gut.

„Kommst du von hier? Ich hab dich hier noch nie gesehen!"

„Nee, ich komm aus Stralsund! Ich bin nur zum Studieren hier!"

„Ah, und was studierste?!"

„Na, Politikwissenschaft und Geschichte! Hab grade erst letzten Herbst damit angefangen!"

„Ach echt?! Das ist ja cool! Ich hab hier an der Uni mal für für für 'n paar Semester Germanistik studiert, aber das war dann nicht so das Richtige für mich, und ich hab damit wieder aufgehört!"

„Na so was!"

„Klar, ich geh lieber arbeiten! Bringt Kohle!"

„Und was arbeiteste?" Mit gespitzten Lippen bläst sie etwas Mentholrauch in die Luft.

„Ach, hier und da mal was!" Matthias winkt ab. „Ich komm aber ganz gut über die Runden."

„Verstehe!" Melanie hält suchend nach ihrer Freundin Ausschau, aber die scheint irgendwo auf dem Weg zum Klo versackt zu sein.

„Deine Freundin ist wohl schon ohne dich los?!"

„Glaub ich nicht! Die quatscht bestimmt wieder mit irgendwelchen Typen!"

„Na, lass sie doch ... – Aber hey: Wie wär's mit 'nem Bier?! Ich wollt sowieso eben zurück zur Theke!"

„Nee danke, ich bin nicht so der Bierfreund! Eher Wein!"

„Ach, das gibt's hier doch auch! Ich lad dich ein, wenn du willst!"

„Okay!"

Das läuft ja wie am Schnürchen, denkt er erfreut, als sie zur Bar gehen. Mit den Ellenbogen drückt er links und rechts ein paar Besoffene zur Seite und macht Platz für sich und Melanie.

„Rotwein oder Weißwein?!"

„Rotwein!"

„Rote Haare, roter Wein – das passt!"

Matthias zwinkert ihr zu, und sie schenkt ihm ein verhaltenes Lächeln für diesen behämmerten Spruch.

„Uwe, bitte ein Bier und außerdem ein Glas von deinem besten Roten!"

„WAS?!"

„Ein Glas Rotwein, bitte!"

„Ach so! Wird gemacht!"

Uwe greift sich eine der Rotweinflaschen an der Barwand, öffnet sie ruckzuck mit einem Korkenzieher, der in seinen klobigen Pranken wie ein Spielzeug aus einem Überraschungsei wirkt, und schenkt Melanie ein Glas ein.

„Zum Wohl!"

„Zum Wohl!"

In der folgenden Viertelstunde gibt sich Matthias alle Mühe, witzig, interessant und wie ein generell cooler Typ rüberzukommen. Er scheint damit auch Erfolg zu haben, denn Melanie lacht einige Male laut auf über den Quatsch, den er von sich gibt. In seinem Kopf entwickeln sich bereits einschlägige Vorstellungen, aber plötzlich zupft jemand Melanie von hinten am Ärmel.

Es ist ihre Freundin!

Boah, sieht die Alte dumm und langweilig aus!

Und Melanie dreht sich gleich zu ihr. WEG VON IHM!!!

Dass ihm diese Kuh jetzt bloß nicht dazwischenfunkt!

Tatsächlich erweckt die Mimik der Blondine ganz den Eindruck, als ob sie abhauen will, was ja an sich nicht weiter schlimm ist. Die hässliche Ziege soll sich ruhig verpissen! Aber allem Anschein nach will die blöde Schnepfe, dass Melanie mitkommt – und dagegen muss etwas unternommen werden!

„Na hallo!", ruft er so freundlich, wie es ihm möglich ist. Die Blondine wirft ihm einen misstrauischen Blick zu.

Lächelnd dreht sich Melanie wieder zu ihm: „Das ist die Beata! Wir studieren zusammen!" Dann nennt sie Beata seinen Namen, und Matthias reicht ihr höflich seinen Griffel.

„Beata will jetzt los!", meint Melanie gleich darauf und schaut etwas bekümmert drein.

„Wirklich?! Jetzt schon?! – Will sie nicht noch einen mit trinken?!"

Melanie scheint das zum Glück ganz ähnlich zu sehen und beugt sich an Beatas Ohr. Beata hört ihr aufmerksam zu und fängt nach ein paar Sekunden an, schweinisch zu grinsen.

„Na gut! Einen trink ich auch noch mit!" Sie lacht wiehernd und entblößt dabei ein richtiges Pferdegebiss.

„Na, ausgezeichnet!", ruft Matthias erleichtert und bestellt sofort einen weiteren Rotwein bei Uwe, damit es sich Beata in diesem kritischen Moment nicht doch noch mal anders überlegt. Er stößt mit ihr an und quält sich in den folgenden Minuten durch Standard-Smalltalk der allerübelsten Sorte. Dabei blickt er immer wieder verstohlen zu Melanie. Die hängt mit ihren vollen Lippen abwechselnd an Mentholzigarette und Rotweinglas – und sieht bereits etwas gelangweilt aus.

Jetzt wird es also noch mal kritisch!

Um mit Lenin zu fragen: Was tun?

Ah da, die Rettung: Wilson!

„Wilsoooon!", brüllt Matthias in Willerds Richtung, der gerade wie ein seekranker Bär an der Bar vorbeiwankt. Mann, sieht der fertig aus!

„Komma her!" Matthias winkt ihn mit einer Hand zu sich heran.

Sofort korrigiert Willerd seinen Kurs und steht einen Augenblick später neben ihm.

„Is 'n los?!"

„Hier, das ist die Beata! ... Und das ist der, ähm, Willerd!"

„Wie heißt der?!" Ihr Maul macht wieder dieses wiehernde Geräusch. Kaum auszuhalten ist das!

„Willerd! Aber ich nenn ihn immer Wilson!"

„Das ist aber mal 'n komischer Name!"

„Wilson studiert Soziologie! Und schreibt grade an 'nem Roman!"

„Ach echt! Interessant!"

Nun wendet Beata Willerd ihre ganze Aufmerksamkeit zu.

So 'ne blöde Wurstkuh, denkt Matthias, aber Willerd scheint in seinem Alkoholtran überaus beglückt darüber zu sein, dass er endlich auch mal weibliches Interesse auf sich zieht. Wie ein Irrer lallt er sofort auf Beata ein. Matthias selber kann sich jetzt endlich wieder ungestört Melanie zuwenden. Das hat er verdammt geschickt gelöst.

Später, nachdem Sören, Manne und Schnecki abgehauen sind und das Underground schon fast leer ist, lallt Matthias in Melanies Ohr, dass sie auch alle zu ihm gehen könnten. Immerhin wohne er sowieso „gleich um die Ecke", und irgendwo müsste er noch eine Flasche Wein haben. Sie könnten dann gern auch mal was anderes hören als gammeligen Hardrock aus den Siebzigern.

Ohne zu zögern willigt Melanie ein. Auch bei Beata und Wilson muss er nicht groß Überzeugungsarbeit leisten. Die beiden sind gut versorgt.

Ausgezeichnet, geht es durch sein benebeltes Gehirn, das läuft ja wirklich ausgezeichnet.

SECHS

In derselben Nacht ist Roman tatsächlich dabei, den am Tag zuvor gefassten Plan in die Tat umzusetzen: Gras-Brownies backen. Weil er und auch Jussi-Pussi die Küche ansonsten in erster Linie zum Aufwärmen von Fertigmahlzeiten in der Mikrowelle nutzen, ist Enrico natürlich neugierig auf die ungewöhnlichen Dinge, die sich nun vor seinen grünen Kateraugen abspielen. Aufgekratzt miauend watschelt er mit aufgestelltem Schwanz in der Küche auf und ab. Immer wieder reibt er sein schwarzes Fell an Romans dünnen Waden. Am Rand der Spüle liegt ein brennender Joint im XXL-Format und qualmt alles voll. Ab und zu fällt etwas Asche auf den ohnehin schon dreckigen Linoleumfußboden.

Sowohl Roman als auch Enrico haben jetzt ihr jeweiliges Tageshoch erreicht. Sie sind ausgesprochen gut aufeinander abgestimmt. Mit einem Kater wie Enrico wäre ein Zusammenleben im begrenzten Raum dieser Wohnung andernfalls auch kaum vorstellbar. Bei genauerer Betrachtung könnte man sogar zu dem sicherlich nicht ganz abwegigen Schluss gelangen, dass es dem Tier im Laufe der Zeit gelungen ist, Roman zum völligen Sklaven seiner Gewohnheiten zu machen, dass es der Kater ist, der Roman überhaupt erst in ein nachtaktives Wesen verwandelt hat.

Roman selber hat natürlich keinen Schimmer von diesen Zusammenhängen. Allerdings weiß er, dass er immer damit rechnen muss, dass Enrico jeden einzelnen seiner Ansprüche gnadenlos und mit der ihm ureigenen Aggressivität verteidigen wird. Roman hat zum Beispiel schon lange begriffen, dass der Kater, abgesehen von Jussi-Pussis Zimmer (in das er aus irgendeinem Grund niemals eine Pfote setzt) jederzeit zu jedem Winkel der Wohnung Zugang haben muss. Macht man hinter ihm eine Tür zu, zum Beispiel, um ungestört ein paar Stunden pennen zu können, kann man sich schon mal darauf gefasst machen, dass Enrico alles tun wird, um in den Raum zu gelangen. Der Kater geht dabei ziemlich geschickt vor: Erst springt er an der Tür hoch und zieht mit seinem Gewicht die Klinke runter, so dass der Riegel aufschnappt. Danach drückt er die Tür mit einer Vorderpfote so weit auf, dass er sich durch den entstandenen Spalt winden kann. Kaum im Zimmer, ist er blitzschnell in einem der zahlreichen Verstecke verschwunden, die der herumliegende Krempel so bietet. Von dort lässt er sich dann nur schwer und unter Inkaufnahme schmerzhafter Kratzer und Bisse wieder verscheuchen.

Und sollte es Enrico nicht gelingen, die Tür auf diese Weise aufzukriegen, hat er noch eine ganze Reihe weiterer Mittel parat. Da wären zunächst einmal seine scharfen Krallen, mit denen er das Holz der Tür malträtiert. Dazu ist er in der Lage, so schauerlich zu miauen, dass nicht einmal der großartige Tom Petty eine Chance gegen diese haarsträubenden Geräusche hat. Und wenn sich Enrico dadurch immer noch keinen Zugang verschaffen kann, beispielsweise, weil Roman mal wieder so viel gekifft hat, dass er gar nichts mehr rafft, na, dann bemüht er eben kurzerhand seine Därme und scheißt eine Wurst auf den Fußboden oder, noch schlimmer, er erbricht all das schöne Katzenfutter, was er in den letzten paar Stunden in sich reingestopft hat ... Und das ist dann erst ein Geruch ... Tagelang hält der sich in der Wohnung, und man fragt sich, wie abgestumpft Roman und Jussi-Pussi schon sein müssen, wenn sie bei diesem Gestank nicht komplett den Verstand verlieren.

Und in den seltenen Fällen, in denen Enrico nichts dergleichen tut, wenn er weder miaut noch kratzt, noch kackt, noch kotzt und sich stattdessen scheinbar friedlich unter dem Bord hinter dem Mülleimer in der Küche verkriecht, heißt das noch lange nicht, dass er klein beigegeben hat. Nie im Leben. In Wirklichkeit sinnt er dann auf andere Wege der Vergeltung. Aus irgendeinem Grunde heißt es ja, Katzen hätten ein ausgesprochenes Kurzzeitgedächtnis. – Na, wer auch immer diesen Unfug in Umlauf gesetzt hat, der hat den Enrico nicht gekannt. Der merkt sich nämlich alles ... und wenn sich die Gelegenheit bietet, früher oder später, dann ... schlägt er zu!

Auch dem Kratzer, den er gestern Romans Backe verpasst hat, muss ein Anlass zugrunde gelegen haben ... aber welcher?

Hierüber hat Roman bereits ausführlich gerätselt, zuletzt als er vorhin vorsichtig das Pflaster von seiner Backe abgemacht und den Kratzer im Spiegel betrachtet hat.

Wofür könnte ihm Enrico diese Abreibung verpasst haben?

Vielleicht hat es irgendwas mit dem neuen Futter zu tun? Immerhin kann der Kater verdammt wählerisch sein. Whiskas-Produkte verschmäht er zum Beispiel ebenso wie alle Arten von Geflügel. Dagegen spricht jedoch, dass Enrico zurzeit so fett ist wie nie zuvor. Das neue Billigtrockenfutter, das Roman vor einer Weile im Internet entdeckt hat und das er sich seitdem in Zwanzig-Liter-Säcken bis vor die Haustür liefern lässt, frisst der Kater in geradezu erstaunlichen Mengen in sich hinein.

Nein, das launische Verhalten, das Enrico ihm gegenüber seit einiger Zeit an den Tag legt, muss andere Ursachen haben, und Roman hat mittlerweile auch einen sehr begründeten Verdacht. Und dieser Verdacht gefällt ihm ganz und gar nicht. Es sieht nämlich so aus, als würde Enrico die Plantage in seiner Abstellkammer ganz gehörig gegen den Strich gehen.

Dass das Tier Eifersucht auf die Hanfpflanzen schiebt, ist allerdings kein Wunder. Schließlich war es Enrico bis vor kurzem gewohnt, über Romans uneingeschränkte Aufmerksamkeit zu verfügen. Jahrelang hat der kaum was anderes gemacht, als kiffend auf seinem Sofa zu sitzen und ihn hinter seinen Ohren zu kraulen. Aber jetzt hat Roman eine andere Aufgabe gefunden, eine, die ihn völlig in Beschlag nimmt, und sein Kater ist – auch wenn er das selber niemals so sehen würde – plötzlich nur noch zweite Garnitur. Mehrmals am Tag geht Roman nun in den Abstellraum und überprüft anhand der Messgeräte, ob die Jack Herers auch optimal mit Licht, Wärme und Nährstoffen versorgt sind. Und nicht nur das, obendrein sitzt er oft ewig lange auf seinem Hocker und glotzt in einer Art euphorischer Trance auf sein Grünzeug. Und Enrico kann hinter der Tür so viel Krawall machen wie er will und aus allen Rohren scheißen und kotzen, es nützt ihm gar nichts. Roman in seinem glücklichen Tran nimmt kaum Notiz davon.

Enrico ist deshalb nichts weiter übrig geblieben, als diesen neuen Status Quo im Laufe der Zeit zu akzeptieren. Er ist aber nur scheinbar eingeknickt. Innerlich zerfressen ihn seither die schlimmsten Rachefantasien, die sich ein Katzengehirn vielleicht jemals ausgedacht hat ... Bloß gut für Roman, dass er nichts davon ahnt. Bloß gut, dass er nicht weiß, dass der Kater, an dem er so sehr hängt, ein ausgemachter Psychopath ist. Einer, der die ersten Monate seines Lebens damit zubrachte, zwei seiner Geschwister mit einem geradezu akribischen Sadismus zu verstümmeln und ein weiteres totzubeißen, kaum dass er die ersten Zähnchen hatte. Der seiner Mutter eine Zitze abriss und dadurch so schlimm verletzte, dass sie wenig später wegen einer Infektion eingeschläfert werden musste ...

Ja, der Enrico ist wirklich ein Fall für sich ...

Jetzt geht die Küchentür auf und Camilo kommt mit einem Joint und einem Aschenbecher in der Hand hereingeschlurft. Er ist gerade auf dem Klo gewesen, und der Zeit nach zu urteilen, die er dort zugebracht hat, muss er entweder ausgiebig gekackt oder sich einen über Romans zerwurstelten Osteuropa-Pornoheften runtergeholt haben. Vielleicht auch beides. Roman ist momentan viel zu sehr mit der Herstellung der Brownies beschäftigt, als dass er den Nerv hätte, ihn groß darüber auszufragen.

„Und, wie kommste klar?", will Camilo wissen, nachdem er es sich auf einem der Stühle am Küchentisch gemütlich gemacht und an seinem Joint gezogen hat.

„Super, Alter!" Tatsächlich ist Roman schon sehr gut vorangekommen. Am frühen Nachmittag, gleich nach dem Aufwachen, hat er ein vielversprechendes Rezept im Internet gefunden und ist im Anschluss sofort einkaufen gegangen, um sich die fehlenden Zutaten zu besorgen. Abgesehen von den Extras Zartbitterschokolade, Walnusskerne und Honig haben dazu so ziemlich alle Grundzutaten gehört. Jetzt ist er gerade dabei, die, wie er im Rezept nachgelesen hat, „Schokolade und Butter in einem heißen Wasserbad zum Zerlaufen" zu bringen. Das gelingt ihm ganz hervorragend. Im Anschluss muss das Gras in diesem Pamps aufgelöst werden. Ein sehr wichtiger Schritt.

„Wieviel Gramm willst 'n da reintun?"

„Tja, im Internet steht was von drei Gramm. Aber ich denk, ich nehm gleich sechs. Ich hab ja noch genug von der Witwe, und außerdem soll's ja auch richtig knallen!"

„Astrein, Alter!" Camilo ist so angetan, dass er vor Begeisterung in die Hände klatscht: „Mach das mal ganz genau so!"

Roman geht in sein Zimmer und kommt Augenblicke später mit einer Handvoll Gras zurück, die er gleich darauf in den Schokobutterbrei bröselt.

„Jetzt noch ein bisschen warten ... In der Zwischenzeit mach ich den Teig zurecht."

„Klaro!", meint Camilo und kratzt sich ganz gemütlich am Sack. Er ist genauso alt wie Roman und ihm auch ansonsten sehr ähnlich, das heißt, sowohl vom hageren Körperbau her als auch vom Charakter. Allerdings ist Camilo etwas dunkelhäutiger als Roman. Das hängt damit zusammen, dass er einen kubanischen Vater hat. Als junger Mann war der für eine Weile als Maschinenbaustudent in der DDR, hat damals aber anscheinend nicht sonderlich erfolgreich studiert. Seine Talente lagen wohl eher in anderen Bereichen. So nutzte er seinen zweijährigen Aufenthalt zum Beispiel dazu, um mindestens drei Frauen zu schwängern. Eine davon, seine Mutter, hatte er vor seiner zwangsweisen Rückführung nach Kuba noch schnell heiraten wollen, aber das war ihm dann mehr nicht erlaubt worden. Zumindest hat Camilo diese Geschichte von seiner Mutter immer wieder vorgebetet bekommen, und sie scheint deswegen auch für lange Zeit sehr unglücklich gewesen zu sein.

Seinen Vater hat Camilo demzufolge noch nie gesehen. Er besitzt lediglich ein paar vergilbte Schwarz-Weiß-Fotos, auf denen sein alter – damals noch junger – Herr nur unscharf zu erkennen ist: Hervorstechend sind vor allem die großen Augen und das einnehmende Lächeln dieses exotischen Mannes mit der schlanken Statur und den muskulösen Oberarmen. Camilo findet, dass sein Vater ein bisschen wie Che Guevara aussieht, und sie haben ja auch beide denselben Vornamen! In seiner Vorstellung sind die Augen und das Lächeln seines Vaters untrennbar mit Kuba verbunden. Schon lange plant er, dieses seltsame Land zu besuchen, um dort Vater Ernesto ausfindig zu machen. Seit Fidel den Thron für seinen Bruder geräumt und der begonnen hat, die Insel mehr für westliche Ausländer zu öffnen, dürfte diesen Plänen auch nichts mehr im Wege stehen ... Für Camilo ist es wie ein schöner Traum. Eines Tages, so malt er sich aus, wird er an der Tür von einem der heruntergekommenen Kolonialbauten in Havannas Innenstadt klopfen, und sein Vater wird aufmachen. Und dann wird er seinen verlorenen Sohn nach einigen Momenten ungläubigen Staunens überglücklich und mit Tränen in den Augen in seine noch immer muskulösen Arme schließen ...

Selbstredend hält Roman diese Idee für absolut genial. Für ihn ist völlig klar, dass er mitkommen und Camilo bei der Suche behilflich sein wird. Man müsste nur endlich mal mit der Planung dieser Reise aus dem Knie kommen. Bislang hat Camilo nämlich nur vage Vorstellungen, während er sich um praktische Dinge wie zum Beispiel Visafragen noch gar nicht gekümmert hat. Dennoch ließe sich die Reise vielleicht schon im kommenden Sommer realisieren. Wenn das mit der Grasplantage weiter so gut liefe wie bisher und Camilo von der kommenden Ernte fünfzig bis achtzig Gramm an seine Kontakte absetzen könnte, hätten sie bald ein schönes hübsches Sümmchen zusammen.

Roman hat keinen Zweifel daran, dass diese Reise ein Projekt ist, das ihre Freundschaft noch mehr vertiefen wird. Und das will schon was heißen, immerhin kennen sie sich bereits seit der Kinderkrippe. Ihre Mütter hatten sich damals sofort miteinander angefreundet. Bei ihnen selber sollte es allerdings noch etwas länger dauern müssen, bis die Chemie stimmte. Roman hat zum Beispiel eine kleine Narbe am Kinn, die daher rührt, dass ihn Camilo einmal gegen die Stange eines Klettergerüstes schubste. Diesen etwas ungünstigen Anfängen zum

Trotz hat sich im Laufe der Jahre gezeigt, dass ihre Freundschaft von sehr viel beständigerer Natur ist als die ihrer Erzeugerinnen. Denn während sich Letztere vor etwa zehn Jahren derartig in die Haare kriegten, dass Romans Mutter Camilos Mutter sogar wegen „grober Beleidigung" anzeigte und seitdem eine absolute Funkstille zwischen den beiden herrscht, sind Roman und Camilo nur noch näher aneinander gerückt, und das nicht zuletzt auch wegen ihrer gemeinsamen Leidenschaft für Marihuana. Camilo ist es auch gewesen, der Roman damals mit dem berühmten ersten Joint initiiert hat.

Heute gedeiht ihre Freundschaft genauso prächtig wie die Pflanzen in der Abstellkammer, auch wenn sie jetzt vermutlich doch nicht zusammenziehen werden, das heißt, vorerst nicht. Bis vor einigen Monaten sprach Roman nämlich noch regelmäßig davon, dass Camilo gern bei ihm wohnen könne, wenn Jussi-Pussi nächstes Jahr mit seinem Doktorstudium fertig sei und nach Finnland zurückkehre. Seit es mit seinen botanischen Versuchen so gut klappt, spielt er jedoch immer häufiger mit dem Gedanken, das dann freie Zimmer zum Anbau von Gras zu verwenden.

Man stelle sich das doch nur mal vor: zwei Dutzend Pflanzen, die bis zur Decke reichen! Der absolute Wahnsinn! Ein grünes Paradies! Dazu eins, das einen high und glücklich macht! Und reich! Camilo hat dafür ganz sicher Verständnis ... Er wird es ihm bald sagen. Er muss nur noch auf den richtigen Moment warten.

Mittlerweile ist Roman mit dem Teig fertig und hat ihn zusammen mit dem Gemisch aus Butter, Schokolade und Weißer Witwe in einer großen Plastikschüssel vermengt. Seine Hände und sogar seine Unterarme sind über und über mit dem braunen Kleister bekleckert. Er beugt sich herunter zu Enrico und hält ihm einen Teigfinger hin, aber der faucht nur mürrisch und macht sich dann wieder unter sein Bord hinter dem Mülleimer.

„Der Enrico weiß nicht, was gut ist!", kommentiert Camilo grinsend und kratzt in dem vogelnestartigen Rastagewirr auf seinem Kopf herum.

„Nee, echt nicht!"

„Manchmal frag ich mich sowieso, ob der noch ganz dicht ist."

„Wie meinst 'n das?" Roman blickt misstrauisch zu Camilo rüber. Auf den Enrico lässt er nichts kommen.

„Na ... na, wie der immer rumschleicht ... so richtig, ähm, katzenmäßig!"

„Alter, wie soll 'n der sonst rumschleichen! Das ist doch 'ne Katze! Also schleicht der auch ‚katzenmäßig' rum! Ist doch wohl klar!"

„Ja schon, aber dass der einen immer kratzen will ... Das ist schon ... na ja ... ein bissl psychomäßig, weißte?!" Mit dem Fingernagel kratzt sich Camilo etwas Redekäse aus seinem Mundwinkel und wischt die weißliche Paste nachlässig an seiner viel zu weiten Hose ab. Er will seinen Bro auf keinen Fall verärgern, denn er weiß ja, dass der ziemlich dünnhäutig reagieren kann, wenn jemand seine Katze kritisiert.

„Ach was, ‚psychomäßig'! Der ist ganz normal." Aber dann spricht Roman doch noch seinen Verdacht aus: „Trotzdem glaub ich manchmal, der ist eifersüchtig auf die Pflanzen."

„Denkste wirklich?"

„Ja, kommt mir zumindest so vor ... Na, der wird sich da schon noch dran gewöhnen. – Das wirst du doch, nicht wahr, mein Guter?"

Roman hat sich wieder herunter gebeugt und spricht jetzt mit verstellter Stimme in Richtung des Bords hinter dem Mülleimer. Von dort kommt als Antwort lediglich ein gereiztes Fauchen.

„Ja, ja, hast ja recht, ich wasch mir gleich die Hände, keine Sorge, mein Dicker!" Er macht sich über der Spüle sauber, so gut es geht, und wendet sich dann gleich wieder dem Teiggemisch in der Schüssel zu. Das heißt, er kippt den zähflüssigen Inhalt auf ein nicht ganz sauberes Backblech, das er vorher, so wie es im Rezept steht, „sorgfältig mit Backpapier ausgeschlagen" hat.

„So ... kannste mal 'nen Löffel holen und das Ding auskratzen, während ich das Blech halte?"

Camilo legt seinen Joint wieder zurück in den Aschenbecher, steht auf und tut genau das, worum Roman ihn gebeten hat.

„Das nenn ich mal astreines Teamwork, Alter!", meint er triumphierend, als sich schließlich der gesamte Teig glattgestrichen auf dem Blech befindet.

„Genau: high five!"

Ihre Handflächen klatschten aneinander. Beide lachen ausgelassen.

„Und jetzt: Ab in den Ofen mit dem Scheiß! Hilf mal!"

„Klar, richtig so! Das ist viel besser als Mikrowelle. Macht meine Mutter auch immer."

Begeistert klappt Camilo die Tür des Herds herunter und Roman schiebt das Blech rein. Dann stellt er die Temperatur ein, entzündet das aus einer Öffnung am Boden strömende Gas mit einem Streichholz und macht die Tür wieder zu.

„Der Rotz soll ungefähr 'ne halbe Stunde da drin bleiben. Besser, wir stellen den Wecker, und danach schauen wir einfach mal."

„Okay."

Camilo wühlt sein Handy aus den Tiefen der Taschen seiner Hose und stellt die Alarmfunktion ein. „Dann haben wir ja jetzt genug Zeit für 'ne Runde Fantasy Zone!"

„Absolut!" Roman nimmt den fast runtergebrannten Joint von der Spüle und stellt fest, dass er ausgegangen ist. Seine gesamte Konzentration ist auf die Brownie-Herstellung gerichtet gewesen. Er hat ihn total vergessen. Gleich darauf brennt er jedoch wieder, und er inhaliert ausgiebig. Dann ist der Joint tot.

Sie wollen gerade in sein Zimmer nebenan gehen, als plötzlich Jussi-Pussi in der Küchentür steht. Er hat seinen gestreiften Schlafanzug an und betrachtet Roman und Camilo durch seine Nickelbrille mit einem Gesichtsausdruck, als hätte er sie hier noch nie gesehen. Seine runden Schultern hängen schlaff herunter, und unter seiner eingefallenen Brust wölbt sich ein beachtlicher Speckranzen.

„Moi Jussi!“, ruft Roman. „Alles klar bei dir?“

„Ja ... alles klar ... bloß ... ein Tee ... machen ...“ Die hellgrauen Augen in Jussi-Pussis bärtigem Gesicht blinzeln verschlafen. Nach vier Jahren Promotionsstudium hier an der Uni spricht er mittlerweile ganz gut Deutsch. Allerdings hat seine Aussprache nach wie vor eine unverkennbar finnische Prägung.

„Mach das mal.“

„Ihr ... produziert ... Kuchen ... ?“ Jussi-Pussi hat bemerkt, dass sich etwas im Ofen befindet.

„Nö, Alter, das sollen Brownies werden.“

„Oh ... Brownies ...“ Jussi-Pussi bleibt auf seinem Weg zum Wasserkocher mitten in der Küche stehen, und Roman und Camilo grinsen einander an wie zwei alte Verschwörer.

„Jawoll, Spezial-Brownies!“, wirft Camilo ein und kichert meckernd.

„Ich ... verstehe.“

Roman ist sich nicht sicher, ob Jussi-Pussi auch nur den Hauch einer Ahnung hat, was Camilo gemeint hat. Sein WG-Genosse mag zwar bei den kompliziertesten technischen Sachverhalten voll den Durchblick haben, aber in den meisten anderen Dingen kommt ihm der Finne so weltfremd vor, dass Roman ihm zutraut, tatsächlich keinen Schimmer davon zu haben, womit er sich hier den lieben langen Tag so abschießt. Als er ihn einmal kurz nach seinem Einzug in die WG nach seiner Erfahrung mit Joints fragte, schien Jussi-Pussi erst zu denken, Roman wollte mit ihm über eine noch nicht lange zurückliegende Knie-OP sprechen. Damals blieb ihnen auch nur radebrechendes Englisch zur Verständigung.

Leute wie Jussi-Pussi sind an sich schon ein Phänomen, denkt Roman manchmal. Die haben ihre winzige Schublade gefunden, da quetschen sie sich rein und sind wohl auch ganz glücklich und zufrieden mit ihrem Inselwissen. Bei seinem Mitbewohner ist es die Physikalische Chemie. Vor langer Zeit machte Roman mal den Fehler, ihn nach seiner Doktorarbeit zu fragen. Das war dann eine der seltenen Situationen, in denen Jussi-Pussi mehr als nur einen Halbsatz von sich gab. Er quatschte sogar richtig drauflos und hörte auch gar nicht mehr auf zu labern, schwafelte immer weiter mit seinem gleichförmig rollenden Finnenbass, und Roman, der natürlich nur Bahnhof von „Paramagnetic Defects on Oxidic Surfaces" verstand, schwor sich später, seinen Mitbewohner um Himmels Willen nie wieder auf diesen Käse anzusprechen.

„Na ja, dann schlaf mal schön", sagt er jetzt.

„Ja ... gut Nacht ... auch euch ... beiden."

„Ach was, der Tag ist noch lange nicht vorbei bei uns!", lacht Camilo, und sie verlassen die Küche.

Als sie an Jussi-Pussis einen winzigen Spalt weit geöffneter Zimmertür vorbeigehen, sticht Roman ein scharfer Geruch nach Chemikalien in die Nase. Er registriert es jedoch nur ganz oberflächlich. Im selben Augenblick bekommt der Finne in der Küche wieder einen seiner berüchtigten Hustenanfälle.

„Mit dem geht's aber auch ganz schön bergab, was?", meint Camilo, als sie es sich beide auf Romans Couch bequem gemacht haben.

„Glaubste wirklich?"

„Na und ob! Haste gesehen, wie verpeilt der eben gekuckt hat? Und dann dieses Rumgehuste!"

„Quatsch, der hat schon gepennt!"

„Na, wenn du meinst ... Wenigstens geht er dir nicht auf 'n Sack."

„Ganz genauso seh ich das auch. Als Mitbewohner ist der ideal. Hab ich gestern erst dem Matthias erklärt. Ich seh den heute zum ersten Mal in dieser Woche, glaub ich. Der war wieder den ganzen Tag im Labor ... Hat da an seiner komischen Doktorarbeit rumgebastelt oder was weiß ich ..."

„Apropos ‚basteln': Lass uns doch mal noch schnell ein Ding bauen!"

„Eine sehr gute Idee!"

„Oder wollen wir deine Bong anwerfen?"

„Ach, an der ist doch letztens das Chillum abgebrochen, das weißt du doch! Du warst doch dabei!"

„Ach ja, klar ... ! Na, dann eben einen Spliff auf die Schnelle! Mir ist alles recht ..."

Roman macht sich sofort an die Bewältigung dieser Aufgabe. Heute ist es in seinem Zimmer übrigens wohlig warm. Das liegt daran, dass er fast immer, wenn es draußen kalt ist und er weiß, dass Camilo vorbeikommt, den Kachelofen heizt. Vielleicht denkt er, dass es sein Freund als „Kind der Sonne" von Natur aus gern warm hat. Aber das ist natürlich Quatsch, denn Camilo ist unter den denselben klimatischen Bedingungen aufgewachsen wie er. Südlicher als bis Rom ist er bislang noch nicht gekommen.

Schon ist Roman mit dem Joint fertig. Er zündet ihn auch gleich mit dem Feuerzeug an, zieht einmal kurz daran und reicht ihn dann weiter an Camilo. Er selber hat einstweilen ausnahmsweise genug. Es gibt dann sowieso gleich Brownies. Man muss es ja nicht immer übertreiben. Camilo, der alte Gierschlund, inhaliert dagegen richtig tief, woraufhin er sich in die weiche Lehne zurücksinken lässt und verzückt mit den Augen rollt: „Ist das vielleicht ein geiles Zeug! Meine Fresse! Ich hab sogar das Gefühl, dass es jetzt sogar noch mehr reinknallt wie damals, als du's frisch geerntet hattest."

„Meinst du wirklich?" In Romans Genuschel klingt unüberhörbarer Stolz mit.

„Ja! Und es macht einen gar nicht mehr so stoned. Eher high ... Also ich fühl mich großartig!" Camilos dunkelbraune Pupillen sind weit wie Scheunentore.

„Wart nur, bis ich die nächste Ernte einfahre! Wenn die Jack Herers so rauskommen, wie ich mir das vorstelle ... Bämm!" Roman schlägt seine Faust in die geöffnete andere Hand, und Camilo nickt begeistert, wird jedoch gleich darauf von einem Hustenanfall geschüttelt.

„Hast dich wohl erkältet, Junge?"

„Nee! Oder ich weiß nicht ..."

„Na, mach ruhig mal das Fenster einen Spalt auf. Bisschen frische Luft könnte helfen. Heute ist's ja auch nicht so kalt wie in den letzten Tagen ..."

„Okay." Camilo steht auf und schlurft zum Doppelfenster.

„Rück aber Amin, Bokassa und Taylor beiseite, damit die mir nicht runterfallen, wenn du's Fenster aufmachst!"

„Ja, ja ..." Camilo schiebt die Kakteen ein Stück zur Seite und öffnet das Fenster. Kühle, trockene Luft trifft auf sein Gesicht. Mit einem kritischen Blick auf Romans Gewächse meint er dann: „Denkste nicht, dass die mal 'n bisschen Wasser gebrauchen könnten?"

„Die? Ach was! Das sind doch Kak-te-en! Die musste nur ein paar Mal pro Jahr gießen. Ich pass da schon drauf auf. Bei Pflanzen weiß ich Bescheid."

„Wie du meinst." Camilo sind Pflanzen im Allgemeinen schnurzepiepe. Die Einzigen, die ihn interessieren, sind die Jack Herers in Romans Abstellkammer, und die haben sie vorhin bereits ausgiebig begutachtet. Im Licht der beiden Gro-Lux-Lampen sehen die Dinger jedes Mal irrer aus, findet er. Das nächste Mal wird er auf alle Fälle seine Lumix mitbringen.

„Ach ja: Musik!", meint Roman jetzt. Langsam arbeitet er sich aus seiner Sitzposition hoch und geht zur Stereoanlage. Der Einfachheit halber und weil sowieso egal ist, was läuft, wechselt er nicht die CD und drückt auf die Play-Taste. Einen Augenblick später schrammelt „Serve the Servants" von Nirvana durch die Boxen.

„Gute Wahl!" Camilo singt den Refrain in schiefer Stimmlage mit.

„Alter, da zieht's einem ja die Schuhe aus! Deine Gesänge werd ich ganz bestimmt nicht vermissen! ... Und ich würd mich an deiner Stelle sowieso zusammenreißen. Ansonsten schmeißt dich vielleicht noch einer über Bord ..."

Ab Ende der Woche ist Camilo nämlich auf Kreuzfahrt! Das ist kein Witz, sondern hängt mit seinem schwerkranken Opa zusammen, der klugerweise vor einer Weile entschieden hat, seine Kohle schon vor seinem Ableben unter die Sippschaft zu bringen. Dadurch kommen jetzt acht ausgewählte Verwandte, darunter auch Camilo und seine Mutter, in den Genuss einer einwöchigen Kanaren-Kreuzfahrt. Camilo ist natürlich schon total aufgeregt: „Eine Woche Fressen und Kiffen, Alter! Das wird der Hammer! Muss bloß sehen, dass mir die Vorräte nicht ausgehen ..."

Letzteres ist eine Frage, die er mit Roman bereits ausgiebig erörtert hat, und am Ende sind sie immer zu demselben Schluss gekommen, nämlich dass Camilo besser ein bisschen mehr mitnimmt als er voraussichtlich brauchen wird, denn man weiß ja nie, was kommt. Sieben Gramm würde er sich schon eintüten müssen. Und dann vielleicht noch mal ein oder zwei separat als Notfallration.

Jetzt schaltet Roman die SEGA-Konsole ein, die vor ihnen auf einer Apfelsinenkiste aus Holz steht, und drückt Camilo seinen Joystick in die Hand: „Packen wir's an!"

„Jawoll, Commander!"

Im Zwei-Spieler-Modus macht Fantasy Zone so viel Laune, dass die Brownies ohne den Alarm auf Camilos Handy sicher zu Kohlen verglüht wären.

Als der losbimmelt, lässt Roman beinahe den Joystick fallen.

„Ich geh mal schnell in die Küche!" Er steht auf und drückt die Stopptaste auf der Konsole.

„Ich komm mit!" Wieder klatscht Camilo begeistert in die Hände.

Gemeinsam observieren sie gleich darauf die dunkelbraune Teigmasse auf dem heißen Blech.

„Das sieht doch schon mal sehr gut aus!"

„Ich würde die aber noch ein paar Minuten länger backen lassen!"

„Na, das wollen wir doch mal sehen ..." Roman nimmt, wie er es im Internet gelesen hat, einen Zahnstocher und sticht damit in den Teig. Als er ihn herauszieht, klebt kaum etwas von der braunen Masse daran.

„Also ich denke, die sind fertig", meint er.

„Na gut."

„Gib mal das Messer, dann schneid ich die Dinger gleich zurecht."

Camilo reicht ihm das lange Brotmesser und Roman beginnt, den Teig in insgesamt sechzehn Stücke zu zerteilen: sechzehn Tickets direkt in die süßen Arme der Cannabisfee ... Unbeabsichtigt macht er beim Zerschneiden mit dem Messer solche Schlangenlinien, dass besonders die Stücke am linken Blechrand sehr viel größer ausfallen als der Rest.

„Alter, du bist vielleicht tattrig!"

„Ach, ist doch egal."

„Schon klar, aber ich nehm dann trotzdem mal eins von den Großen!"

„Gerne ... Dann lass mich mal noch ein paar Walnusskerne drauftun."

„Aber nicht für mich ... Du weißt doch, ich pack die nicht mit meiner Allergie."

„Alles klar!"

Roman reißt die Tüte mit den Walnusskernen auf und drückt ein paar davon umständlich in jeden zweiten Brownie.

„Soo ... siehste ... Das ist doch mal 'ne spitzenmäßige Deko!"

„Ja, ein echtes Kunstwerk. Haste wirklich gut gemacht!"

„Und wie die Dinger nach Gras riechen, alter Schwede ... Na, lass uns die Teile mal probieren!"

„Logisch! Hier, greif zu!" Roman hebelt mit dem Brotmesser ein Brownie-Stück ohne Walnusskerne vom Backblech. Camilo greift mit spitzen Fingern zu: „Ah! Heiß!"

„Ja, musste schon aufpassen!" Roman selber schnappt sich einen Walnuss-Brownie. Sie müssen die Teile noch für eine ganze Weile in den Händen drehen und wenden, bis sie sich so weit abgekühlt haben, dass sie heruntergeschlungen werden können. Gar nicht mal so schlecht, denkt Roman. Das nächste Mal vielleicht etwas mehr Salz. Na, das Gras dominiert sowieso alles.

„High five!" Ihre Hände klatschen so laut aneinander, dass Enrico über seinem Fressnapf zusammenfährt und wütend miaut, ohne jedoch in ihre Richtung zu blicken.

Sie gehen zurück in Romans Zimmer. Dort zocken sie weiter Fantasy Zone, bis die Brownies voll reinknallen und sie beide so breit sind, dass es ihre vernebelten Hirne nicht mehr schaffen, den Händen die richtigen neurologischen Signale zur Steuerung der Joysticks zu senden.

„Mann, Alter, ich krieg mich gar nicht mehr ein! HA–HA ... !"

„Alter, komm, setz dich mal schön hin ... und zwar richtig gemütlich ... Ach, du sitzt ja schon ... Na, dann bleibste eben weiter sitzen ... und zwar genau so ... jaaa ... gut so ... "

„Hoffentlich wird das auch wirklich 'ne Kreuzfahrt, keine Kotzfahrt ... verstehste, hä? Verstehste?! ... KOTZ-Fahrt! HA–HA–HA ..."

„Oh Mann, ich bin vielleicht drauf ..."

„HIGH FIVE!"

„... !!!!!!!!!"

SIEBEN

Nur selten kann sich Willerd nach dem Aufwachen an seine Träume erinnern. Spätestens wenn er sich über dem Waschbecken den Mief aus dem Mund bürstet, hat er sie schon wieder vergessen. Der Traum, den er jetzt jedoch gerade hat … der ist so abgefahren, dass er wohl für immer in irgendeiner Windung seines Gehirns hängenbleiben wird.

In diesem Traum ist er wieder ein kleiner Junge. Ein kleiner Junge, der bei seiner Großmutter auf dem Schoß sitzt. Sie fahren mit dem Zug. Wenn sich Klein-Willerd umdreht, weg von dem weichen Busen seiner Oma, sieht er, dass in ihrem Abteil noch einige andere Erwachsene sitzen. Ihre Gesichter sind allerdings von aufgeschlagenen Zeitungen verdeckt, in denen sie zu lesen scheinen.

Klein-Willerd hat keine Ahnung, wohin die Reise gehen soll. Der Zug fährt auch nicht besonders schnell. Aber deutlich vernehmen seine Kinderohren das rhythmische Schnaufen der Dampflok, die die Waggons zieht. Wenn er aus dem Fenster schaut, sieht er saftige Wiesen und dunkelgrüne Wälder, die vor seinen Augen wie ein wunderbares Märchen vorbeiziehen, und über sich erblickt er das Gesicht seiner Oma, das leuchtet wie der gütige Gute-Nacht-Mond aus seinem Lieblingsbilderbuch. Bei seiner Großmutter hat sich Klein-Willerd immer geborgen gefühlt.

Jetzt kitzelt der warme Atem aus dem Mund seiner Oma die feinen Härchen auf seinem Gesicht: Sie spricht zu ihm, und er hört ihr aufmerksam zu. Ja, richtig, sie ist gerade dabei, ihm etwas zu erklären, etwas Wichtiges, und jetzt erinnert er sich auch, dass er sie eben nach etwas gefragt hat, danach nämlich, was denn eigentlich ein FÖRSTER sei. Dieses ganz und gar unerklärliche Wort hat er vor einigen Tagen aus einem Erwachsenenmund gehört. Seitdem sind die beiden Silben dieses Wortes wie an unsichtbaren Fäden geknüpft in seinem kleinen

Kopf hin- und hergependelt. Er weiß, dass es irgendetwas mit Wald und Tieren zu tun hat, und weil Klein-Willerd diese Dinge liebt, glaubt er, dass auch dieses Wort einen wunderbaren Sinn in sich tragen muss.

Und wie beglückt ist er deswegen, als ihn seine Großmutter nun in diesen Vorstellungen bestätigt, als sie ihm erklärt, dass ein Förster ein Mann ist, der den ganzen Tag lang durch den Wald wandert und die Rinden der Bäume anritzt, damit das überflüssige Harz ablaufen kann. Dass ein Förster außerdem neue Bäume pflanzt, süße Beeren und schmackhafte Pilze sammelt, Rehe streichelt und noch vieles andere mehr. Wie froh ist Klein-Willerd, als er diese Dinge hört! Er kuschelt sich an den warmen Busen seiner Oma, und ihr großer Arm legt sich schützend um seine schmalen Kinderschultern. Er schließt die Augen und stellt sich vor, später einmal ein Förster zu sein.

Ja, das wäre genau der richtige Beruf für ihn.

Für eine Weile gibt er sich dieser Idee hin, lässt sich von ihr wiegen, bis er fast schon eingeschlafen ist. Plötzlich aber taucht ein Gedanke in seinem Kopf auf, der ihn ängstigt wie eine Wespe beim Eisessen im Schwimmbad. Er muss seine Oma danach fragen! Jetzt gleich fragen! Sicher wird sie diesen bösen Gedanken wegscheuchen. Sie weiß ja so unendlich viel.

Also hebt Klein-Willerd sein Gesicht: „Und was macht der Förster, wenn ein Kaninchen krank ist? Macht er es dann wieder gesund?“ Er liebt Kaninchen mehr als alles andere in der Welt. Hinter seinem Kindergarten gibt es ein kleines Gehege, in dem zwei Kaninchen wohnen, der Moppel und der Hansi, und Klein-Willerd füttert sie jeden Tag mit saftigem Löwenzahn, den er von der Wiese sammelt. Vielleicht werden ihm seine Eltern zu Weihnachten ein Kaninchen schenken, das er dann ganz für sich allein hat.

Im selben Moment aber, als er seiner Oma diese Frage stellt, scheint es ihm, als verberge sich etwas Schlimmes darin. Als hätte er lieber nicht fragen sollen. Und tatsächlich, als seine Oma nun ihren mit faltigen Lippen umsäumten Mund öffnet, sagt sie etwas Seltsames, nämlich: „Wenn ein Kaninchen krank ist, dann kommt der Förster und schießt es tot."

Klein-Willerds Augen weiten sich vor Schrecken, und er weiß eine Zeitlang nicht, was er entgegnen soll.

„Aber kann denn der Förster nicht einfach das Kaninchen wieder gesund machen?", fragt er schließlich und fühlt sich dabei unendlich traurig. Mit einem Mal hat dieses Wort, das ihn eben noch so verzaubert hat, all seinen Wohlklang verloren.

Nein, denkt er, er wird dann besser doch kein Förster werden, wenn er erwachsen ist, sondern lieber ein Polizist, der den Moppel und den Hansi vor dem Förster beschützt, falls sie einmal krank werden sollten.

Wieder öffnet seine Großmutter ihren Mund, aber diesmal reiht sie Worte aneinander, deren Sinn Klein-Willerd zwar nicht versteht, die ihn dafür jedoch nur noch mehr erschrecken: „Wenn ein Kaninchen krank wird, muss der Förster kommen und es totschießen, weil es sich vom rein wirtschaftlichen Standpunkt aus gesehen nicht lohnt, das Kaninchen gesund zu pflegen!"

„Aber Oma", beginnt er, und sein hohes Stimmchen zittert, „Aber Oma, das ist doch ... böse!"

„Nein, das ist nicht böse, ganz und gar nicht! Das ist der ganz natürliche Lauf der Dinge! Hast du das kapiert?!"

Ihre Stimme hat sich plötzlich verändert und klingt nun kalt und gemein. Fast so kalt und gemein wie die von der Frau, die ihn einmal ausschimpfte, weil er auf die Rutsche vom Spielplatz gepinkelt hatte.

Ohne auf eine Antwort zu warten, sagt seine Großmutter dann: „Und wenn du krank wirst, dann wird der Förster kommen und auch dich totschießen!"

Klein-Willerd stockt der Atem.

„Oma!", keuchte er, „Oma! Ich bin doch gar kein Kaninchen! Der Förster kann doch nicht ... –"

„Doch, das bist du! Du bist ein Kaninchen! Ein hässliches, kleines Karnickel!"

Nach diesen Worten lacht seine Oma schrill und hämisch auf, und ihr Gesicht verzerrt sich zu einer abstoßenden Fratze mit unzähligen Falten: „Schau dich doch nur mal an!"

Entsetzt weicht Klein-Willerd zurück und blickt an sich hinunter. Was er sieht, erschreckt ihn nur noch mehr. Denn tatsächlich trägt er ein graues Kaninchenkostüm! Das Kostüm, das ihm seine Mutter zum letzten Faschingsfest genäht hat!

Seine Hände stecken in dünnen, grauen Handschuhen, grau sind auch die Strumpfhosen, unter denen sich seine unentwickelten Genitalien abzeichnen, und sein Oberkörper ist in ein kaninchengraues, eng anliegendes Hemd gehüllt. Seine behandschuhten Finger fahren tastend an seinen Kopf und finden dort die Kappe mit den Langohren, die seine Mutter an ein paar Abenden zusammengenäht hat. Und jetzt bemerkt er ebenfalls, wie ein wattiertes Stummelschwänzchen gegen seinen zarten Anus drückt.

Aber trotzdem, denkt er verwirrt, trotz dieses Kostüms ist er doch kein Kaninchen, sondern ein kleiner Junge! Ein kleiner Junge, ja! Und wenn er krank wird, geht er zum Onkel Doktor, anstatt sich von diesem Förster totschießen zu lassen!

So ist es doch!

So und nicht anders!

Und genau das wird er seiner Oma jetzt erklären! Dann wird sie sich das alles schon noch mal überlegen und ihm recht geben. Ja, sie wird dann auch wieder freundlich zu ihm sein und ihm vielleicht eine Geschichte erzählen. Sie kennt ja so viele!

Aber als er wieder seinen Kopf hebt, blickt er nicht mehr in das Gesicht seiner Großmutter, sondern in das leichenhaft aufgedunsene Gesicht von Frau Zimmermann. Ihre Augen sind geschlossen, der Mund mit den schwärzlich verfärbten Lippen leicht geöffnet.

Das, was Klein-Willerd sagen will, verendet unausgesprochen als ein heiseres Japsen irgendwo zwischen Gaumen und Zunge. Ein maßloses Grauen breitet sich in ihm aus, gibt ihm schon mal einen bösen Vorgeschmack auf all die Abgründe, in die er noch blicken wird ...

Er reißt seinen Blick los und schaut sich panisch um. Die anderen Erwachsenen im Abteil haben ihre Zeitungen sinken gelassen. Ihre Gesichter sind gleichfalls bleiche Totenmasken, ihre Augenlider mit schwarzem Bindfaden grob zusammengenäht. Ihre zahnlosen Münder gehen auf und zu wie nach Luft schnappende Fischmäuler.

Und als er aus dem Fenster blickt, sieht er, dass auch die Landschaft da draußen eine abscheuliche Metamorphose durchlaufen hat. Inmitten eines violetten Himmels klebt nun eine eitergelbe Sonne und scheint auf eine trostlose Sumpflandschaft.

Die Intervalle zwischen den Schnaufgeräuschen der Dampflok werden immer größer. Wenn bloß der Zug bald stehen bliebe, denkt er verzweifelt. Dann könnte er rauslaufen, weg vom Schoß dieses Wesens, das überhaupt nicht mehr seine Oma ist!

Aber es gelingt ihm nicht, aufzustehen!

So sehr er sich auch müht, den Arm dieses Dings von seinen Schultern zu schütteln, so sehr er sich windet und so sehr er strampelt, er ist zu schwach. Der Arm lastet unverrückbar wie ein ungeheuer schweres Stück Gummi auf seinen schmalen Schultern.

Plötzlich weicht seine Panik einer tiefen Verzweiflung. Zitternd hebt er seinen Kopf und blickt hoch zu der unheimlichen Fratze über ihm.

Möge sie doch nur verschwinden und stattdessen wieder das geliebte Gesicht seiner Oma erscheinen!

Mochte sie ihm so lange und ausführlich, wie sie wollte, erzählen, wie der Förster Kaninchen totschießt! Er würde ganz bestimmt nicht wieder dumme Frage stellen, sondern sich alles ganz brav anhören. Wenn es nach ihm ginge, könnte der Förster den ganzen Tag über Kaninchen totschießen! Wenn er könnte, würde er ihm sogar dabei helfen!

Und jetzt, jetzt hat er eine Idee, eine, die ihn mit neuer Zuversicht erfüllt: Vielleicht, überlegt er, ja vielleicht wird dieser schreckliche Kopf einfach verschwinden, wenn er ihn mit seinen Fingern berührt! Ja vielleicht! Denn was kann ihm schon passieren: Seine Hand ist doch eine Kaninchenpfote!

Die Augen gebannt auf den Kopf gerichtet, streckt er langsam seine linke Hand danach aus. Er kommt ihm näher und näher ... noch näher ...

Aber kurz bevor er ihn an der Wange berühren kann, öffnen sich unvermittelt die Augen dieses Dings. Seine Hand zuckt zurück. Tote, mit einem weißen Schleier überzogene Pupillen glotzen ihn an. Völlig erstarrt sitzt er da. Auf einmal klappt die Kinnlade des Kopfes herunter und ein Schwall brauner Flüssigkeit ergießt sich auf sein Gesicht.

Klein-Willerd schreit schrill auf und versucht, sich die ekelhafte Brühe aus seinem Gesicht zu wischen. Als er sich dabei ins linke Auge fasst ...

... wacht Willerd auf. Er bekommt das Stück Stoff zu fassen, das ihm ins Gesicht gerutscht ist. Er zieht es weg.

Blinzelnd blickt er sich um.

Wo ist er nur?

Der Raum, in dem er sich befindet, ist in ein morgendliches Dämmerlicht getaucht und kommt ihm vage vertraut vor ... – Oder träumt er vielleicht immer noch? ... Dieses Geräusch aus dem Traum – dieses Geräusch des fahrenden Zuges, dieses rhythmische Schnaufen ... Er hört es doch auch jetzt noch!

Langsam dreht er seinen Kopf nach rechts und stellt fest, dass er mit nacktem Oberkörper auf einem Sofa liegt. Eine schwarze Lederjacke deckt ihn zu. Eine Bikerjacke. Auf einem Sessel neben dem Sofa schläft, unter einer Decke wie eine Katze zusammengerollt, ein weibliches Wesen mit blonden Haaren. Vor dem Sessel liegt ein BH, vermutlich ihrer.

Er kann ihr Gesicht nicht sehen, aber ...

Plötzlich fällt ihm Einiges von gestern Nacht wieder ein!

Das Underground ... diese japanische Chaotentruppe ...

... Mister Sister Fister, genau ...

Dann war da diese Blondine ...

... und viele andere Nasen ...

... und Matthias ...

Ja, Matthias! Wegen dem ist er überhaupt erst dort gewesen! Und richtig: Das hier ist seine Wohnung!

Willerd will sich aufrichten, sich umzublicken, aber ein stechender Schmerz jagt durch seinen Schädel. Stöhnend sinkt er zurück.

Er legt einen Arm über seine Stirn und merkt, dass er das Stückchen Stoff, das ihm auf sein Gesicht gerutscht ist, immer noch in der Hand hält. Er öffnet seine Augen, um es zu betrachten. Es dauert eine Weile, bis er erkennt, worum es sich dabei handelt. Angewidert schleudert er es weg.

Eine Unterhose ... die verschissene Buchse von diesem blöden Arschloch ... nachlässig auf der Sofalehne abgelegt!

Jetzt merkt er auch, dass die Geräusche des Traumzugs eine ganz reale Quelle haben.

Auf dem Plattenspieler dreht sich nämlich immer noch eine längst abgespielte LP. Aus den Boxen tönt ein gleichförmiges Knacken ...

„Knack – rrttschh! ... Knack – rrttschh! ..."

Außerdem dringt durch die einen Spalt weit geöffnete Tür zum Schlafzimmer ein Schnaufen und Stöhnen ... Hat Matthias letzte Nacht also mal wieder eine abgeschleppt.

Na bravo!

Willerd schließt die Augen.

Sofort beginnen hinter seinen Lidern Strudel aus schillerndem Licht in allen Farben umherzuwirbeln. Benommen gibt er sich diesen Bildern hin und ist schon fast wieder eingedöst ... Aber plötzlich fühlt er, nein, er weiß es ... Er weiß, dass es nicht diese Strudel aus unzähligen leuchtenden Teilchen sind, die in seinem Kopf umherrasen, sondern dass vielmehr jedes einzelne davon unverrückbar an einem Ort fixiert ist, während er ... Ja, er selber ist es, der sich in einer irren Geschwindigkeit um alle diese Lichtpünktchen gleichzeitig bewegt!

Genau in dem Augenblick wird ihm bewusst, dass er gleich kotzen muss. Sein Magen verkrampft sich bereits.

Er öffnet die Augen und atmet tief durch.

Jetzt bloß schnell an Dinge denken, die das pochende Gehirn von dem Elend in den Eingeweiden ablenken ...

Frische Luft zum Beispiel, wunderbar frische Luft, salzige

Meeresluft ... erfrischend ... kühl ... Tatsächlich wird ihm etwas wohler. Mit beiden Händen umklammert er die Lehne des Sofas und zieht sich langsam nach oben ...

Wieder fährt ein hämmernder Schmerz durch seinen Kopf.

Er steht auf und wankt mit weichen Knien ins Badezimmer. Hastig verriegelt er von drinnen die Tür, kniet sich vor die Kloschüssel und umklammert sie wie vor über zwanzig Jahren den weichen Busen seiner Oma. Sofort schießt sein Mageninhalt in die nach Fäkalien müffelnde Schüssel.

Er kotzt und kotzt, bis nur noch ein dünner Faden grünlichgelben Schleims an seinen ausgetrockneten Lippen hängt.

Dann drückt er auf die Spülung. Das Geräusch donnert in seinen Ohren wie eine Atombombenexplosion aus nächster Nähe, aber ein paar kühle Wasserspritzer erfrischen sein Gesicht.

Völlig entkräftet sackt er neben dem Klo auf den Badezimmerteppich und fällt Augenblicke später in einen tiefen, diesmal jedoch traumlosen Schlaf.

Irgendwann weckt ihn ein heftiges Klopfen und Rütteln an der Tür.

In seinem Kopf hämmert es immer noch, als er sich mühsam von der – wie er jetzt angeekelt feststellt: nach Schimmelpilz stinkenden! – Badezimmermatte erhebt und den Riegel zurückschiebt.

Sofort reißt die Blondine, die vorhin noch so friedlich zusammengerollt auf dem Sessel geschlafen hat, die Tür auf und drückt ihn beiseite. Kaum dass sie sie hinter sich zugeschlagen hat, hört er ihr Würgen und Röcheln in der Kloschüssel widerhallen.

Bei dem Geräusch steigen weitere Erinnerungen an die Oberfläche seines Bewusstseins. Richtig, die Blondine heißt Beata, und dann gibt es da noch eine sehr viel attraktivere Rothaarige ... – Die hat sich Matthias geschnappt und vorhin vermutlich in seinem Schlafzimmer zerlegt.

Und er? Was hat er mit dieser Beata angestellt?

Da sind nur ein paar verschwommene Bilder in seinem Kopf

... Wie er und sie letzte Nacht engumschlungen zu irgendwelcher Musik hier in diesem Zimmer rumtorkelten. Wie reizlos sie ihm vorkam ... Aber wie er sie trotzdem küsste ... Wie er ihr mit seinen Griffeln unter die Bluse ging und das schlaffe Fleisch ihrer Brüste zerwühlte ...

Yvonne, Beata ... dass es seit Lydia immer solche Schabracken sein müssen ... – !

Mittlerweile fällt durch das Wohnzimmerfenster helles Tageslicht. Draußen scheint die Sonne. Der Himmel ist ein zartes, von ausfransten Wolkenfetzen bedecktes Blau. Willerd hat keine Ahnung, wie spät es ist. Mühsam angelt er nach seinem Shirt auf dem Boden und zieht es langsam an. Dann geht er zum Plattenspieler und nimmt den Arm von der immer noch rotierenden LP: „Transformer" von Lou Reed.

Er legt sich wieder auf das Sofa und macht die Augen zu. Jetzt scheint sich auch die Blondine auf dem Klo ausgekotzt zu haben. Nun kackt sie. Die Geräusche, die ihr Arsch von sich gibt, sind geradezu grotesk.

Als Beata irgendwann fertig ist und die Badezimmer aufmacht, tut er so, als schliefe er. Er hört, wie sie auf Zehenspitzen durch das Wohnzimmer schleicht. Nun ist sie plötzlich wieder sehr diskret. Sie klaubt ihren BH auf und steckt ihn in ihre Handtasche.

Gleich darauf macht sie sich vom Acker. Es ist wie eine Flucht: Verstohlen beobachtet er sie noch dabei, wie sie sich in einem Handspiegel betrachtet und versucht, in ihrem verquollenen Pferdegesicht mit einem Kajalstift wenigstens ein paar Akzente zu setzen. Dann zieht sie sich Absatzschuhe und Jacke an. Wenige Augenblicke später schlägt sie die Wohnungstür hinter sich zu, ohne Willerd auf dem Sofa auch nur das geringste bisschen Beachtung geschenkt zu haben.

Er schläft noch mal ein ...

Und wieder wird er abrupt geweckt. Diesmal von Musik. Er öffnet die Augen und sieht Matthias mit freiem Oberkörper am Schallplattenspieler stehen. Der muss bereits geduscht haben. Seine nassen Haare sind nach hinten gekämmt. Er verbreitet einen unangenehm frischen Geruch nach Shampoo und Deo.

„Na, ausgeschlafen? – Siehst ja aus wie hingeschissen!"

„Danke ... Kannste nicht mal den Lärm ein bisschen leiser machen?"

„Lärm?! Du spinnst wohl! Das sind die fantastischen Wipers aus Oregon, du ignoranter Penner! ‚Over the Edge' ist ja wohl mal eines der besten Alben aller Zeiten!"

Trotzdem dreht Matthias den Lautstärkeregler etwas nach unten. Dann geht er in die Küche, wo Willerd ihn mit Geschirr rumklappern hört.

Na, Matthias hat schon recht: Was da aus den Boxen quillt, ist alles, aber verflucht noch mal kein Lärm.

„Nothin ever change / Always stay the same / Live in a Doom Town ..."

Willerd macht wieder die Augen zu.

Später bringt ihm Matthias eine Tasse schwarzen Instant-Kaffee: „Hier, trink das!"

„Oh geil, danke ..."

Ächzend arbeitet er sich in eine sitzende Position, greift nach der dampfenden Tasse und nimmt einen vorsichtigen Schluck von dem heißen Gebräu.

„Könnte ich, äh, vielleicht 'ne Tablette kriegen?"

„Klaro, Alter! Ich hol dir eine."

Mann, ist der zuvorkommend heute! Nachdem Matthias mit einem Glas Wasser und einer Tablette zurückgekommen ist und Willerd beides mit einem spöttischen Gesichtsausdruck gereicht hat, setzt er sich, fröhlich zu den Wipers mitpfeifend, auf den Sessel, auf dem vorhin noch die Blondine gepennt hat.

Er ist immer noch oben ohne, und Willerd fällt jetzt eine neue Tätowierung auf seiner rechten Brust auf: Ein stark stilisierter Wolfskopf im Profilschnitt, und darunter steht im Halbkreis IN HOC SIGNO VINCES. Es ist eine Tätowierung in klassischem Schwarz, nur das Wolfsauge ist rot eingefärbt.

„Nicht schlecht, was?" Matthias hat Willerds Blick natürlich bemerkt. „Der Dani wird immer besser. Und ich hab grade mal fünfzig Ocken dafür hingelegt."

Willerd denkt an das bullige Monster, das den Oberkörper von Matthias in den letzten Jahren immer weiter zugehackt hat. Inzwischen sind Rücken und Oberarme voll, jetzt kommen nach und nach Brust und Bauch an die Reihe. Matthias lässt sich den Spaß eine schöne Stange Geld kosten.

„Ja, cooles Ding!", entgegnet Willerd, obwohl ihn Tätowierungen generell nicht besonders interessieren. Er selber hat nur eine einzige, ein ausgesprochen hässliches Andenken an einen Ungarn-Urlaub. Achtzehn ist er damals gewesen und war mit ein paar Freunden auf einer Insel am Donauknie zelten. Und während eines Ausflugs nach Budapest ist er irgendwann in einen dieser schmierigen, kleinen Tätowierläden gestolpert, die es auf stockbesoffene Grünschnäbel wie ihn abgesehen haben. Seitdem schleicht er mit Goofys dämlicher Fresse durch die Welt. Zum Glück war er wenigstens noch so gut beisammen, sich das Ding auf die Wade verpassen zu lassen und nicht etwa auf den Unterarm.

„Die Melanie hat auch ein paar ziemlich coole Dinger auf dem Rücken", meint Matthias jetzt und lehnt sich genüsslich nach hinten. „Leider auch ein ganz hässliches Arschgeweih ..."

Willerd weiß schon, worüber Matthias wirklich sprechen will. Aber er tut ihm den Gefallen: „Ach ja, was denn für eins?"

„Na halt eins dieser Nullachtfuffzehn-Tribal-Dinger! Richtig mies gemacht! 'Ne klassische Jugendsünde, würd ich sagen! Aber darauf kam's mir ja ohnehin nicht an, als ich die mir vorhin schön von hinten vorgenommen hab ... Sieht super aus ohne Klamotten, hübsche Glocken, rasiert isse auch ... Na ja, Letzteres macht heutzutage eh jede!" Matthias macht ein weltmännisches Gesicht. Dann sagt er: „Und du, hast dich mit der Blonden vergnügt, was?!"

„Ich weiß ehrlich gesagt gar nicht mehr so richtig, was wir gemacht haben. Vermutlich nur 'n bissl rumgeknutscht ..."

„Stimmt, so besoffen, wie du warst! Viel wird da nicht mehr gelaufen sein. Und dabei hab ich euch zwei extra bekannt gemacht. Die Blonde, die wär was für den Wilson, hab ich mir noch gedacht!"

„Nee danke, die war nicht so mein Typ. Wirklich nicht."

„Na, und wenn schon! Du hättest die trotzdem ficken sollen!" Matthias klatscht mit der flachen Hand gegen die zur Faust geballte andere Hand. Dann fällt ihm plötzlich etwas ein: „Haste die vorhin eigentlich auch auf der Schlotte rumfurzen hören? Hä? Haste? – Na, ich hab gedacht, was geht 'n jetzt los und mich halb kaputtgelacht, wie ich so neben der Melanie lieg! Aber die wird gleich fuchtig und meint, ich würd nicht so blöd lachen, wenn ich wüsste, dass die Beata gar nicht anders kann. Als Kind hatte die nämlich mal 'ne fiese Infektion am Dickdarm. Die mussten der 'n großes Stück rausschneiden."

„Na so was!" Willerd verzieht seinen Mund. Gleich wird ihm noch unwohler bei dem Gedanken daran, seine Zunge zwischen Beatas Pferdezähne geschoben zu haben.

„Ja, da haste dann natürlich bei jedem Gang aufs Klo die Lacher auf deiner Seite, vor allem als Frau!"

Dann nimmt Matthias' Stimme plötzlich einen tadelnden Tonfall an: „Du hast dich gestern vielleicht abgeschossen, Alter! Musst wirklich mal ein bisschen besser aufpassen. Am Ende dacht ich, ich nehm dich mal besser mit zu mir, damit du nicht noch von irgendjemandem vermöbelt wirst! Der Manne hatte dich schon so 'n bisschen auf'm Kieker! Der war eh etwas gefrustet wegen seiner Alten."

„Ja, der war auf Stress aus. Hab ich gemerkt."

„Ach was, wenn der dir blöd gekommen wär, hätteste ihm einfach eine auf 'n Pinsel gehauen, und gut ist! Der Manne ist nicht gut im Sich-Kloppen, auch wenn der vielleicht gefährlich aussieht! Wenn du dem mit der Faust von oben eins auf die Nuss gibst, ist der fertig! Dann kippt der um und sagt erst mal keinen Mucks mehr! Das nur mal so als kleiner Tipp, falls ihr doch mal ernsthaft aneinander geraten solltet ..."

Matthias grinst belustigt, und Willerd denkt, dass er nie wieder in seinem Leben einen Fuß in das Underground setzen wird. Für Matthias dagegen hat sich der Spaß mal wieder so richtig gelohnt: Der hat sich schön einen angesoffen, mit seinen beschissenen Kumpels rumgealbert, eine Tussi abgeschleppt

... Dabei scheint dem blöden Arschloch dieses Lotterleben gar nicht mal so zuzusetzen. Der sieht mit seinen achtundzwanzig Jahren nämlich immer noch verdammt frisch aus. Willerd kann nicht anders, als hin und wieder einen verstohlenen Blick auf Matthias' gut ausgebildeten Oberkörper zu werfen. Dagegen er selber mit seinen Hängeschultern, seiner Hühnerbrust ...

Gut, er hat auch schon länger nichts mehr gemacht. Im Fitnessraum der Uni war er seit Monaten nicht. Aber ab nächste Woche könnte er wieder regelmäßig gehen. Dann muss er sowieso wieder regelmäßig in die verfickte Uni ...

Ach, vielleicht sollte er den ganzen Scheiß einfach an den Nagel hängen! Matthias ist doch das beste Beispiel dafür, dass es auch anders geht. Der hat sich damals nicht lange an der Uni aufgehalten, ist ein bisschen hier und da pro forma eingeschrieben gewesen und hat währenddessen sein eigenes Süppchen gekocht. Und als ihm das Prüfungsamt zum ersten Mal auf die Pelle rückte, ließ er sich ohne mit der Wimper zu zucken exmatrikulieren und beantragte Sozialhilfe. Der Staat überweist ihm seitdem ohne Rumgemurre einmal im Monat seine Bezüge. Zumindest ist er, soweit Willerd weiß, noch nie zu einer dieser „Maßnahmen" genötigt worden, über die sich heutzutage die halbe Welt aufregt.

Mit der Kohle vom Staat sowie dem, was sich Matthias nebenbei dazuverdient, scheint er jedenfalls sehr gut über die Runden zu kommen. Man muss sich nur mal seine Zwei-Zimmer-Wohnung anschauen: Gut, die alte Schrankwand mit den vielen Büchern hat er von seinem Opa geerbt, aber der ganze andere Krempel, das Ledersofa, die monströse Musikanlage, die vielen, vielen Schallplatten, das hat alles schon ordentlich Asche gekostet. Nicht zu vergessen die Sachen, die er für seine Band mit diesem selten dämlichen Namen gekauft hat ...

„Was bist 'n so nachdenklich?"

„Ich? Wieso?"

„Na, du kuckst so schief! So als wärste mit irgendwas unzufrieden."

„Nee, ist nur der Kater!"

„Dann ist ja gut." Matthias streckt sich gähnend und steht auf. „Ich hol mir noch 'n Kaffee! Willste auch noch einen?"

„Nee, danke."

„Wie du meinst."

Matthias verschwindet wieder in der Küche.

Einen Moment später geht die Tür zu seinem Schlafzimmer auf und Melanie erscheint. Sie sieht ziemlich fertig aus. Die Szene, wie sie ihn gestern Nacht hat abblitzen lassen, ist Willerd plötzlich wieder im Gedächtnis und wird dort wohl wie in Stein gemeißelt für alle Zeiten stehen bleiben.

„Morgen", sagt sie knapp, als sie Willerd auf dem Sofa erblickt. „Wie spät is 'n das?"

„Weiß ich gar nicht."

„Mein Handy ist letzte Nacht ausgegangen. Ich hab auch keinen Plan", sagt sie mehr zu sich selbst als zu ihm. Sie fährt sich mit einer Hand durch ihre roten Haare, wobei sich ihr Gesicht kurz zu einer leidvollen Grimasse verzerrt. Dann löst sie sich von der Tür und geht zum Bad. Sie ist lediglich mit einem von Matthias' Shirts bekleidet, das ihr natürlich viel zu weit ist und wie ein kurzes Kleid ihr wohlgeformtes Becken bedeckt. Die leicht gebräunte Haut ihrer schlanken Oberschenkel glänzt verführerisch im Licht der nun grell durch die Fenster scheinenden Sonne. Neid auf Matthias durchrieselt Willerd auch dann noch, als er sie gleichfalls hinter der verschlossenen Klotür abschädeln hört.

Gerade als sie anfängt, sich zu erbrechen, ist die A-Seite der Wipers-LP zu Ende. Wieder dieses Rumgeknister ... Willerd geht zum Plattenspieler und dreht sie um. Dabei sieht er durch die nun weit geöffnete Tür zum Schlafzimmer das große Poster über dem zerwühltem Bett. Es ist ein altes, etwas vergilbtes Filmplakat, das Matthias aufwendig eingerahmt hat. „AGUIRRE DER ZORN GOTTES" steht rechts oben in ockerfarbener Schrift, links daneben sieht man Klaus Kinski als manisch glotzenden Konquistadoren, darunter Cecilia Rivera als seine dem Tode geweihte Tochter. Matthias hält Kinski für einen der bedeutendsten Männer des zwanzigsten Jahrhunderts, der größte Schauspieler aller Zeiten ist er in seinen Augen sowieso, und dass er mit dieser völlig aberwitzigen Verehrung nicht ganz alleine dasteht, scheint ihn in seiner Meinung nur noch zu bestätigen. Mitunter hat Willerd auch den Eindruck, dass sich Matthias sehr darin gefällt, gewisse Kinski-Züge an sich zu entdecken und zu kultivieren. Seine Neigung zum gelegentlichen Cholerikertum verklärt er so zu einer durchaus ehrenwerten Charaktereigenschaft. Von Kinskis Frauengeschichten wollen wir mal gar nicht erst anfangen.

Und weil wir gerade davon sprechen: Das Foto von Klaus Kinski auf dem Poster ist die Vorlage für die Tätowierung, die Yvonnes linken Unterarm verunstaltet. Vor Jahren verbrachte sie nämlich auch mal eine Nacht in diesem Schlafzimmer. Anders als Matthias, für den das nur eine Nummer von vielen war, verliebte sie sich gleich unsterblich und verfolgte ihn in den folgenden Wochen mit einer Beharrlichkeit, zu der nur die komplett Verrückten imstande sind. Mit der Tätowierung wollte sie ihn vermutlich von der Echtheit ihrer Liebe überzeugen.

Klaus Kinski und Matthias – für Yvonne war das damals vermutlich ein und dasselbe.

Einmal war Willerd bei Matthias, da stand sie mal wieder vor seiner Wohnungstür. Natürlich schaltete Matthias die elektrische Klingel aus, aber so schnell ließ sich Yvonne nicht abwimmeln. Ihr Geklopfe überdauerte ganze zwei Filme, nämlich „The Big Lebowski" und „Buffalo 66". Und „Withnail and I" war schon zur Hälfte vorbei, als sie endlich abzischte.

„Bloß gut, dass die blöden Fotze meine Telefonnummer nicht hat!", meinte Matthias an diesem Abend irgendwann zwischen dem vierten und siebten Bier.

Yvonnes beharrliche Versuche, bei ihm doch noch einen Fuß in die Tür zu kriegen, endeten erst mit ihrem Nervenzusammenbruch und den Monaten in der Geschlossenen. Fünf Jahre ist das bestimmt schon her. In der Folgezeit zog sie sich völlig zurück. Vorher hatte es ja kaum jemanden aus der lokalen Szene gegeben, der sie im Vollrausch nicht schon mal durchgenudelt hatte. Sie hatte sich einfach weiterreichen lassen. Immer schön von einem Schwein zum nächsten. Wie ein Joint, der die Runde macht, und dabei kleiner und kleiner wird.

Dann war sie auf einmal wie vom Erdboden verschluckt.

Bis letzten Herbst.

Schwer zu sagen, ob es Zufall war oder ob Yvonne Willerd damals ganz gezielt im Stadtpark auflauerte. Früher hatte sie ihn ja kaum beachtet, das heißt, ihn höchstens mal um eine Zigarette angeschnorrt. Damals im Park jedoch kam sie auf ihn zu, als wären sie alte, sehr vertraute Bekannte. Natürlich trug sie ihr schwarzes Samt-Gothic-Kleid.

Vielleicht spürte sie rein instinktiv, wie nötig er es hatte.

Sie nahm ihn mit zu sich nach Hause und schälte sich, kaum dass er ihre deprimierende Wohnung zum ersten Mal betreten hatte, aus ihrem Korsett.

The Rest is History.

Aber das muss jetzt aufhören. Er wird den Kontakt zu ihr abbrechen, völlig abbrechen. Von diesem Entschluss wird er nicht abrücken. Die Session vor zwei Tagen hat ihm doch nur zu deutlich vor Augen geführt, dass früher oder später irgendwas Blödes passieren muss, wenn er weiter mit ihr verkehrt. So aufdringlich und fordernd hatte sich diese blöde Schlampe ihm gegenüber nämlich noch nie verhalten ... Und was, wenn er ihrem Wunsch nach einer zweiten Nummer nicht nachgegeben hätte? ... Den Kniff in den Sack hat er schon als genau den Warnschuss verstanden, als der er gemeint war: In meiner Wohnung und in meinem Bett wird gemacht, was ich sage, Freundchen!

Nicht dass ihm diese Irre irgendwann noch die Eier abreißt.

Außerdem, wenn diese Peinlichkeit früher oder später doch mal rauskommt ... So groß ist die Stadt nicht ... Dann hätten Matthias und Konsorten schön was zu lachen: Na, hat die sich auch schon was von dir tätowieren lassen, Wilson? Einen Goofy vielleicht?!

Willerd geht nicht davon aus, dass ihm Yvonne von sich aus groß auf die Pelle rücken wird. Stundenlang an seiner Tür klopfen so wie damals bei Matthias schon gar nicht. Denn erstens hat er ihr in weiser Voraussicht nie gesagt, wo er wohnt (und sie hat auch nie danach gefragt), und zweitens ist – das muss er leider zugeben – abgesehen von ihrem ersten Treffen jede weitere Initiative immer von ihm ausgegangen.

Wenn er sich nicht bei ihr meldet, wird er auch nichts mehr von ihr hören ... und dann ist er sie los. Ganz einfach.

Jetzt geht die Badezimmertür auf, und Melanie geht, ohne ihn zu beachten, zurück ins Schlafzimmer. Die Tür macht sie hinter sich zu.

Wie in einem miesen Theaterstück erscheint gleich darauf Matthias mit einem Teller belegter Brote.

„Haste schon Hunger, Wilson?"

„Ach nö, danke!"

Matthias fläzt sich wieder in den Sessel und beginnt, ordentlich reinzuhauen. Dazu schlürft er dampfenden Kaffee. Willerd schaut ihm schweigend zu.

„Ich will mal nach meinem Schmetterling schauen!", meint Matthias vielsagend, als er ein paar Minuten später fertig ist, und verschwindet gleichfalls im Schlafzimmer. Er bleibt dort für eine ganze Weile, und als die zweite Seite der Wipers-LP zu Ende ist, hört Willerd, wie sie wieder geräuschvoll rumficken. Melanie tut ihm fast schon Leid.

Irgendwann döst er trotz des Kaffees zum vierten Mal ein.

Diesmal weckt ihn das Geräusch der sich öffnenden Schlafzimmertür. Matthias und Melanie stehen beide im Wohnzimmer ganz in der Nähe des Sofas und umarmen sich.

Willerd hört sie miteinander tuscheln, ohne jedoch zu verstehen, was sie sich gegenseitig zuflüstern. Er will es auch gar nicht wissen. Jetzt macht Matthias eine Bemerkung und Melanie kichert dümmlich. Natürlich war ihr hochnäsiges Getue letzte Nacht in der Kneipe nur eine Masche.

Dämliche Studentenfotze.

Nun gehen sie in den Flur. Dort raschelt Melanie eine Zeitlang mit ihrer Jacke rum. Sie murmeln sich noch ein paar Sätze zu und drücken sich gegenseitig ein paar geräuschvolle Schmatzer auf die vom vielen Ficken aufgesprungenen Lippen, bevor die Wohnungstür aufgeht und Melanie davonstöckelt.

Gut so, verpiss dich, Alte!

Matthias kommt zurück, und Willerd hört, wie er eine neue Schallplatte auflegt, nachdem er die Wipers-LP wieder in ihre Hülle gesteckt und in sein Plattenregal eingeordnet hat.

Augenblicke später scherbelt „Pray to Be Saved" von Extreme Noise Terror aus den Boxentürmen.

Willerd fährt hoch: „Mach mal leiser, Mensch!"

Matthias dreht die Lautstärke etwas runter.

„Guten Morgen! Das heißt: Guten Nachmittag, du Penner! Ist schon halb vier!"

„Was, echt?"

„Die Zeit vergeht heute mal wieder wie im Flug!"

„Oh Mann ..." Allerdings stellt Willerd beglückt fest, dass sich sein Kater mittlerweile fast völlig verdünnisiert hat. Er fühlt sich nur noch etwas benommen.

Und hungrig!

Gierig langt er nach dem Teller mit den belegten Broten, der immer noch auf der Lehne des Sessels steht, und beginnt reinzuhauen. Er bemerkt, wie ihn Matthias dabei wieder mit diesem spöttischen Gesichtsausdruck betrachtet.

„Dir geht's auch wieder gut, was?!"

„Ja ... geht schon!"

„Wenn du willst, kannste noch 'ne Weile hierbleiben, und wir schauen uns 'n Film an oder so."

„Warum nicht. Heute wird eh nicht mehr viel ..."

„Seh ich auch so! Ich schieb mir erst mal 'ne Pizza in den Ofen!"

Matthias geht in die Küche. Auch Willerd steht auf und schlurft zur Anlage. Er macht noch etwas leiser.

Extreme Noise Terror! Ausgerechnet!

Als er zurück zum Sofa geht, schnappt er sich ein altes Buch, das auf einem niedrigen Tisch neben dem Sofa liegt. Es ist Ernst Jüngers „Der Kampf als inneres Erlebnis".

Ohne nachzudenken schlägt er es dort auf, wo das Lesezeichen steckt. Er liest:

Der Mannesmut ist doch das Köstlichste. In göttlichen Funken spritzt das Blut durch die Adern, wenn man zum Kampfe über die Felder klirrt im klaren Bewusstsein der eigenen Kühnheit. Unter dem Sturmschritt verwehen alle Werte der Welt wie herbstliche Blätter. Auf solchen Gipfeln der Persönlichkeit empfindet man Ehrfurcht vor sich selbst. Was könnte auch heiliger sein, als der kämpfende Mensch? Ein Gott?

Er klappt das dünne Buch wieder zu und legt es zurück auf den Tisch. Matthias besitzt einen ganzen Haufen solcher Schinken. Die meisten davon stammen aus dem Nachlass seines Opas. Als der vor ein paar Jahren im sportlichen Alter von achtundneunzig Jahren eines morgens unter der Dusche zusammenklappte, hinterließ er seiner Sippschaft Unmengen an Krempel. Unter anderem ein paar auf dem Dachboden seines Hauses versteckte Regale voll mit Büchern, die seiner Parteikarriere in der DDR sicherlich ein abruptes Ende gesetzt hätten. Als echter Wendehals wollte Matthias' Opa nach 1989 natürlich nichts mehr mit dem realexistierenden Schweinesystem am Hut haben. Dass ihm die marktwirtschaftliche Ideologie sonderlich behagte, kann jedoch gleichfalls getrost bezweifelt werden.

Nein, sein Ding war ganz eindeutig der Nationalkonservatismus der Zwanziger und frühen Dreißiger. Der Spirit seiner Jugend sozusagen. Besonders in seinen letzten Lebensjahren muss er sein Umfeld bis zum Umfallen damit gelangweilt haben. Matthias war so mit der Einzige, der sich sein sabberndes Gekeife gern anhörte. Aber der alte Sack wird wohl nicht geahnt haben, dass sein erklärter Lieblingsenkel dann meistens richtig einen in der Krone hatte. Die Büchersammlung erwähnte er jedenfalls nie irgendjemandem gegenüber. Vielleicht hatte er sie in dem vermüllten Chaos auf seinem Dachboden ganz einfach vergessen. Matthias riss sich das meiste davon nach dem Tod des Alten unter den Nagel. Ab und an scheint er tatsächlich in den alten Schwarten zu lesen. Er ist eben trotz allem doch ein Kulturmensch.

Inzwischen zieht der verführerische Duft von im Umluftherd aufgebackener Tiefkühlpizza durch die Wohnung. Irgendwann kommt Matthias mit einem großen Teller sowie drei Flaschen Bier zurück.

Eine davon reicht er Willerd, der ohne zu zögern zugreift, die anderen beiden sind für ihn reserviert. Eine ist sowieso schon fast wieder leer.

„Was für einen Film wollen wir schauen?“, fragt Willerd und nippt an seinem Bier.

„Na, ich hatte an ‚Soylent Green‘ gedacht! Hab letztens die DVD im Second-Hand-Laden vom René abgegriffen! Ist mit Charlton Heston! Soll super sein. Kennste den schon?“

„Nur vom Namen her.“

Hauptsache nix mit Klaus Kinski!

„Na, dann passt's ja!“ Matthias steht auf, um die DVD in den Player zu schieben.

Willerd bleibt bis spät in die Nacht. Bis dahin haben sie sich noch vier weitere Horrorfilme aus den glorreichen Siebzigern reingezogen. Matthias hat einen ganzen Schiebeschrank voll mit DVDs und VHS-Kassetten. Das meiste davon obskures Zeug.

Als sich Willerd schließlich von seinem Platz auf dem Sofa erhebt, merkt er, dass er schon wieder ziemlich besoffen ist. Später auf dem Nachhauseweg fischt er sein Handy aus der Jackentasche und sieht, dass ihm schon vor vielen Stunden jemand eine SMS geschickt hat.

Yvonne!

Wenn man vom Teufel spricht …

Sie schreibt: „Sehn wir uns heut abend?“

Dreimal verfluchte Scheiße aber auch!

ACHT

„Hallooo?“ Zäh wie Leim quillt eine weibliche Stimme durch die Gegensprechanlage.

„Matthias hier! Ist der Tobi da?“

„Welcher Matthias?“

„Na, *der* Matthias!“ Und als auf diese Erklärung keine Reaktion erfolgt: „Der von Tobis Band!“

„Ach so ...“

„Ist der Tobi nun da oder nicht?“

„Ja, der ist da ...“

Stille.

Matthias wartet noch ein paar Augenblicke, aber da kommt nichts mehr. Langsam wird es ihm zu blöd: „Also kannste mal die Tür aufmachen?!“

Das elektronische Entriegelungsgeräusch ertönt.

Das geht ja gut los, denkt er, als er Sekunden später die paar Treppen in den dritten Stock hochwetzt.

Wie hieß Tobis Freundin überhaupt noch mal? – Ach ja, Sandra, richtig!

So einen bescheuerten Eindruck wie grade eben hat die doch früher nicht gemacht! Was zur Hölle ist bloß los mit den Leuten?!

Oben steht Sandra in der Tür, und wie Matthias gleich feststellt, hat Manne neulich im Underground nicht übertrieben: Die Alte hat tatsächlich richtig was zugelegt, seit er sie das letzte Mal bei Sörens Grillparty im Spätsommer gesehen hat. Schlank ist sie früher schon nicht gewesen, aber jetzt? ... Die reinste Wellfleischinsel! ... Deutlich zeichnen sich ihre ausladenden Hüften unter ihrem weiten, blauen Kleid ab. Hier ist doch eindeutig was im Gange ... Schon gut, dass er entschieden hat, vor dem Kickbox-Training den Umweg zu Tobis Bude zu machen.

Sein Erstaunen über ihr verändertes Aussehen muss sich

auch in seinem Gesicht abgezeichnet haben, denn er sieht, wie sich ein roter Schleier über Sandras teigige Backen legt, noch bevor sie irgendwas zu ihm gesagt hat. Dennoch schafft sie, sich eine Art Lächeln abzuquälen.

„Der Tobi hält grade seinen Mittagsschlaf", schnauft sie. „Aber ich hab ihm schon Bescheid gesagt, dass du, äh, da bist ... Vielleicht hättest du vorher mal anrufen können. Das wäre uns beiden recht gewesen, weißt du ... ?"

„Der hat letztens nicht auf meine Kurznachricht reagiert, und da dachte ich, ich schaue einfach mal vorbei!" Was stellt sich diese fette Sau zwischen ihn und Tobi? Die soll sich gefälligst von der Tür verpissen und ihn mit Tobi quatschen lassen!

„Komm doch erst mal rein", meint Sandra jetzt. Sie bewegt ihren massigen Körper ein Stück von der Tür weg, so dass Matthias genug Platz hat, um sich an ihr vorbeizuschieben.

Im Flur hängt ein schaler Geruch nach fettigem Mittagessen. Er zieht seine Bikerjacke aus und hängt sie zusammen mit dem Rucksack mit seinen Kickbox-Sachen an einen der Haken der Garderobe. Seine Stiefel lässt er an.

„Kannst ja schon mal in die Stube gehen." Überflüssigerweise weist sie ihm mit einem ihrer Wurstfinger die Richtung. Als ob er hier noch nie gewesen wäre!

„Der Tobi kommt gleich."

„Alles klar." Er geht ins Wohnzimmer und setzt sich in einen Sessel. Sieht ja neuerdings verdammt spießig aus hier, denkt er, als er sich umblickt: Blümchengardinen, Plüschtiere, dann dieser neue Teppich!

Was für ein unglaublich hässliches Ding!

IN PINK!!!

Wer kommt denn auf so eine behinderte Idee!

In einer Ecke steht ein schmales Regal, wo Tobi seine Schallplatten aufbewahrt. Es ist halb verdeckt von einer Schrankwand, ganz so, als schäme er sich für seinen schlechten Musikgeschmack. Auch die alten Poster an den Wänden sind von einer Anzahl billiger Kunstdrucke ersetzt worden: Matisse, Kandinsky, van Gogh ... echter Baumarkt-Chic!

Wieder steht Sandra in der Tür: „Willst du was trinken? Eine Cola vielleicht ... ?"

„Nee, danke. Aber haste ein Bier?" Ein kühles Blondes noch schnell vorm Training, das würde schon gehen.

„Bier?" Sie macht so große Augen, als hätte er sie wegen Koks angehauen. „Ja, da muss ich erst mal nachschauen, ob wir noch was da haben ..." Sie verschwindet wieder.

Endlich kommt Tobi herein.

Er sieht total verpennt aus und trägt einen weißen Bademantel, ganz so, als käme er gerade aus einer Hotelsauna. Seine Füße stecken in zwei braunen Altherrenpantoffeln.

„Mensch, Matthias! Das ist aber wirklich mal 'ne Freude!" Unsicher grinsend gibt er ihm die Hand.

„Tach Tobi!", antwortet Matthias und ist erst mal geplättet von der Erscheinung seines einstmals besten Freundes.

So wie Sandra ist nämlich auch Tobi in den paar Monaten, in denen sie sich nicht gesehen haben, deutlich fetter geworden. Dazu wirkt sein Haar sehr viel schütterer, und unter seinen Augen sind dicke Tränensäcke, die wie kleine Kissen auf seinen runden Bäckchen ruhen.

„Hast letztens meine SMS nicht beantwortet!", meint Matthias und klingt etwas schroff dabei. Tobi lässt den Kopf sinken und setzt sich leise schnaufend auf das Sofa, auf dessen Rückenlehne ein bescheuertes Plüschkrokodil thront. Auch wieder in Pink!

Er schaut hoch zu Matthias, und sein speckiges Gesicht nimmt einen geradezu unterwürfigen Ausdruck an: „Bitte entschuldige, das hab ich total vergessen! Das war Freitag, nicht? Oh Mann, da hatte ich vielleicht 'nen langen Tag im Büro! Bin erst gegen abends um zehn zu Hause gewesen und hab mich gleich in die Kiste gehauen. War total kaputt. Wir mussten noch mit dem Quartalsabschluss fertig werden, und das ist ja immer ein ganz schön dickes Ding, wie du weißt."

Matthias weiß das nicht, und es ist ihm auch Wurst.

„Na, du hast jedenfalls was verpasst! Die Japsen waren der Hammer!", entgegnet er unbeeindruckt.

„Mister Sister, ähm, Fister, was?“

„Ja, genau die! Alter, ham die reingehauen! Besonders die Schnalle! Wär ganz bestimmt auch was für dich gewesen.“

Tobi zeigt wieder sein unsicheres Grinsen: „Ja, vielleicht ...“

Jetzt kommt Sandra zur Tür hereingewatschelt. Ihre Nachforschungen sind von Erfolg gekrönt gewesen, das ist eindeutig, denn vor sich her trägt sie ein kleines Tablett, auf dem eine geöffnete Bierflasche und ein Glas stehen. Es ist allerdings nur eine Viertel-Liter-Flasche.

„Na aber! Das ist ja wie in der Kneipe bei euch!“, ruft Matthias belustigt, als sie das Tablett auf dem niedrigen Beistelltisch zwischen Sessel und Sofa absetzt und ihm gleich darauf das Glas vollmacht.

„Es ist ein belgisches Bier“, gurrt sie dabei. „Eine Spezialität. Meine Ellis haben uns ein paar Flaschen von ihrem Weihnachtsurlaub mitgebracht.“

Während sie sich nach vorn beugt, erhascht Matthias einen Blick auf ihre käsigen Hängetitten, die wie riesige Milchtüten im weiten Ausschnitt ihres Kleids baumeln. Darunter formt sich ein monströser Wanst.

„Willste denn kein Bier mittrinken?“ Matthias blickt Tobi fest in die Augen.

„Nee, erst mal nicht, danke!“ Tobi schaut kurz zu Sandra.

„Wieso ‚danke‘? Ist doch dein eigenes Bier!“

„Stimmt, ja ...“ Es folgen ein paar Sekunden, in denen keiner was sagt.

„Na denn: Prost!“, meint Matthias schließlich betont unbekümmert und genehmigt sich einen Schluck. „Nicht schlecht, das Gesöff!“, denkt er. Wieder verzieht Tobi sein Gesicht zu diesem unsicheren Grinsen und tut so, als hätte er ein unsichtbares Glas in der Hand, das er gleichzeitig wie Matthias an den Mund führt. Na, wenn das ein Witz sein soll, ist er jedenfalls gründlich misslungen.

Jetzt tut Sandra etwas, was Matthias außerordentlich stört. Anstatt sich nämlich wieder in die Küche oder sonstwohin zu verpissen, pflanzt sie sich mit ihrem fetten Arsch auf das Sofa und schmiegt sich an Tobi. Der legt seinen Arm um ihre speckigen Schultern, und sie greift nach seiner Hand, so dass die beiden miteinander zu verschmelzen scheinen. Ja, sie glucken ihm gegenüber wie ein einziges Wesen mit zwei Köpfen und vier Augen.

Ein Sandra-Tobi.

Ein Sandrobi.

Matthias ist vollkommen überrumpelt. Das hat er nicht erwartet. Alles, was er mit seinem ehemals besten Kumpel heute besprechen wollte – Konzerte, Besäufnisse und natürlich: ihr Band-Projekt – all das ist auf einmal völlig belanglos.

„Dir wird vielleicht schon aufgefallen sein ...", beginnt das Tobi-Maul des Sandrobis, und Matthias hat schon so eine unangenehme Ahnung von dem, was gleich kommen wird. Er setzt sein Bierglas ab und hält es mit beiden Händen umklammert vor sich auf dem Schoß. Er sagt immer noch kein Wort.

„Also, wir haben das bis jetzt keinem von unseren Freunden erzählt", fängt das Sandrobi noch mal an. „Du bist abgesehen von unseren Ellis wirklich der Erste, der es erfährt: Sandra und ich, also wir kriegen jetzt ein Kind."

„Ach ja?" Matthias versucht gar nicht erst, so zu tun, als wäre er begeistert. „Wann isses denn soweit?"

„Nun, der Arzt sagt, es kommt in der ersten Augustwoche!", sagt das Sandrobi wieder, diesmal durch sein Sandra-Maul.

„Ja, Anfang August!", pflichtet Tobi bei, und dann, mit einem unüberhörbarem Stolz in der Stimme, an Matthias gewandt: „Es wird ein Mädchen! Stell dir das mal vor, Matthias: ein Mädchen!"

Ein Mädchen! Daher also dieser ganze hässliche Krempel in Pink! Hätten die einen Jungen produziert, wäre dieses Scheiß-Plüschkrokodil jetzt vermutlich himmelblau!

Nicht zu fassen ...

„Ja, und der Arzt sagt, es entwickelt sich wunderbar! Willste mal die Fotos vom Ultraschall letzte Woche sehen?", fragt das Sandrobi durch sein Sandra-Maul, und ohne seine Antwort abzuwarten, rutscht Sandras speckige Hand aus der von Tobi und zuckt nach dem braunen Kuvert, das auf einem Tischchen neben dem Sofa liegt. Sie zieht einige Fotos daraus hervor und reicht sie rüber zu Matthias.

Was er auf den grobkörnigen Abbildungen sieht, hätte auch ein Bandwurm oder ein bösartiges Krebsgeschwür sein können.

„Aha! Na Mensch ..."

„Ja, nicht?! Ist das nicht ... na ja ... wunderschön?"

„Sicherlich!", lügt Matthias. Er trinkt sein Bierglas in einem Zug aus.

Wenn Kinder das aus den Leuten machen, wenn sie sich dadurch im Handumdrehen in derart graue Abziehbilder ihrer langweiligen Eltern verwandeln, dann ist diese Scheißwelt wirklich dem Untergang geweiht.

Nun, das ist an sich keine neue Erkenntnis, und nicht dass es ihn auch nur im Geringsten stört, dass die Welt vor die Hunde geht, denn das wird sie sowieso, aber ...

„Ja, und das ist nicht die einzige Neuigkeit!", unterbricht Tobi seinen Gedankengang und reibt wieder das Fett an Sandras Schulter. Er scheint nun noch aufgeregter zu sein. „Wir haben uns auch ein Haus gekauft! Und zwar gleich im Nachbardorf von dem, in dem Sandras Eltern wohnen! Ein Schnäppchen! Mit Riesengarten!"

„Da kannste dich dann so richtig austun, nicht?" Sandra blickt ihn stolz von der Seite her an.

„Na und ob! Im Sommer ziehen wir da hin! Noch bevor unser kleiner Schatz auf die Welt gekommen ist! Und dann geht's richtig los!"

Matthias mustert abwechselnd die beiden Köpfe des Sandrobis und überlegt, ob Tobis Euphorie nur gespielt ist oder ob dieser ganze Zirkus wirklich seinen Wünschen entspricht. Das ist doch alles völlig irre! Das hat doch rein gar nichts mehr dem Tobi zu tun, mit dem er vor ein paar Jahren eine Bande wildgewordener Dorfskins beim Stadtfest vermöbelt hat.

„Jetzt im Sommer zieht ihr da schon hin?" Mehr fällt Matthias nicht ein.

„Jawoll!", bekräftigt Tobi wieder mit diesem Macherton in der Stimme, und Sandra nickt so begeistert, als hätte sie einen Riesenschwanz in ihrem Riesenarsch.

„Stell dir das mal vor: unser eigenes Haus! Das war schon immer mein Traum."

Ein Traum, von dem er ihm, seinem ehemals besten Freund, allerdings nie etwas erzählt hat. Schon interessant.

„Und wie macht ihr das mit der Finanzierung? So 'n Haus kostet doch ordentlich was ..."

„Das ist alles gar kein Problem!" Tobi macht eine wegwerfende Handbewegung. „Wir mussten bei der Bank nur einen ganz kleinen Kredit aufnehmen! Weißt du, es ist nämlich so, dass uns Sandras Eltern 'ne ganze Stange Geld geliehen haben! – Zinslos!"

„Genau, und außerdem sind die Kredite sowieso im Nu abbezahlt. Tobi verdient doch jetzt so richtig gut in seiner neuen Position als Senior Controller, nicht wahr, mein Schatz?" Wieder blickt Sandra Tobi von der Seite her an, und dessen runde Bäckchen unter den Tränensäcken beginnen vor Stolz zu glühen. Seine Augen scheinen sogar ein wenig feucht zu werden.

„Ja, momentan läuft es richtig gut bei uns. Hoffen wir, dass es so bleibt!"

„Hört sich ja alles, äh, sehr gut an!"

„Ja, nicht! ... Aber wir reden hier nur von uns! Wie geht es denn so bei dir?"

„Ach, alles wie immer! Nix Neues!" Was soll er denen auch erzählen? Dass er Sozialhilfe kassiert und nebenbei schwarz auf dem Bau ackert?

„Na dann isses ja gut." Tobi macht jetzt, nachdem er seinem alten Kumpel seine ganzen beruflichen und privaten Erfolge vorgebröselt hat, einen sehr viel selbstbewussteren Eindruck. Nun ist es an Matthias, sich unsicher zu fühlen. Ganz so, als hätte er den Kürzeren gezogen bei einem Kräftemessen gegen ein ... ja, ein Sandrobi ...

Plötzlich denkt er an Bernd, Willerd und Roman und daran, dass ihm diese Versager eventuell doch näher stehen, als er es sich eingestehen möchte ... Er füllt den Rest aus der Bierflasche in sein Glas.

„Machst du denn derzeit noch was Musikalisches? Also außer auf Konzerte gehen?"

„Du meinst mit der Band?"

„Ja, ja, genau!"

„Also ohne Proberaum und, ähm, ohne Schlagzeuger sind wir ein bisschen, na ja, blockiert, weißte?"

„Ja, ich kann's mir vorstellen! Und es tut mir wirklich leid, dass ich mich nicht eher bei dir oder Manne gemeldet hab! ... Aber ich hab dem Manne letztens – Wir haben den nämlich beim Shoppen getroffen! –, also ich hab ihm da ja auch schon erklärt, dass Sandra und ich grade alle Hände voll zu tun haben!"

„Ja, mein Tobi hat momentan keine Zeit für sein Schlagzeug, nicht wahr?" Wieder blickt Sandra Tobi von der Seite an.

Diese manipulative Fettsau!

„Nee, im Moment nicht!", sekundiert Tobi. „Aber vielleicht klappt es ja später wieder, also wenn die Kleine da ist und wir umgezogen sind. Und wenn's mal ein bisschen weniger stressig auf Arbeit zugeht ... Dieses Jahr wird verdammt hart für uns. Aber wir schaffen das schon."

Das Sandrobi lächelt Matthias satt, zufrieden und von oben herab an. Der trinkt sein Glas leer und denkt, dass er gleich kotzen muss. Dieses seltsame Wesen vor ihm saugt ihm alle Energie aus. Er traut sich nicht mal zu rülpsen.

Er muss hier weg.

Und zwar sofort!

„Tja, ich muss auch schon wieder los. Hatte ja nur mal sehen wollen, wie's dir, ähm, euch so geht."

„Ach was, du willst dich schon wieder auf die Socken machen? Du bist doch grade erst gekommen! Und wir zwei haben uns doch so lange nicht mehr gesehen."

„Ja, aber ich seh doch, dass ihr beiden grade richtig viel zu tun habt. Dann hab ich dich ja außerdem bei deinem Schläfchen gestört ... Mich hat die Zeitumstellung heute total durcheinander gebracht! Scheiß Sommerzeit! Klauen die einem einfach eine Stunde vom Sonntag ..."

„Matthias hat recht!", stimmt Sandra eifrig zu. „Ich war sowieso grade bei der Hausarbeit! Wie du sicher gemerkt hast, sieht es hier in der Stube aus wie Kraut und Rüben!" Sie kichert. Matthias nickt mechanisch mit dem Kopf und steht auf.

Tobi erhebt sich gleichfalls. Die zukünftige Mutter seiner Bälger bleibt dagegen auf ihrem breiten Arsch sitzen. Das Sandrobi löst sich auf.

„Na gut, wenn du schon wieder gehen musst ..." Jetzt, da er sich warmgeredet hat, scheint er diesen unerwartet raschen Aufbruch aus tiefstem Herzen zu bedauern. Matthias überlegt kurz, ob es vielleicht möglich wäre, Tobi wieder auf die richtige Bahn zu bringen. Beispielsweise, indem er ihn abfüllt und dann zu irgendwelchem Scheiß nötigt, ihn mit einer Schnalle verkuppelt oder so was in der Art.

Andererseits, sie sind beide keine achtzehn mehr, und ein „Ausrutscher" dieser Art würde Tobi wohl nur in eine tiefe Gewissenskrise stürzen.

Nö, nö, der fährt jetzt wie eine Lore auf gut geschliffenen Gleisen auf Nimmerwiedersehen in ein finsteres Bergwerk hinein, und für Matthias bleibt da nichts, was er tun kann.

Außer vielleicht winke, winke machen zum Abschied.

Oder den Mittelfinger zu zeigen.

Beides egal.

Er atmet tief durch.

„Mach's gut!", sagt er zu Sandra.

„Ja, mach du's auch gut! Ich steh mal nicht erst auf ... Aber Tobi bringt dich noch zur Tür! Nicht wahr, mein Schatz?"

„Na sicher, Schatzi!"

Matthias geht, dicht gefolgt von Tobi, in den Flur und schnappt sich dort Rucksack und Jacke.

„Tja, dann sehen wir uns hoffentlich bald mal wieder!", meint Tobi hoffnungsvoll. „Kannst auch immer gern vorbeikommen, aber ruf bitte vorher an, denn du siehst ja, ich hab alle Hände voll zu tun, mit dem Job, mit der Familie ..."

„Sag mal, geht's noch?! Was ist denn los mit dir?! Hamse dir ins Gehirn geschissen oder was?!" Matthias ist jäh herumgefahren. Noch mehr von diesem Gesabbel hält er nicht aus. Plötzlich ist das geschäftsmäßige Schön-Wetter-Grinsen wie weggewischt aus Tobis feistem Gesicht. Auf einmal sieht er wieder alt und unsicher aus.

„Was ... was meinst 'n?"

„Na, kuck dich doch mal an! Du benimmst dich wie der letzte Spast! Überleg doch mal, was früher war! Mann! Alter, du warst mal 'n cooler Typ!"

„Hör mal, Matt, das ist aber jetzt schon 'n bisschen unangebracht! Die Sandra ..."

„Ach, hör mir bloß mit deiner Alten auf! Die hat dich doch richtig zur Sau gemacht!"

„Was ist denn los bei euch, Jungs?", dringt es neugierig aus dem Wohnzimmer.

„Nichts, Schatz! Nichts! Wir quatschen nur noch ganz kurz."

„Nee, ich denk, du und ich, wir haben nix mehr zu bequatschen! Gar nix!" Matthias dreht sich abrupt um und macht die Wohnungstür auf.

„Matthias, also! Hey! Hör mal!", ruft Tobi hinter ihm her, aber er ist schon halb die Treppe runter.

„Viel Spaß beim Kreditabstottern und Windeln wechseln, du Penner!", ruft er noch, dann ist er bereits im nächsten Stockwerk angelangt und Tobi außer Sichtweite.

Draußen schwingt er sich auf sein schwarzes Achtundzwanziger Mountainbike und radelt wie ein Besengter in Richtung „Herwig's Kickboxstudio". Als er ankommt, ist der Laden natürlich noch zu. Er ist viel zu früh dran. Er braust deswegen noch mal bis raus nach Schönberg und dann wieder zurück. Links und rechts huschen Autos, Busse, Bäume und Menschen an ihm vorbei.

Tobi und seine behämmerte Alte haben seinen Adrenalinspiegel auf jeden Fall ganz gewaltig in die Höhe getrieben. Aber wenigstens hatte er am Ende die Gelegenheit, der blöden Fotze ein paar deutliche Worte auf den Weg zu geben.

Was wohl in Tobi vorgeht, wenn der seine vielen Tätowierungen im Spiegel betrachtet?

Das passt doch alles gar nicht zusammen!

Was macht das mit einem?

Wird man dann verrückt oder was?

Schizophren vielleicht?

Vielleicht rafft der Tobi irgendwann, in was für eine Kacke ihn seine Alte da reingetrieben hat ...

Aber dann wird es wohl zu spät sein.

Na, nicht sein Problem – und jetzt ist sowieso erst mal eine Runde Kickboxen angesagt! Das wird ihn schon wieder runterbringen.

Er ist ziemlich verschwitzt, als er die Tür zum Studio aufmacht. Im Gemeinschaftsraum drücken sich mittlerweile eine ganze Menge Nasen herum. Da ist natürlich zuerst einmal der Herwig, die Gründerkoryphäe des Vereins, dann der Sören („Alda, ditt wird ma jut tun heute!"), der Marco, der Sergej, der Frieder, der Mohammed, die Tatjana, der Robert, der Khaled und eine ganze Latte mehr. Alles gute Leute, und Matthias begrüßt jeden wie einen alten Kumpel. Beim Kickboxen sind alle gleich. Er müsste nur öfter zum Training kommen. Da sollte er wirklich mal konsequenter sein. Nicht nur einmal die Woche gehen, nee, mindestens zwei- oder sogar noch besser dreimal!

Das würde ihm dann richtig was bringen!

Heute hat der Herwig wieder so einiges auf dem Herzen. Sein Gelaber am Anfang nimmt an die zehn Minuten von der wertvollen Trainingszeit weg, und Matthias kann ein Gähnen nicht unterdrücken. Herwig geht es vor allem um seine Geburtstagsfeier am kommenden Sonntag.

„Fünfzig Jahre Herwig" ... Ach, herrje! Und alle sind herzlich eingeladen.

Dann weist er auf die bald anstehenden Gürtelprüfungen hin und fügt hinzu, dass sich möglichst viele daran beteiligen sollten, da sich dadurch das Ansehen des Vereins auf Landes- und Bundesebene heben würde.

Matthias interessiert weder das eine noch das andere. Auch

wenn er den Herwig gut leiden kann, das mit der Geburtstagsfeier geht ihm viel zu sehr in Richtung Vereinsmeierei, und so was hasst er wie die Pest.

Und wegen Letzterem, na, ist einem so ein Scheißgürtel denn zu irgendwas nutze, wenn ein besoffener Vollidiot mit 'ner abgebrochenen Bierpulle auf einen zugestolpert kommt?

Sicher nicht!

Letztendlich geht es doch einzig und allein darum, kämpfen zu können! Um das und nichts anderes!

In den fünf Jahren, die Matthias schon im Verein ist, hat er sich noch an keiner einzigen dieser idiotischen Prüfungen beteiligt. Der Herwig kann da murren, wie er will. Er macht da nicht mit. So einfach ist das.

Einige der Leute, die nach ihm angefangen haben, sind bereits Träger des blauen, braunen oder sogar schwarzen Gürtels, aber die steckt er doch allesamt locker in die Tasche. Er ist vielleicht nicht der beste Techniker, aber mit seinen schnellen Uppercuts aus der Hüfte hat er die meisten Vereinsmitglieder schon mehr als nur einmal auf die Matte gelegt. Den ollen Herwig inklusive.

Das Training schlaucht ihn heute allerdings ziemlich.

Los geht es wie immer mit einer halben Stunde Laufen und Strecken, danach folgen die eigentlichen Übungen mit Partner, und zu guter Letzt kommt das Sparring.

Matthias kämpft zuerst in drei einminütigen Light-Contact-Sparrings gegen verschiedene Gegner. Zur Abrundung hat er noch einen Full-Contact-Kampf gegen Khaled, bei dem er durch einen Fehler in seiner Deckung einen fiesen Hook-Punch gegen das Kinn kassiert, so dass er erst mal auf dem Rücken liegt.

Aber Khaled hilft ihm gleich wieder auf die Füße: „Alles okay?"

Matthias reibt sich am Kinn und tut ansonsten ganz unbeeindruckt: „Na logen, Alter!" Dann kämpfen sie noch eine halbe Minute halbherzig weiter, bis Herwig das Training mit seiner Trillerpfeife beendet.

Gleich darauf steht er unter der Dusche. Ein Eins-A-Training ist das heute wieder gewesen, denkt er, während er sich den Schweiß von der Pelle spülen lässt.

Später, nachdem er sich angezogen und seine Haare mit dem Fön trocken geblasen hat, wirft er einen Blick auf sein Handy und stellt beglückt fest, dass ihm Melanie eine Kurznachricht geschickt hat.

Ob er sich heute Abend mit ihr treffen will?

Na aber!

Er ruft sie gleich an, und fragt, wann es ihr recht ist und ob sie nicht wieder bei ihm vorbeikommen will. Seine Freude wird noch größer, als er hört, dass ihr offensichtlich alles recht ist, solange er sie nur noch mal so gut durchfickt wie gestern.

Sauber!

Als er grade dabei ist, sich von den anderen zu verabschieden, hat er noch eine unerwartete Begegnung: Die neue Freundin von Mohammed dort an der Eingangstür – das ist doch die Lydia! Also die Alte, mit der der Wilson früher mal für ein paar Jahre zusammengewesen ist!

Na so was!

Und die ist immer noch 'ne ziemlich geile Sau!

Man fragt sich, wie es die Niete geschafft hat, so einen Feger in eine Beziehung zu tricksen. Aber gut, der Wilson war auch nicht immer so ein verstrahlter Halbirrer wie heutzutage.

Auch Lydia hat ihn jetzt erkannt, und an ihrem Gesichtsausdruck ist unschwer zu erkennen, dass sie nicht durchweg angenehme Erinnerungen mit ihm als einen von Willerds Kumpels verknüpft.

Klar, der Wilson hat ihr die Trennung damals alles andere als leicht gemacht. Kann ihr keiner verübeln, dass sie den ganzen Scheiß einfach nur vergessen will.

„Oh, hi, Matthias!", sagt sie aber trotzdem mit einem filmreifen Lächeln, als Mohammed sie einander vorstellt. Der ist natürlich verdutzt hoch drei, als sich herausstellt, dass sie sich bereits kennen.

Na, so wie er den Mohammedaner einschätzt, wird er Lydia nun den Sonntagabend mit seinem eifersüchtigen Gesülze versauen. Aber das ist nicht sein Problem.

Draußen beim Aufschließen seines Fahrradschlosses muss er lachen, als er sich vorstellt, wie Wilson wohl reagieren würde, wenn er ihm das mit Mohammed und seiner Ex erzählt.

Vielleicht doch besser, er behält das mal schön für sich. Nachher läuft der noch Amok und attackiert ein paar der Assis in seinem Punkthaus. Was ja, an und für sich betrachtet, keine schlechte Sache wäre.

Vom Studio radelt Matthias ganz gemütlich zur Tanke und kauft eine Flasche Rotwein. Wenn Melanie dann gleich bei ihm auftaucht, will er ihr schon was bieten.

Als sie später aufgedonnert vor seiner Tür steht, halten sie sich allerdings nicht lange mit Rumgeplänkel auf, sondern ficken bis spät in die Nacht hinein so wild und geräuschvoll, dass der Nachbar rechts neben seiner Wohnung irgendwann hilflos mit den Fäusten gegen die Wand zu hämmern beginnt.

Ach, der soll sich mal lieber selber ficken, der beschissene Wichser!

NEUN

Wie üblich sitzt Der Zentralrat, in seinen grauen Militärmantel gehüllt, im Eck und schreibt in sein Notizbuch. Die Schrift, mit der er mit der ihm eigenen Gesetztheit Seite um Seite füllt, ist eine richtige Geheimschrift. Kein anderer könnte sie entziffern. Ab und an nimmt er einen Schluck von seinem Bierglas oder lässt sich von Eck-Anton einen Kurzen servieren. Diese Getränke helfen ihm dabei, sich zu konzentrieren.

Bisweilen legt er den Stift beiseite und blickt durch seine Hornbrille scheinbar gedankenverloren ins Leere. Er schaut dann jedoch auf Dinge, die die anderen Besucher des Ecks weder sehen könnten noch von denen sie ahnten, dass sie überhaupt existierten. Diese Dinge würden ihr Vorstellungsvermögen bei weitem übersteigen – was übrigens auch der Grund ist, weswegen Der Zentralrat niemals von ihnen spricht. Davon abgesehen gibt es genügend andere Themen – die soziale, wirtschaftliche und kulturelle Vielfalt dieser Welt gibt immerhin eine ganze Menge her –, und auch hier verfügt er über ein enormes Wissen. Nicht umsonst nennt ihn jeder Den Zentralrat.

Aber wer weiß schon, wie er in Wirklichkeit heißt? Selbst Eck-Anton, der ihn seit Ewigkeiten kennt, der ihn fast jeden Tag zu Gesicht bekommt, würde sich nachdenklich an seinem Stoppelkinn kratzen und letztendlich eine ausweichende Antwort geben müssen, würde ihn jemand danach fragen. Sicher, er kennt seinen richtigen Namen, er muss ihn kennen, immerhin ist Der Zentralrat sein treuester Stammgast, aber sich jetzt daran erinnern ... jetzt in diesem Augenblick ... Das könnte schwierig werden!

Natürlich kann er Den Zentralrat nach all den gemeinsam verbrachten Jahren hier im Eck nicht rundheraus danach fragen. Damit würde er sich nicht nur blamieren, sondern Den Zentralrat vielleicht sogar so sehr beleidigen, dass der sich eine neue Stammkneipe suchen würde, womit Eck-Anton eine nicht unwesentliche Einnahmequelle verloren ginge. Noch dazu eine, die immer sofort und in bar bezahlt, die niemals anschreiben lässt oder Stunk anfängt.

Und das will er auf keinen Fall riskieren, ganz besonders jetzt nicht, wo die Geschäfte ohnehin nicht sonderlich gut laufen. Jetzt, wo es obendrein einiges an unvorhergesehenem Ärger gegeben hat, man denke nur an die beiden Kasachen, die neulich erst seinen Flippermaster ramponiert sowie einen Tisch zerdeppert haben!

Nein, das Risiko will er nicht eingehen.

Und außerdem hat er Respekt vor Dem Zentralrat. Den fragt man nicht so einfach nach trivialen Dingen wie seinem bürgerlichen Namen.

Daher wird Eck-Anton lieber mit gespitzten Ohren so lange hinter seinem Tresen auf der Lauer liegen, bis sich irgendwann einmal ein Gast nach dem wahren Namen Des Zentralrats erkundigt. Früher oder später muss es dazu unweigerlich kommen. Allerdings kann sich Eck-Anton nicht erinnern, dass das bislang passiert ist, jedenfalls nicht in der jüngeren Vergangenheit.

Interessant ist in dieser Hinsicht im Übrigen, dass Eck-Anton nicht in der Lage wäre zu sagen, wann Der Zentralrat zum ersten Mal in seiner Kneipe aufgetaucht ist. Es scheint, als wäre dieser besondere Gast schon immer hier gewesen. Als wäre er an dem Tag, an dem Anton sein Eck eröffnet hat, zur Tür hineingetreten und hätte sein „Hallo, mein lieber Anton!“ durch den Raum geschmettert. Dabei hat Eck-Anton ansonsten ein Gedächtnis, auf das er zu Recht stolz ist, immerhin gehört ein gut funktionierender Hirnkasten zur Grundausstattung eines jeden anständigen Gastwirts. Sich die Namen, Gesichter und Geschichten seiner Gäste merken zu können – genau darauf kommt es an! Das ist wichtig in seiner Branche! Als Kneipier muss er zuhören und bei Bedarf jederzeit im Bilde sein, wenn beispielsweise mal wieder einer lallt: „Du weißt doch noch, was ich dir letztens wegen meiner Ollen, dieser alten Hexe, erzählt hab!“

Eck-Anton ist sich seiner psychotherapeutischen Aufgabe natürlich voll bewusst und auch überzeugt davon, dass er im Großen und Ganzen eine ausgezeichnete Arbeit leistet. Schließlich kommen seine Gäste oft mit langen Gesichtern in sein Eck, sind aber beim Gehen spät in der Nacht in den meisten Fällen fröhlich und ausgelassen.

Für Den Zentralrat scheinen diese Gesetzmäßigkeiten allerdings nicht zu gelten. Denn zum einen bleibt der immer gleichmütig, egal, wieviel er den ganzen Abend über in sich reingeschüttet hat. Zum anderen gibt er niemals etwas Persönliches von sich preis, sondern redet immer nur von abstrakten und unpersönlichen Themen, zum Beispiel dem Konzept des Weltfriedens, einer Sache, die ihn im Moment besonders zu bewegen scheint.

Im Grunde ist es Eck-Anton ein Rätsel, weswegen Der Zentralrat ausgerechnet seine Spelunke zu seiner Stammkneipe erkoren hat und sich nicht irgendwo anders einen ansäuft, etwa in einem Literaturcafé. Dort hätte er sicherlich auch interessantere Gesprächspartner.

Aber vermutlich würde ein so seltsamer Vogel wie Der Zentralrat dort auch nicht hinpassen, denkt Eck-Anton jetzt, während er seinen Stammgast Nummer Eins verstohlen über seine Illustrierte lugend beim Schreiben beobachtet.

Nein, so ein Kauz wie Der Zentralrat, der gehört hierher.

Der ist gut hier aufgehoben.

Hier in seinem Eck.

II.
SÜNDENFALL

ZEHN

Im Turm war es jetzt so dunkel, dass man kaum die Hand vor den Augen sehen konnte. Nur draußen von den Straßen her schien hin und wieder ein rotes Glühen in die Fenster herein, welches von den vielen Feuern herrührte, die die Anderen angezündet hatten ...

Die Anderen!

Bei dem Gedanken an diese Anderen lief es Rocko eiskalt den Rücken runter. Er scheute sich, es zuzugeben, aber er hatte Angst, große Angst, vor diesen Wesen, die sich draußen vor dem Turm in der finsteren Nacht herumtrieben und die immer auf der Suche nach Nahrung waren in ihrer unersättlichen Gier. Tagsüber versteckten sie sich zum Glück immer irgendwo, denn ihre Augen waren sehr empfindlich gegenüber dem Sonnenlicht. Rocko und seine Gefährten konnten dann den Turm verlassen und auf der Suche nach Nahrung die verwüsteten Straßen der Stadt durchstreifen. Dazu mussten sie sich jedoch unauffällig und leise bewegen, denn manche dieser mutierten Kreaturen schliefen nicht sehr tief ... Vor einer Woche erst hatte es einen Zwischenfall gegeben, bei dem Sascha, einer seiner Gefährten, sein noch junges Leben verloren hatte.

Und wenn diese Horrorwesen, vor denen sie sich hier in diesem Turm verbarrikadierten, nur die einzige Bedrohung darstellen würden! Nein, auch unter ihm und seinen Gefährten selber hatte es in den letzten Tagen ein blutige Auseinandersetzungen gegeben! Ein paar hatten gegen die Regeln rebelliert, wollten anderen die ihnen zugeteilte Nahrung wegnehmen, und Rocko hatte all die ihm gegebene Autorität aufbringen müssen, um die Ordnung wiederherzustellen und diese Rebellen zu bestrafen. Einen von ihnen, den Rädelsführer, hatte er zur Abschreckung in den Fahrstuhlschacht stoßen lassen. Seine Schreie waren durch den gesamten Turm gehallt ... Die Schreie der Verdammten!

Konzentriert popelt Willerd mit dem Zeigefinger in seinem linken Ohr, während er den Text noch mal liest. Gestern Abend hat er über eine Stunde daran gesessen. Jetzt ist er überhaupt nicht zufrieden. Er nimmt den Finger aus dem Ohr und wischt ihn gedankenverloren an seiner grauen Jogginghose ab.

Insbesondere Rocko, die Hauptfigur, muss noch viel mehr entwickelt werden, denkt er, während er aufsteht und zum Kühlschrank geht. Vieles an ihm ist Willerd noch unklar.

Zum Beispiel: Wie ist es ihm gelungen, zum Anführer dieser Gruppe zu werden? Welche charakterlichen Eigenschaften befähigen ihn dazu?

Er holt den halbvollen Milchtetrapak aus dem Kühlschrank und fischt umständlich ein Glas aus der mit ungewaschenen Geschirr gefüllten Spüle.

Und was diese „mutierten Kreaturen" betrifft, um die Beantwortung der Frage, wie sie von einstmals ganz normalen Menschen zu eben diesen mutierten Kreaturen geworden sind, hat er sich bislang ebenfalls gedrückt. Ein genetisch veränderter Virus wäre sicherlich plausibel, aber sonderlich originell ist das nun nicht gerade.

Vielleicht sollte er ein anderes Bedrohungsszenario aufbauen ...

Wie wäre es zum Beispiel mit einer Rattenplage ... ?

Ja, wie wäre es damit, überlegt er, während kalte Milch glucksend in das Glas blubbert. Wie wäre es, wenn sich diese Viecher rasend schnell vermehren und für die Überlebenden im Turm zu einer gefährlichen Plage werden würden? Als Nahrungskonkurrenten sowieso, aber auch, weil sie die Menschen nun plötzlich ganz gezielt angriffen? Ganz so, als hätten sie verstanden, dass die Zeit der Zweibeiner nun unwiderruflich vorbei ist?

Willerd will diesem Gedanken nachspüren, sehen, wohin er ihn gleich bringen wird, während er das Glas an seine Lippen setzt und die kalte Milch seine Speiseröhre herunterläuft. Aber auf einmal ist es, als hätte jemand auf einen imaginären Reset-Knopf in seinem Kopf gedrückt ... Gerade eben hat er doch noch gedacht … Ja, was eigentlich? Plötzlich spürt er es wieder, dieses dumpfe Gefühl. Bitter wie Galle steigt es in ihm hoch. Es ist wie ein Druck, der sich immer weiter aufbaut. Der ihm die Organe zusammendrückt, bis es wehtut.

Er stellt das Milchglas ab und schlägt sich mit der Faust so fest gegen die Stirn, dass Lichtblitze vor seinen Augen aufflackern.

Eine ganze Weile steht er so, die Faust an die Stirn gedrückt.

Heute ist wohl kein guter Tag zum Schreiben, denkt er schließlich und lässt die Faust sinken. Seit Tagen geht das schon so. Das letzte Wochenende hat ihn so ziemlich aus der Bahn geworfen. Seitdem hat er nichts mehr auf die Reihe gekriegt. Nachdem er den Sonntag halb verpennt hatte, fiel ihm nichts Besseren ein, als zur Videothek zu pilgern und dort zwei Filme („Mann beißt Hund" und „Antropophagus") auszuleihen, die er sich später in Gesellschaft einer Tüte Kartoffelchips und zwei Flaschen Bier reinzog. Am Montag und Dienstag ist er abgesehen von der einstündigen Schreibsession gestern Abend ganz ähnlich versackt. Seine Wohnung hat er nur zweimal verlassen: einmal für einen längeren Spaziergang, weil ihm der Kopf dröhnte, ein anderes Mal zum Einkaufen.

Dabei ist ihm auch Frau Zimmermann im Hausflur begegnet. Sie hatte wohl mal wieder auf der Lauer gelegen, denn wie so oft ging ihre Tür auf, kaum dass er seine hinter sich zugemacht hatte. Ihr runzeliges Gesicht war voller Sorgenfalten. Mit brüchiger Stimme begann sie sofort von ihrer Freundin Erika aus dem dritten Stock zu erzählen, einem explorativen Pseudotyp so wie sie. Erika wäre im Hausflur gestolpert und hätte sich den Oberschenkelhalsknochen gebrochen. Es ginge ihr nicht gut. Vielleicht würde sie sogar ins Pflegeheim kommen.

Willerd hörte sich alles ganz geduldig an. So wie immer notierte er sich später diese neuen Informationen auf einem Einkaufszettel und klebte ihn an die entsprechende Stelle an der Wand in seinem Zimmer. Inzwischen hat er kaum noch Platz. Wenn das so weitergeht, muss er sich bald überlegen, wie er seine Typologie am besten umarrangiert, um die vielen neuen

Informationen irgendwie unterzubringen.

Außerdem drückte ihm Frau Zimmermann zwei neue Briefe in die Hand. Der Postbote hätte sich wieder mal geirrt ...

Na, Willerd stellt ihr schon lange keine Fragen mehr, wie sie immerzu an diese Briefe gelangt. Er will es auch gar nicht wissen. Diese Schreiben sind eine wahre Goldgrube für seine Typologie. Einstweilen lagert er viele von ihnen auf einem Stapel neben seinem Sofa. Irgendwann, wenn er mal Zeit hat, wird er sie in aller Ruhe durchgehen.

Heute ist Mittwoch, und er ist schon zeitig aufgestanden, das heißt, für seine Verhältnisse, und eigentlich hat er vorgehabt, sich den ganzen Tag lang hinter seinen Roman zu klemmen. Stattdessen beschließt er jetzt jedoch, zur Uni zu gehen: in der Mensa was Preiswertes futtern, danach im Fitnessraum vorbeischauen. Das sollte ihn auf Trab bringen.

Er kramt sein Sportzeug aus dem muffigen Klamottendurcheinander in seinem Kleiderschrank und stopft es in seinen Rucksack. Dann zieht er sich um und verlässt seine Wohnung.

Im Hausflur keine Spur von Frau Zimmermann.

Und sie lässt sich auch dann nicht blicken, als er geräuschvoll die Wohnungstür zumacht und den Schlüssel rasselnd im Schloss umdreht. Vermutlich heizt sie mit ihrem Rollator durch den Park hinter dem Punkthaus.

Dafür hat er unten in der Eingangshalle eine ganz andere Begegnung. Als sich die Fahrstuhltür nach den zwölf Stockwerken Abwärtsfahrt öffnet, steht dort die ganz reale Vorlage für die Hauptfigur seines Romans: Rocko Selich!

Die beiden Typen, mit denen Rocko rumlungert, hat Willerd hier noch nie gesehen. Sie sehen fast noch übler aus als Rocko selber: halbstarkes Gesocks mit schiefen Pickelgesichtern und ausdruckslosen Zombieaugen, jederzeit bereit, der eigenen Mutter für zwanzig Euro den Arsch bis hoch zum Hinterkopf aufzureißen. Bestes Kategorie-5-Material sozusagen.

Literarisch mögen solche Kaliber ja durchaus reizvoll sein. In der Realität gilt es jedoch, einen möglichst großen Bogen um sie zu machen.

Genau das aber ist jetzt nicht möglich. Die drei Arschlöcher stehen nämlich direkt vor der Eingangstür. Gleich als Willerd aus dem Fahrstuhl getreten ist, haben sie sich zu ihm umgedreht, Rocko zuerst. Keiner der drei sagt was oder geht auch nur einen Schritt zur Seite, als sich Willerd mit gesenktem Kopf zwischen ihnen durchschiebt. Aber er spürt ihre höhnischen Blicke. Es ist wie ein Spießrutenlauf. Er geht nicht davon aus, dass Rockos Kumpels hier wohnen. Vielleicht haben sie sogar Hausverbot. Aber das ist solchen abgefuckten Monstern natürlich genauso egal wie so ein lächerliches Rauchverbot. Alle drei qualmen Billigzigaretten zu ihrem Büchsenbier.

Willerd drückt bereits die Eingangstür auf und ist schon halb draußen, da hört er einen von ihnen zuerst geräuschvoll schnauben, dann ausspucken.

„Alter, du hast den Penner getroffen!", hört er eine völlig verrottete Stimme gleich darauf hinter sich losgrölen.

„Na Mensch – !"

„Sauuuuuuber!"

Sie fangen an zu lachen. Bösartig bricht sich das Geräusch an den mit Graffiti vollgeschmierten Wänden.

Willerd lässt sich nichts anmerken. Die Eingangstür fällt hinter ihm zu, er stiefelt los. Er nimmt kaum Notiz davon, wie sonnig und warm es heute ist. Davon, dass nun überall an den Bäumen die hellgrünen Knospen aufplatzen, schon gar nicht.

Erst als er um die Ecke ist, außer Sichtweite, bleibt er stehen und beschaut sich seine Hosen. Da, am Unterschenkel hat ihn diese Schweinebande erwischt! Eine saftige Aule glitzert dort an seiner Jeans ... Er wurstelt etwas Klopapier aus seiner Hosentasche und macht sich sauber, so gut es geht. Ein dunkler Fleck bleibt jedoch an dem blauen Jeansstoff zurück.

Er beißt die Zähne zusammen.

Einer wie Matthias müsste man sein ...

Dann hätte man sich das nicht bieten lassen!

Dann hätte man diesen drei Fotzen nacheinander schön eins in die Fresse gehauen – !

Im Haltestellenhäuschen hinter dem Punkthaus setzt er sich

auf einen der unbequemen Drahtgittersitze und starrt lange vor sich hin. Er denkt an seinen Roman und den Rocko, der dort die Hauptfigur sein soll, dann wieder an den echten Rocko gerade eben und kommt sich ziemlich lächerlich vor.

Irgendwann lässt sich eine Taube auf dem Gehweg vor ihm nieder. Ihr graues Gefieder ist schmutzig und zerzaust, und an einem ihrer Füße fehlen vorn die Zehen. Im Halbkreis humpelt sie vor ihm hin und her. Ihr Kopf ruckt dabei immer wieder in Richtung der Brotrinde, die vor Willerds Füßen liegt. Nach und nach werden die Halbkreise immer enger, und schließlich ist die Rinde in ihrer Reichweite. Sofort pickt ihr schartiger Schnabel auf diese Köstlichkeit ein. Immer wenn es ihr gelingt, ein Stück abzureißen, hebt sie ihren Kopf wie in Panik und würgt es gierig runter. Dabei vollführt sie groteske Trippelpirouetten.

Angewidert beobachtet Willerd die Taube. Was für ein ekelhaftes Vieh, geht es ihm durch den Kopf.

Dann, ohne darüber nachzudenken, hebt er im Sitzen ein Bein und tritt nach ihr. Er ist felsenfest davon überzeugt, dass sie seinem Schuh ausweichen und wegfliegen wird, aber tatsächlich erwischt er die Taube voll an der Seite: Das Tier gibt einen verschreckten Laut von sich und fliegt im hohen Bogen bis auf die Straße. Dort knallt es mit einem dumpfen „DONG!" gegen den Kühlergrill eines LKWs, der gerade vorbeifährt, und fällt betäubt zu Boden. Gleich darauf wird die Taube vom rechten Vorderreifen zermalmt.

Willerd zuckt zusammen, als der Fahrer beim Vorbeidonnern seines Fünfzehntonners die Hupe dröhnen lässt. Scheiße, denkt er und blickt sich ratlos um, dreimal verfluchte Scheiße ...

Im Haltestellenhäuschen, keine zwei Meter von ihm entfernt, steht eine junge Frau mit ihren Kindern, zwei Jungen. Der größere ist höchstens sieben Jahre alt, der kleinere vielleicht fünf. Natürlich haben die drei alles mit angesehen. Die Frau starrt ihn fassungslos mit halboffenem Mund an. Mit einem Ruck zieht sie beide Kinder schützend an sich heran. Der größere Junge hat einen roten Lutscher im Mund. Den zieht er jetzt raus und zeigt damit auf Willerd.

„Der Onkel ... der Onkel ... der hat ... die arme, kleine Taube totgemacht ... !", kräht er.

In dem Augenblick, als der Junge das gesagt hat, legt der Kleinere beide Hände auf sein Gesicht. Aus seinem Mund löst sich ein verzweifeltes Schluchzen.

„Tierquäler!", zischt die Frau und fixiert Willerd mit einem Blick, der sich mehr und mehr mit Verachtung füllt.

Nun fängt auch der größere Junge an zu heulen: „Der Ooooonkel ... der hat ... die Tauuubäääää ... !"

„Uuuääääähhhh ... Muuuuttiiiiiii ... !"

„Dich sollten sie wegsperren!"

„Aber ... ich ..."

„Wegsperren!" Jetzt schreit die Frau fast, und Willerd gibt gleich wieder auf. Sie wird wohl kaum älter sein als er, aber im Gegensatz zu ihm ist sie eine Autoritätsperson. Eine Mutter. Sie trägt die Verantwortung dafür, dass ihre Bälger zu halbwegs brauchbaren Mitgliedern der Gesellschaft heranwachsen. Und wer kann schon wissen, was eine haarsträubende Geschichte wie diese hier so alles mit einer zarten Kinderpsyche anrichten kann ... Vielleicht trägt er nun die Schuld daran, wenn hier in zwanzig Jahren ein neuer Jeffrey Dahmer sein Unwesen treibt.

Willerd ist heilfroh, als die Frau ihre heulenden Gören packt und kurzerhand davonstiefelt.

Er überlegt, ob er nicht wieder umkehren soll. Lust auf den Mensafraß hat er jetzt natürlich nicht mehr. Aber da ist die Vorstellung, Rocko und Konsorten womöglich noch mal zu begegnen ...

Er wartet also brav weiter auf den Bus, wobei er vermeidet, auf den matschigen Fleck aus Blut, Fleisch und Federn dort auf der Straße zu schauen.

Später, nach der Busfahrt zur Zentralhaltestelle, läuft er am Imbiss Istanbul vorbei. Wie immer, wenn Mustafa nichts zu tun hat, lehnt er am Tresen und raucht einen Zigarillo. Er hat Willerd auch gleich bemerkt.

„Na, alles gut mit dich, mein Freund?", ruft er und grinst, aber Willerd geht an der Bude vorbei und tut so, als hätte er ihn nicht gesehen. Stattdessen denkt er an die schwere Magenverstimmung vom letzten Herbst.

Zwei Tage Kotzen, Durchfall und neununddreißig Grad Fieber ... Schönen Dank auch, du einarmiger Idiot!

Willerd ist seit einer ganzen Weile nicht mehr in der Innenstadt gewesen, und er weiß auch ganz genau warum. An Tagen wie heute empfindet er einen beinahe mythologischen Ekel, wenn er hier durch muss. Gut möglich, dass er da etwas überempfindlich ist. Andererseits ist die Stadt in ihrer heutigen Form auch die reinste Zumutung: erst Bomber Harris und seine Geschwader, dann die Kommunisten, denen auch nichts Besseres einfiel, als die Schuttberge beiseite zu schieben und die Innenstadt mit ihren Einheitsblöcken zuzupflastern. Und mit der Wende wurde es kein bisschen besser. Da ging es gleich richtig los mit den großen Lügen der neuen Zeit. Vor dem Mauerfall sah die Stadt ja wenigstens noch so aus, wie sie wirklich war: grau, hässlich, deprimierend. Das war zumindest ehrlich. Da wusste jeder gleich auf den ersten Blick, was Phase ist. Zum Beispiel dieser Busfahrer, der Willerd und seine Klasse nach drei Tagen im Elbsandsteingebirge nach Hause bringt. Willerd weiß noch ganz genau, wie der sich beim Einfahren in die Stadt an einer Kreuzung plötzlich kopfschüttelnd nach Frau Giebel, seiner Klassenlehrerin, umdreht und mit einer vor Abscheu triefenden Stimme hervorstößt: „Meine Güte, was ist das nur für ein hässliches Kaff!"

Inzwischen ist die Innenstadt rausgeputzt wie eine Straßennutte auf Koks. Überall glänzen neue Fassaden, und das, was von alleine nicht glänzen will, wird großflächig mit bunten Werbeplakaten überklebt. Und auch wenn die Leute, vor allem die jungen, seit Jahren scharenweise abhauen, Kohle für neue Bauprojekte ist anscheinend dennoch im Überfluss vorhanden. Jedes Jahr wird irgendwo eine neue Widerwärtigkeit hingesetzt, vorzugsweise ein Einkaufszentrum, an dem sich so ein halbseidener Investor eine goldene Nase zu verdienen erhofft. Mit dem Resultat, dass die Innenstadt mittlerweile in etwa so anheimelnd ist wie ein Krankenhausflur.

Und die paar Alkis und Rentner, die sich hier tagsüber herumdrücken, das sind dann die Viren und Bazillen.

Klare Sache.

Kann man eine Allergie gegen eine Stadt entwickeln? Ist das ein Krankheitsbild? Das heißt, ein anerkanntes? Soll Willerd vielleicht mal seinen Hausarzt deswegen fragen? Soll er? Oder wird ihm der alte Saftsack so wie damals wieder Schlaftabletten verschreiben und sagen, er soll sich mal schön für ein paar Tage ausruhen, dann ginge es schon wieder?

Und was ist das? Das Handy jault in seiner Hosentasche?

Eine Kurznachricht? Schon wieder?

Yvonne ... natürlich!

Hat er sich wohl doch etwas zu früh gefreut, als er sich einbildete, die Alte wäre er los ... Nee, die hat jetzt erst richtig Blut geleckt ...

Jetzt fragt sie: „Na wie siehts aus mit uns 2 hübschen?"

Na Hilfe ...

Aber vielleicht ist das ja doch eine Art Zeichen.

Ein Zeichen dafür, dass es mit seiner jahrelangen Durststrecke nun endlich vorbei ist.

Vielleicht ist es ja wirklich so.

Letztes Wochenende war da immerhin diese Geschichte mit ... Beata – ganz genau ... Das war zwar auch alles andere als erbaulich, aber immer noch besser als das schauerliche GAR NICHTS der vergangenen Jahre. Ganz zu schweigen von der Sache, die ihm vorletztes Jahr in der Disko passiert ist ...

Oh Mannomann ...

Wenn Willerd nur daran denkt ...

Und ja, tatsächlich: ER hat sich damals tatsächlich in einen dieser Tanzschuppen gewagt. War zwar nur ein einziges Mal, will aber trotzdem was heißen. Schließlich ist er, Willerd Naumann, einer der größten Disko-Verächter aller Zeiten. Man denke nur daran, wie ihn Lydia immer bekaut hat: Komm doch mal mit, Mensch! Hock nicht immer nur zuhause rum! – Aber er hat immer nur gesagt, Mach du mal alleine! und Viel Spaß! – Tja, und den Spaß hatte sie irgendwann wirklich ... ohne ihn ...

Und später, nach der Trennung, da ist er fast durchgedreht ...

Na, und später, als es ihm mal wieder so richtig mies geht, erzählt ihm diese eine Flachpfeife von der neuen Balkanpop-Disko hinter dem Hauptbahnhof: trendige Hipster-Scheiße hin oder her, dieser derzeit so angesagte Dreck zöge die Tussis an wie ein dicker Batzen Kacke die Schmeißfliegen. Und am Ende wären sie alle richtig schön besoffen, verschwitzt und fickwillig. Er würde schon sehen.

Da ist er eingeknickt.

Anfangs sah es auch ganz vielversprechend aus. Mit ein paar Shots intus traute er sich tatsächlich, eine anzuquatschen. Eine, die in etwa so durchschnittlich aussah wie er selber.

Claudia.

Stundenlang quatschte er mit dieser Claudia über irgendwelchen hirnverbrannten Scheiß, spendierte ihr teure Cocktails von seinem schmalen Budget und hampelte sich sogar auf der Tanzfläche einen ab. – Ja, er gab sich wirklich die allergrößte Mühe, den Eindruck eines halbwegs angenehmen und unterhaltsamen jungen Mannes zu wecken. Und sie lächelte ihm auch immer wieder zu, und zwar umso öfter, je mehr sie sich auf seine Kosten einen angesoffen hatte. Aber dann, als sein Herz und Schwanz bereits beide freudig im Takt klopfen, und er denkt: Jetzt geht's entweder zu mir oder zu ihr und dann gleich volle Kanone rein in die tropfnasse Möse, na, da latscht plötzlich einer dieser verdammten DJ-Affen auf diese Claudia zu und es stellt sich raus: ES IST IHR FREUND!

UNFASSBAR!

Hat sich allerdings noch artig für die ganzen Cocktails bedankt, die dreckige Schlampe, bevor sie sich vor seinen Augen das Gesicht ablecken lässt.

Willerd ist das nicht gut bekommen. Kreidebleich ist er geworden, kreidebleich. Und er dachte, er wird gleich einen Barhocker nehmen und auf die beiden Fotzen losgehen.

Aber dann ist er doch nur abgehauen.

Allein.

Wieder mal.

Zuhause holte er sich zitternd vor Wut und Geilheit gleich drei Mal hintereinander einen runter. Er hat ja seine raubkopierten Porno-DVDs. Die geben einem wenigstens für Augenblicke das aufputschende Gefühl, dass die Welt voll ist von heißen Weibern, die sich nichts sehnlicher wünschen, als von jemandem wie ihm in den Arsch gerammelt zu werden ...

Endlich kommt die 33, der Bus zur Uni.

Es steigen jedoch nur wenige Studenten ein. Dafür drängt zusammen mit Willerd eine ganze Armada von Rentnern durch die Tür. Die alten Arschgeigen gehen jetzt auch wieder schön zur Uni, zu ihren Seniorenkollegs.

Willerd quetscht sich auf den Platz neben einer fetten Alten, und die rümpft gleich ihren verrunzelten Rüssel. So als hätten ausschließlich Leute ab sechzig das Recht dazu, sich ihren Arsch im Bus breitzusitzen. In Gedanken feilt er die ganze Fahrt über an einer giftigen Antwort, die er der erstbesten Graukappe entgegenbellen würde, die ihn auffordert, den Platz zu räumen.

Am Campus angekommen, geht er sofort zur Mensa. Die Sache mit der Taube hat er inzwischen schon wieder halbwegs verdrängt. Er hat jetzt sogar richtigen Kohldampf. Wie immer werden vier Menüs angeboten, und wie immer entscheidet er sich für das billigste. Heute ist es ein „herzhafter Linseneintopf".

Die entsprechende Schlange ist allerdings ungewöhnlich lang dafür, dass das Semester noch nicht mal so richtig angefangen hat. Er wartet schon eine ganze Weile. Es geht kaum voran. Plötzlich sieht er in der Schlange vor der Ausgabe des teuersten Menüs („Lamm-Filet mit Butterreis") ein bekanntes Gesicht ... Na, Mensch: Das ist doch der Jens!

Die Hackfresse ist unverkennbar!

Auch etwas kahler auf dem Kopf geworden, der Junge! Und fetter! Und dann erst dieser hässliche Rollkragenpullover ...

Er und Willerd fingen im selben Semester an. Ihre Wege kreuzten sich aber nur kurz. Willerd dachte damals, er könnte es ja mal mit dem Anfreunden versuchen. Zwecks Networking. Aber schnell fand er heraus, dass der Jens auch privat in etwa so spannend ist wie ein Luhmann-Schmöker. Mit dem über irgendetwas reden, was nicht mit Soziologie zu tun hat? – Na, versuch's mal ...

Inzwischen hat der Jens eine Doktorandenstelle am soziologischen Institut. Seit letzten Herbst bietet er auch eigene Proseminare an. Der macht jetzt jedenfalls schon so richtig Karriere.

Da! Nun hat ihn der Jens gleichfalls bemerkt! Seine Birne fährt gemächlich aus dem Rollkragenpullover wie der Kopf einer Schildkröte, und er lächelt ihm so herablassend zu, als wäre die kleine Kröte bereits Institutsleiter!

Ohne zu grüßen schaut Willerd in eine andere Richtung.

Endlich ist er an der Reihe. Der Scanner, mit dem an der Essensausgabe die Geldbeträge von den Studentenkarten abgebucht werden, scheint mal wieder kaputt zu sein. Jeder soll jetzt plötzlich bar bezahlen. Deswegen hat es auch so lange gedauert. Die weißbekittelte Alte hinter der Theke ist schon richtig ins Schwitzen geraten. Jedem, dem sie die Schale mit Linsen auf das Tablett schiebt, blinzelt sie mit ihren Schafaugen unter den erstaunlich buschigen Augenbrauen so servil zu, als wäre der ganze Schlamassel ihre Schuld.

Wird schon so sein, denkt Willerd flüchtig, während er in seiner Geldbörse nach ein paar Münzen kramt, dass manche Leute deswegen mit irgendwelchen Scheißjobs auf der Strecke bleiben, weil sie immer denken, alles sei ihre Schuld.

Ohne großes Ego kein Aufstieg. So einfach ist das.

Nachdem er die Prozedur des Bezahlens hinter sich gebracht hat, nimmt er sein Tablett mit den Linsen und der Brotscheibe und blickt sich in der großen Halle mit den langen Tischen nach einem Platz um.

Und dann zuckt er zusammen: Dort hinten in der Ecke, dort sitzt doch ... Frau Zimmermann, seine Nachbarin!

Eindeutig! Das ist sie!

Und wie immer hat sie ihren gelben Bademantel an.

Aber ... wie ist das möglich? Sie geht doch nicht zu diesen Rentnervorlesungen! Das hätte sie ihm ganz bestimmt erzählt. Na, und wenn doch, dann sicher nicht in diesem Aufzug!

Zögernd geht Willerd ein paar Schritte näher. Frau Zimmermann hat sich gleichfalls für den „herzhaften Linseneintopf" entschieden. Deutlich sieht er, wie sie den Löffel zum Mund führt, wie sie kaut, wie ihre runzeligen Lippen aneinander reiben ...

Plötzlich aber richten sich ihre Augen unvermittelt auf ihn, und er stellt fest, dass sie es doch nicht ist.

Nun sieht sie auf einmal ganz anders aus.

Eine ältere Frau, schon, aber beileibe nicht seine Nachbarin.

Die hier ist viel gepflegter und auch schlanker. Und sie trägt ein Kleid ... keinen Bademantel.

Seltsam ...

Verwirrt setzt sich Willerd an eine der langen Tischreihen. Aber er denkt nicht lange darüber nach. Stattdessen richtet sich seine Aufmerksamkeit auf den Linseneintopf. Hungrig beginnt er, den dampfenden Inhalt der Schale in seinen Mund zu löffeln. Zwischendurch beißt er ab und zu in die Brotscheibe.

Von links wehen nun ein paar Gesprächsfetzen zu ihm herüber. Ein glatzköpfiger älterer Unimitarbeiter – Willerd tippt auf Maschinenbau – sitzt dort und unterhält sich mit einem schmächtigen Chinesen, der auch nicht mehr ganz jung ist.

„Na, aber mit'm Arbeitsschutz habt ihr's doch wirklich nicht so bei euch!", meint der Glatzkopf gerade in einem Tonfall, als hätte ihm sein Gegenüber soeben widersprochen. Der Chinese nickt jedoch eifrig zustimmend mit dem Kopf. Trotzdem beharrt die Glatze: „Na, ist doch so bei euch in der Produktion! Auf zehn Zinkeimer ein Toter! Nicht wahr?"

„Ja, viel Unfall bei uns, Herr Professor! Leider!"

„Und von Umweltschutz habt ihr auch noch nüscht gehört! Stimmt doch, Kang?! Stimmt doch, oder?!"

„Ja, richtig! Umweltschutz schlecht in China! Besonders Luft viel schmutzig, Herr Professor! Kinder husten, Frau krank ..."

„Ihr kippt doch die Säure in den Wald und fahrt dann noch mit'm Traktor drüber."

„Jawohl, passiert ..."

Die Glatze lacht scheppernd, als hätte sie einen grandiosen Witz gerissen, und der Chinese popelt sich unsicher grinsend an seinen gelben Zähnen rum.

Auf einmal fährt eine weibliche Stimme in Willerds Bewusstsein wie eine Pistolenkugel in eine schwabbelige Arschbacke: „Na, hallo!"

Willerd blickt hoch. Vor ihm steht eine schlanke Blondine. Er rattert kurz die Gesichter-Namen-Kartei in seinem Gedächtnis durch und wird auch gleich fündig: Simone!

Auch das noch ...

Er kennt sie flüchtig über Lydia. Damals hat Simone allerdings nicht studiert, sondern zusammen mit Lydia eine Ausbildung zur Bürokauffrau gemacht.

„Oh, hi, äh, Simone! Lange nicht gesehen, ja ..."

Simone ist Mitte zwanzig, hat eine sportliche Figur und eine makellose, leicht gebräunte Haut. Insgesamt ein ziemlich steiler Zahn.

„Ja nicht! Eine Ewigkeit! Dürfen wir uns zu dir setzen?"

„Klar!" Sie und ein bleicher Typ lassen sich ihm gegenüber nieder.

„Das ist der Johan aus Stockholm! ... And this is my good friend Willerd!", lispelt sie an Johan gewandt.

„Nice to meet you."

Johan ist allerhöchstens dreiundzwanzig. Mit seiner blau-gelben Strickmütze und dem fusseligen Schnurrbärtchen sieht er völlig bescheuert aus. Schüchtern streckt er Willerd eine Hand entgegen, die sich wie ein feuchtes Brötchen anfühlt.

Das muss jetzt wirklich nicht sein, denkt er. Er will doch nur in aller Ruhe seine verdammten Linsen verspulen.

„Na dann: Guten Appetit! Enjoy your food!", säuselt Simone.

„Gleichfalls!"

Simone und Johan haben beide jeweils ein „Lamm-Filet mit Butterreis" vor sich. Als Nachtisch gibt es Schokopudding mit Vanillesauce.

„Du studierst also immer noch?" Simone schiebt mit der Gabel ein Stück Fleisch zwischen ihre vollen, roten Lippen.

„Ja."

„Immer noch Soziologie?"

„Ja, immer noch dasselbe."

„Mensch, da biste aber schon lange dabei!" Sie überlegt kurz: „Sechzehntes Semester oder so, nicht?"

Die blöde Kuh! Als ob er das nicht selber wüsste.

„Genau. Muss zusehen, dass ich langsam mal fertig werde ... Muss demnächst mal die Diplomarbeit anmelden", leiert er herunter. „Und du bist jetzt, äh, auch fleißig am Studieren ... ?"

„Ja genau! Interkulturelle Kommunikation und Vergleichende Literaturwissenschaft! Zweites Semester!" Simone sieht total begeistert aus. „Nach meiner Ausbildung und so ein paar Jahren Arbeit dachte ich mir: Also das kann's ja wohl nicht schon gewesen sein! Tja, und da hab ich eben noch mal mit dem Studieren angefangen!"

„Ach so."

„Ja genau! Ich geh auch nebenbei noch bei meinem alten Chef im Büro arbeiten. Ist also mit der Finanzierung alles gar kein Problem."

Über die Art von Arbeit, die sie ihr Chef verrichten lässt, kann Willerd höchstens spekulieren. Ihm selber wäre schon was eingefallen.

„Und ab diesem Semester bin ich auch noch Internäschjonäl Tutor! Der Johan ist erst seit letzter Woche hier, und ich kümmer mich ein bisschen um ihn! – Isn't it so?"

Sie schenkt dem blonden Milchbart ein hinreißendes Lächeln. Der läuft gleich rot an und murmelt etwas Unverständliches.

Drei Dinge werden Willerd schlagartig klar: Erstens, für Johan sind gutaussehende Frauen Wesen, die er allerhöchstens aus dem Internet „näher" kennt. Daher kommt er, zweitens, überhaupt nicht damit klar, von einem Prachtexemplar wie Simone plötzlich so viel Aufmerksamkeit geschenkt zu bekommen. Und drittens muss dieser Mangel an Erfahrung zwangsläufig dazu führen, dass Johan Simones unverbindliche Freundlichkeit völlig missinterpretiert und sich vermutlich bereits Dinge zusammenfantasiert, die seine feuchtesten Träume übersteigen. Bestimmt hat er sich schon so richtig verknallt.

Na, die arme Sau wird sich noch umsehen.

„Ich helf Johan beim Deutschlernen, und er will mir Schwedisch beibringen", meint Simone jetzt.

„Na, das ist ja ... ähh ... härlig!" Willerd quält sich ein Grinsen ab.

„Precis!" Simone zeigt wieder ihr Lächeln.

In einem Paralleluniversum würde Willerd jetzt mit einem Satz über den Tisch hechten, sich auf sie werfen, ihr das weinrote Oberteil herunterreißen und ihre in seiner Vorstellung perfekt geformten Titten abschlecken. Er kann Johan schon ganz gut verstehen.

Hier aber, in der Scheißrealität, löffelt er weiter brav seine Linsen und hört sich in den folgenden Minuten Simones Gesabbel über die „Semesterauftaktparty" in zwei Wochen an. Dieses Jahr wäre das ja voll das Event, ey! Nicht zuletzt, weil The High Mammals spielen würden, 'ne lokale Britpop-Band, die zukünftig sicher noch richtig was reißen wird, also vielleicht sogar auf internationaler Ebene, und sie kenne die Leute ja persönlich, alles Suuuuper-Typen, die auf der Bühne immer voll die Party machen blah, blah, blah.

Simone faselt sich einen ab, während das Essen vor ihr langsam kalt wird. Willerd hört ihr gar nicht richtig zu und wirft nur hin und wieder eine knappe Bemerkung ein. Mehr braucht Simone auch gar nicht.

Jetzt schwafelt sie über irgendwelche Wahlen für den Fachschaftsrat der Fakultät. Sie würde sich stellen. Er könne sie ja wählen. Sie kichert schrill.

Dann erzählt sie ohne Überleitung von ihrer Freundin, einer Anthropologiestudentin, die letzten Sommer für zwei Monate in Nepal gewesen wäre. Hätte sich dort so einen „komischen Darmparasiten" einfangen, die Gute: „Sie hat acht Kilo abgenommen! Richtig schlank ist die jetzt! Suuuuperschlank! – Ich überleg mir, ob ich nicht selber nach Nepal geh, um mir so einen Parasiten zu holen ... hi, hi, hi!"

Guter Witz. Willerd schmunzelt so angestrengt, dass ihm seine Gesichtsmuskeln wehtun. Er ist jetzt auch fertig mit seinen Linsen.

„Hast du mal wieder von Lydia gehört?"

Die Frage trifft Willerd völlig unvorbereitet. Das, was sich in seinem Innerem bei Simones Anblick vorhin bereits verkrampft und gerade wieder etwas entspannt hat, drückt plötzlich fest zu. Vor dieser Frage hat er sich gefürchtet.

„Nein ... nix ..."

„Siehst du!" Simone macht große Augen. „Ich auch nicht! Die ist voll komisch in der letzten Zeit!"

„Ach ist das so ... Wir haben keinen, äh, Kontakt mehr. Also seit der Trennung nicht", presst er schließlich hervor.

„Wie schade! Ihr wart doch so ein schönes Paar, ihr zwei!"

„Kann sein ..."

„Ja wirklich! Ich wünschte, mir würde so was mal passieren! ... Ähm, ist alles okay mit dir, Willerd? Du kuckst so ... ?"

„Wie denn?"

„Na, na als ginge es dir nicht so gut. Du bist so ... bleich ..." Ihren Kopf leicht zur Seite geneigt, hat Simone ihre Stirn in teilnahmsvolle Falten gelegt.

„Doch, doch, geht schon. Bin nur heute etwas ... na ja ... wackelig auf den Beinen."

„Ach so? Zuviel Party gemacht, was?" Sie kichert wieder. „Vielleicht solltest du mehr essen! Hier, willste meinen Nachtisch?"

„Ja, danke."

Simone schiebt das Schälchen zu ihm rüber, und Willerd macht sich sofort über den Pudding her. Essen ist eine wunderbare Sache. Hält Körper und Seele beschäftigt.

„Ich glaub, mein Steak schaff ich auch nicht! Also falls du das auch noch willst, greif ruhig zu. Ich mein, ansonsten fliegt's eh in den Müll."

„Ja, ja, immer her damit."

„My friend Willerd is very hungry, as you can see!"

Simone schenkt Johan ihr süßestes Lächeln, nachdem sie

ihren Teller gleichfalls an Willerd abgeliefert hat. Der Schwede blickt sie nur unsicher grinsend an. Er ist bereits fertig mit seiner Portion und zupft sich an seinem Schnurrbärtchen rum.

„Didn't you need to go to the Prüfungsamt, Johan?"

„Yes!", stößt er hervor.

„And they're closing really soon, right?"

„Yes!"

„Would you like me to show you the way to the right building?" Simone gestikuliert wie eine Bekloppte, und ihre Möpse wippen im Takt mit.

„Yes, please!", sagt Johan wie ferngesteuert.

„Also, der Johan und ich, wir müssen schon wieder los. Noch ein paar organisatorische Sachen für sein Studium erledigen, weißt du."

Willerd nickt kauend mit dem Kopf: Haut bloß ab!

„Tja, war jedenfalls schön, dich mal wieder getroffen zu haben!"

„Gleichfalls!" Sie hält ihm ihre Hand hin, und er greift danach, ohne ihr direkt ins Gesicht zu blicken. Johan ignoriert er völlig.

„Vielleicht sehen wir uns ja bei der Auftaktparty!"

„Ja, vielleicht!"

„Okay, bis dann also! Ciao! Werd mir bloß nicht krank!"

„Macht's gut!"

„Ach ja, und komm ruhig mal in unserem Club der Kulturen vorbei! Mittwoch Abend halb acht haben wir immer unsere Treffen!" Das ist das Letzte, was Willerd von Simone hört, dann sind sie und der Schwede verschwunden.

Endlich! Schnaufend hält Willerd inne. Er glaubt nicht, dass er Simones ganzen Teller schaffen wird. Plötzlich überkommt ihn wieder dieser Ekel. Das graue Fleisch weckt Assoziationen an die zermatschte Taube ... Er stochert noch ein bisschen in dem Essen rum und bringt dann sein Geschirr zur Abfallecke in der Mensa. Dort lässt er die Reste in einen der bereits randvollen Eimer klatschen.

Auf dem Weg zum Fitnessraum jault plötzlich sein Handy.

Bestimmt Yvonne, denkt er missmutig, aber als er auf das zerkratzte Display schaut, steht dort „Fabrik"!

„Hallo, ja?"

„Willerd! Bist du's?!", dröhnt eine grobe Stimme in seine Ohrmuschel. Es ist Olaf, der Vorarbeiter. Im Hintergrund grummeln Maschinen.

„Ja, äh, ich bin's!"

„Gut ... Also hör mal: Wir haben hier 'n kleines Problem! Einer unserer Abdeckler ist vorhin ausgefallen, und wir brauchen für die nächsten zwei Tage dringend jemanden, der für den in der Frühschicht einspringen kann! Also, haste morgen Zeit?"

Willerd überlegt kurz: So ein kleiner Arbeitseinsatz in der Schleifscheibenfabrik für morgen und übermorgen, das würde ihn auf alle Fälle tierisch schlauchen. Andererseits, so ein bisschen Extrakohle ...

„Tja, also ..."

„Willerd! Es ist wirklich dringend! Wir zahlen dir auch einen Euro pro Stunde extra! Als Prämie!" Der Olaf mit seinen wuchtigen Schultern ist sicherlich kein schlechter Kerl, aber er hat immer was latent Aggressives in der Stimme. Sicherlich kein Wunder, wenn man den lieben langen Tag in der Schleifscheibenfabrik zubringt.

„Na gut ..."

„Super! Ich wusste doch: Auf dich ist Verlass! Dann sehen wir uns morgen früh um sechs Uhr vorm Eingangstor, ja?"

„Okay, sechs Uhr!"

„Wunderbar! Ich danke dir! Bis dann!"

„Bis dann!"

Gut, morgen heißt es dann also Geld verdienen. Sofort bessert sich seine Stimmung. Im Umkleideraum neben der Sporthalle wechselt er gleich darauf seine Klamotten gegen die Sportsachen aus seinem Rucksack. Da das Semester noch nicht richtig angefangen hat, ist der Fitnessraum fast leer. Gerade mal drei, vier Pappnasen hampeln hier rum. In ein paar Wochen werden sie sich dagegen hier alle wieder gegenseitig die Füße platttreten.

Rudolf, der Wart, ist natürlich anwesend: ein dürrer, alter Typ, der neben dem Fitnessraum auch für die große Sporthalle und ein paar weitere Außenanlagen verantwortlich ist. Wie so oft müffelt er auch heute wieder stark nach Fusel.

„Na, Willerd, lässte dich auch mal wieder blicken?!"

Seine schon etwas tattrige Alkoholikerhand ist so trocken wie eine Zaunlatte im Hochsommer.

„Klaro! Muss sein!"

„Na gut so! Aber übernimm dich mal nicht!"

„Nö, nö, das wird heute nur Training light!"

Zum Aufwärmen hockt sich Willerd auf eins der Treträder. Durch die Musikanlage leiert irgendwelcher Studenten-Pop.

Neben ihm, auf dem anderen Tretrad, ist bereits eine andere Gestalt am Strampeln. Anfangs achtet er gar nicht darauf, aber dann, als er rüberblickt ...

Das ist doch der Holger!

Noch jemand, den er schon lange nicht mehr gesehen hat!

Erst der Jens, dann die Simone, jetzt der Holger!

Na, eigentlich hätte er sich denken können, dass der im Fitnessraum ist. Der treibt sich schließlich fast immer hier rum.

Holgers rundes Gesicht ist schweißüberströmt. Sein Blick ist ein verbissenes Stieren. Er scheint Willerd überhaupt nicht wahrzunehmen.

Holger ist schon weit über dreißig. Er hat eine ausgeprägte Stirnglatze, aber das hält ihn nicht davon ab, die verbliebenen Haare zu einem armseligen Zöpfchen am Hinterkopf zusammenzuraffen. Früher war er mal richtig fett, aber seit geraumer Zeit treibt er sehr viel Sport. Seiner natürlichen Veranlagung gemäß hat er zwar immer noch eine ganze Menge Speck auf den Rippen, aber eben auch einiges an Muskelmasse zugelegt.

Holger ist das, was man einen komischen Vogel nennen könnte. Das heißt, mit viel gutem Willen. Zunächst einmal ist er kein ordentlicher Student, weil ihm dazu das Abitur fehlt. Mit seinem Gasthörerstatus verbringt er trotzdem mehr Zeit an der Uni als die meisten Studenten. Vor einer Weile war er geradezu besessen von der Idee, sich Wissen anzueignen. Besonders interessierten ihn damals Volkswirtschaftslehre, Psychologie und Soziologie. In diesen Disziplinen gab es kaum eine Veranstaltung, die er sich entgehen ließ. Mehr noch: Weil sich viele Vorlesungen zeitlich überschnitten, kam Holger irgendwann auf die Idee, sich Diktiergeräte zuzulegen, die er in jenen Hörsälen auslegte, in denen er wegen einer Parallelveranstaltung nicht anwesend sein konnte. Natürlich fehlte ihm dazu in den allermeisten Fällen die Erlaubnis des jeweiligen Dozenten. Ein Kaliber wie Holger ließ sich durch ein schnödes Verbot jedoch nicht abschrecken. Ganz im Gegenteil: Nun fühlte er sich erst recht herausgefordert, seine Diktiergeräte vor Beginn der jeweiligen Vorlesung so zu verstecken, dass sie nicht nur nicht so leicht gefunden wurden, sondern gleichfalls die Stimme des Vortragenden gut genug einfangen konnten. Oft ein schwieriges Unterfangen, und Holger sind auf diese Weise eine ganze Menge seiner Geräte entwendet worden.

Einmal, als Willerd mit Holger in der Mensa ins Gespräch kam, fragte er ihn, was er mit dem ganzen Aufwand überhaupt bezwecke. Er hatte ganz freundlich gefragt, aber Holger blickte ihn trotzdem an, als hätte er noch nie eine derart dämliche Frage gehört. Die Erklärung, zu der er sich schließlich herabließ, belief sich in etwa darauf, dass er sich zuhause eine Art Best of von jeder Vorlesungsreihe zusammenschnipsele. Dann hätte er irgendwann alle wichtigen Informationen beisammen.

Bekloppt, dachte Willerd damals, ließ sich aber nichts anmerken.

Bekloppt war auch der Vorfall, der später dazu führte, dass Holger für eine Weile nicht mehr seinem seltsamen Hobby frönen konnte.

Eines Nachts hatte ihn eine Polizeistreife auf seinem Fahrrad angehalten, seine Schlangenlinien waren wohl eine Spur zu auffällig gewesen. Es ist nach wie vor unklar, was Holger gepackt hatte, aber plötzlich war er wie ein wilder Eber auf die beiden Bullen losgegangen. Bevor sie ihn mit reichlich Pfefferspray und ihren Schlagstöcken in den Griff kriegten, war es ihm allerdings noch gelungen, einen Außenspiegel des Dienstfahrzeugs abzubrechen. Das Argument, er wäre in dem Moment stark alkoholisiert gewesen, war zwar inhaltlich richtig, zog bei der Gerichtsverhandlung im Anschluss jedoch überhaupt nicht. Er war also erst mal in den Knast gewandert.

Sonderlich gut dürfte Holger die Zeit in der JVA nicht bekommen sein. Seither ist sein uferloser Wissensdurst nämlich eine schräge Kohabitation mit einer ausgeprägten Paranoia eingegangen, die sich dergestalt manifestiert, dass er nunmehr felsenfest davon überzeugt ist, diverse Geheimorganisationen seien hinter ihm her, um sein mit so viel interdisziplinärem Wissen vollgestopftes Gehirn anzuzapfen. Die Konsequenzen, die ein Sonderling wie er beinahe zwangsläufig daraus ziehen muss, sind in etwa dieselben wie die von Travis Bickle in „Taxi Driver“: die totale Mobilmachung!

Daher dieser Drang zur körperlichen Ertüchtigung.

Daher dieses wahnwitzige Gestrampel.

Holger gehört zu der Sorte Mensch, die nichts auch nur im Ansatz ruhig und geordnet angehen lassen kann. Die es auf Teufel komm heraus immer übertreiben muss.

Dem beinahe zwangsläufigen Scheitern dieser gar nicht mal so seltenen Spezies haftet daher immer auch etwas ausgesprochen Tragikomisches an.

Willerd selber hat von der Strampelei bereits nach etwa zehn Minuten die Faxen dicke. Er ist fix und alle. Seine Beine zittern, und ihm ist sogar ein bisschen übel. Kein Wunder bei seinem mit so viel Linsen, Pudding und Lammsteak gefüllten Magen. Holger dagegen legt nach wie vor ein mörderisches Tempo vor. Er schnauft wie ein Zuchtbulle auf der Besamungsstation, während von seinem krebsroten Gesicht der Saft in öligen Tropfen auf die Armaturen kleckert.

Willerd wankt zur Querstange weiter hinten im Raum und versucht sich an ein paar Klimmzügen. Es gelingen ihm gerade einmal drei, und beim letzten kommt er mit dem Kinn kaum bis zur Stange. Dasselbe Elend bei allen anderen Übungen, mit denen er sich in der folgenden halben Stunde abquält. Er muss dringend mehr tun. Wenn schon nicht die totale Mobilmachung, dann wenigstens eine Art – na ja ... – bedingte Gefechtsbereitschaft.

Inzwischen ist Holger fertig.

Willerd müht sich gerade mit einer Kurzhantel ab, als er plötzlich hinter ihm steht. Er geht ganz nah an sein Ohr und flüstert konspirativ: „Ich grüße dich!"

Willerd hätte fast die Hantel fallen lassen.

Er fährt herum: „Eyyy!"

Holger weicht einen Schritt zurück und blickt ihn verwundert an.

„Lang nicht mehr gesehen!", sagt er jetzt in normaler Lautstärke. Seine Stimme ist etwas fistelig.

„Ja, stimmt!" Willerd stellt die Hantel auf dem Boden ab.

Holger streckt ihm seine schweißnasse Pfote entgegen. Er berührt sie kaum mit seinen Fingerspitzen.

Und jetzt, nachdem er sich hier soeben derartig einen abgekaspert hat, ist ihm überhaupt nicht nach Unterhaltung zumute. Er will weg von hier, nach Hause! Morgen muss er sowieso zeitig aufstehen, verflucht zeitig. Dann warten acht Stunden Gebolze in der Schleifscheibenfabrik auf ihn.

„Wollte eigentlich schon wieder los!", sagt Willerd deswegen, aber einem wie Holger entkommt man nicht so leicht. Klein und irre kleben dessen Augen in dem verschwitzten Mondgesicht, und er verzieht seinen von wollüstigen Lippen umsäumten Mund zu einem rätselhaften Lächeln: „Was denn, jetzt schon?! Du bist doch grade erst gekommen!"

„Ja klar, aber weißte ... Ich war lange nicht mehr hier! Muss mich erst mal wieder an alles gewöhnen. Das schlaucht schon. Und morgen früh muss ich zeitig raus ..."

„Du bist nicht grade gut in Schuss, das kann ich sehr leicht sehen! Du solltest mehr trainieren ... Das ist wichtig!"

„Na entschuldige mal, das ist ja wohl nicht dein Bier!"

„Nein, das ist es nicht, ich weiß. – Aber wenn du willst, kann ich dir vielleicht helfen ... zum Beispiel dein ganz persönliches Fitnessprogramm zusammenstellen ..." Holger hat immer noch dieses enigmatische Grinsen im Gesicht.

„Na, ich weiß nicht ... Ich denke, ich komm auch so zurecht. Aber trotzdem danke für's Angebot." Willerd dreht sich in Richtung Tür. „Also ich hau jetzt ab! Ich komm zukünftig aber öfter her, also werden wir uns später sehen! Mach's gut!"

„Du kannst sie doch auch sehen, nicht wahr?"

„Bitte was?"

Verwundert dreht sich Willerd wieder zu ihm um. Holger kommt einen Schritt auf ihn zu: „Du siehst sie doch auch!"

„Wen denn?"

„Na, die ... !"

„Hä, was?"

„Die ..." Holger kratzt sich an einem fetten Pickel an seinem Doppelkinn.

„Hör mal, wir können gerne später quatschen! Aber ich muss jetzt wirklich los! Also hau rein!"

Von wegen quatschen! Das fehlt noch. Der Mann ist doch vollkommen plemplem.

„Ich weiß, dass auch du sie sehen kannst... Sie ... sie haben es mir gesagt!" Holgers Fistelstimme weht hinter ihm her, während er schnell durch die Tür geht. Er macht sich gar nicht erst die Mühe, sich noch mal umzudrehen. Im Weggehen hebt er lediglich die Faust über den Kopf und schüttelt sie kurz: Halt die Ohren steif, Holgi.

Vielleicht wäre es nicht schlecht, wenn man den endgültig wegsperrt, denkt Willerd, während er sich im Umkleideraum die Sportsachen auszieht. Am besten gleich lobotomieren. Er streift sich Hose, T-Shirt und Jacke über, wirft den Rucksack über die Schultern und verlässt das Gebäude. Im Moment ist hier niemand zu sehen. Selbst Rudolf hat sich verdrückt. Sicher hockt der wieder in einem Gebüsch hinter der Sporthalle und nuckelt an einer Pulle.

Willerd ist schon eine ganze Strecke gelaufen, als er sich noch mal zu dem Gebäude mit den Sportanlagen umdreht.

In der Tür steht eine Gestalt.

Aus der Entfernung ist sie winzig klein, aber er weiß, dass es Holger ist. Da, jetzt winkt er ihm zu.

Dass man von solchen Idioten auch niemals verschont bleibt! Soll er den jetzt jedes Mal ertragen, wenn er hierher kommt? Man müsste sich bei Rudolf beschweren. Der könnte dem Holger sicher Hausverbot erteilen.

Einer wie Holger passt nicht mal in seine Typologie ...

Genau in diesem Moment jault wieder sein Handy. Noch eine Kurznachricht von Yvonne.

Willerd löscht sie, ohne sie gelesen zu haben.

ELF

Das Geräusch des Schlüssels, der in das Schloss an der Wohnungstür gesteckt und quietschend herumgedreht wird, reißt Enrico aus tiefen Katerträumen.

Blinzelnd hebt er seinen schwarzbepelzten Kopf über den Rand seines Körbchens und lauscht aufmerksam mit aufgestellten Ohren.

Jetzt öffnet sich die große Tür, hinter der sein Reich endet, und diese seltsam-schreckliche Welt beginnt, in die Enrico seit Ewigkeiten keine Pfote mehr gesetzt hat. Schnuppernd fährt seine Nase durch die Luft und registriert eine Vielzahl vertrauter Gerüchen. Obwohl er hier in seinem Körbchen in Romans Zimmer nicht sehen kann, was sich im Flur abspielt, formt sich in seinem kleinen Hirn sofort ein gestochen scharfes Bild von Jussi-Pussi, wie er die Wohnung betritt.

Wenn Jussi-Pussi nach Hause kommt, geht ihm oft ein gemeiner Gestank voraus. Wie ein spitzes Messer sticht dieser Geruch in Enricos empfindliche Nase. In Jussi-Pussis Zimmer ist es oft sogar noch schlimmer – so schlimm, dass sich der Kater dort niemals hineinwagen würde. Jussi-Pussi hat diesen Raum für ihn unbegehbar gemacht, und dafür hasst Enrico ihn fast ebenso inbrünstig wie dieses Arschloch, das ab und zu hierher kommt, um ihn zu treten.

Früher, vor langer Zeit, war Jussi-Pussis Raum einmal Enricos Lieblingsort in der gesamten Wohnung. Aber damals wohnte dort noch jemand anders. Enrico erinnert sich auch heute noch nur zu gern daran, wie er oft stundenlang auf dem bequemen Sofa vor sich hindöste, während ihn dieser andere so kunstvoll hinter den Ohren zu kraulen verstand, wie es ein ungeschickter Klotz wie Roman niemals fertigbringen würde. Von einer apathischen Dumpfbacke wie Jussi-Pussi mit seinen grässlichen Gerüchen ganz zu schweigen!

Und zu Enricos grenzenloser Verbitterung gibt es neuerdings neben Jussi-Pussis Zimmer noch einen weiteren Raum, zu dem ihm hier in seinem Reich der Zutritt verwehrt ist.

Das ist die kleine Kammer hinter diesem Zimmer!

Nicht dass er diesen stickigen, engen Raum früher gern betreten hat, aber seitdem seine grünen Augen mit ansahen, wie Roman immer mehr seltsame Dinge in diese Kammer brachte, ist seine anfängliche Verstimmung nach und nach in einen unbändigen Ärger umgeschlagen. Mit seinem scharfen Katerverstand hat er nämlich gleich erfasst, weswegen Roman all diese Dinge tut: Es geht ihm einzig und allein darum, ihn, Enrico, zu ärgern!

Natürlich!

Weshalb sonst sollte sich dieser Trottel die Mühe machen, jetzt auch noch irgendwelches Grünzeug in diesem Raum anzubauen, wenn nicht, um ihm eins auszuwischen! Dieses Grünzeug sondert einen Duft ab, der Enrico nur zu bekannt ist – jedoch in einer betörenden Stärke, dass es den Kater aufs Unbändigste drängt, ihn näher zu erkunden.

Dazu die verführerisch kuschelige Wärme, die neuerdings immer aus dem Raum dringt ...

Aber jedesmal, wenn Roman den Raum verlässt, versperrt er die Tür auf eine so hinterlistige Weise, dass Enrico sie selbst mit den gewagtesten Sprüngen auf die Klinke nicht zu öffnen vermag.

Und was noch schlimmer ist: Inzwischen verbringt dieser Drecksack mehr Zeit in dieser Kammer als mit ihm.

Was für eine Unverschämtheit!

Was für eine Gemeinheit!

Wenn Enrico nur daran denkt, sträubt sich sein schwarzes Fell vor lauter Hass.

Aber er wird es ihm schon noch heimzahlen!

Jawohl, er wird sich gebührend rächen!

Die paar Kratzer und Bisse, die er diesem Jammerlappen in der letzten Zeit zugefügt hat, sind erst der Anfang! Der wird schon sehen, wer hier der Herr im Hause ist ... !

Im Moment jedoch plagen Enrico keine dieser Gedanken.

Immerhin ist er gerade erst aufgewacht, und in seinen Träumen ist er durch wunderbare Welten gestrichen.

Ohne diese Träume wäre Enrico vielleicht schon längst verzweifelt. Er selber weiß natürlich nichts davon, aber wie die meisten kastrierten Stubenkater leidet auch er unter schweren Depressionen. Den Verlust seiner Hoden hat er nie verwunden ... Träumen und fressen und sich streicheln lassen ... dazu hin und wieder andere beißen und kratzen ... und ab und zu mal auf den Fußboden scheißen ... Das sind die Lebensfreuden, die ihm heute noch verblieben sind ...

Deswegen passt es Enrico überhaupt nicht, jetzt schon wieder gestört zu werden. Roman und Camilo, dieser andere Idiot, der immer hierher kommt, um Krach zu machen, haben vorhin endlich die Wohnung verlassen. Dann ist es für eine Weile ruhig gewesen. Jetzt aber vernehmen seine Ohren, wie Jussi-Pussi nebenan in der Küche herumfuhrwerkt. Dazu kann ihn Enrico deutlich vor sich hinbrummeln hören. Er scheint sich über irgendetwas aufzuregen.

Natürlich kann Enrico unter diesen Umständen unmöglich weiterschlafen. Er beschließt daher, Jussi-Pussi in der Küche einen Besuch abzustatten. Vielleicht könnte er ihm bei dieser Gelegenheit gleich mal eine Lektion erteilen ... Ihn für seinen Krawall bestrafen. Und selbst wenn es nicht dazu kommen würde, so könnte er wenigstens einen Happen essen. Dass genug Futter in seinem Fressnapf sein wird, daran hegt er keinen Zweifel. Immerhin hat er Roman in dieser Hinsicht im Laufe der Zeit so gut erzogen, dass der niemals vergisst, immer etwas von seinem geliebten Trockenfutter in seinen Napf zu schütten.

Enrico streckt sich gähnend. Dann macht er seinen Rücken so krumm, dass sein altes Rückgrat ein lautes Knacken von sich gibt. Prüfend fährt er die Krallen aus und hinterlässt mit seinen Vorderpfoten eine Spur tiefer Kratzer auf der glitzernden Unterseite einer Tom-Petty-CD, die Roman gestern Nacht vor seinem Körbchen liegengelassen hat.

Unhörbar selbst für das geübteste menschliche Ohr schleicht Enrico nun zur halbgeöffneten Küchentür und wirft einen neugierigen Blick hinein. Er sieht Jussi-Pussi über den Küchentisch gebeugt auf ein Gerät starren, das er und Roman als „Wasserkocher" bezeichnen. Daneben steht Jussi-Pussis große, grüne Tasse. Fasziniert schaut Enrico zu, wie er den An-Aus-Schalter an diesem Wasserkocher mit seinem Daumen betätigt. Dabei wackelt er unwillig mit seinem hässlichen Kopf hin und her, ganz so, als würde er etwas nicht begreifen. Seine dünnen, hellblonden Haare glänzen fettig im trüben Licht der Küchenlampe.

„Mitä vittua ... mitä perkeleen vittua ... ei voi olla ... vitun perse ... nyt vituttaa ... saatanan vittu ...", hört Enrico Jussi-Pussi murmeln. Mit seiner sensiblen Katzenintuition versteht er natürlich sofort, dass sich Jussi-Pussi über Roman aufregt. Sicher hat dieser Blödian mal wieder irgendwas an diesem Wasserkocher kaputt gemacht.

Jussi-Pussi schiebt seine Nickelbrille mit dem Zeigefinger ein Stückchen auf dem mit Mitessern übersäten Nasenrücken nach oben. Dann brummt er plötzlich: „SE VITUN IDIOOTTI!"

Bei diesem grässlichen Geräusch fährt Enrico unwillkürlich zusammen. Seine grünen Augen glänzen voller Hass.

Jussi-Pussi greift nun nach dem Wasserkocher und schüttet seinen Inhalt in die Spüle. Dabei hat er wieder einen Hustenanfall. Er stellt das Gerät ab und krümmt sich dann über die Spüle. Seine Speckschultern zucken krampfartig im Rhythmus der Hustenstöße. Sein Gesicht ist feuerrot angelaufen.

Die Freude, die Enrico bei diesem Anblick empfindet, ist geradezu dämonisch. Natürlich weiß er, dass es Romans Mitbewohner seit einer ganzen Weile nicht mehr gut geht. Mit seiner feinen Nase kann er die Krankheit riechen, die sich beharrlich durch Jussi-Pussis Inneres frisst und schon bald zum Ausbruch kommen wird. Dann hat dieser stinkende Penner die längste Zeit hier gewohnt, und sein Zimmer wird endlich wieder ihm, Enrico, zur Verfügung stehen! Alles wird wieder so sein wie früher! Vielleicht kommt dann auch dieser Zweibeiner zurück, der ihn immer so wundervoll hinter den Ohren gekrault und mit Leckereien gefüttert hat ...

Inzwischen ist Jussi-Pussis Hustenanfall verebbt. Er richtet sich auf und wischt sich mit dem Handrücken über seinen Mund, nur um sich gleich darauf umzudrehen und zur Tür zu gehen. Enrico muss einen Satz zur Seite machen, weil dieser rücksichtslose Blödsack ansonsten glatt über ihn gestolpert wäre.

Kaum dass Jussi-Pussi verschwunden ist, läuft der Kater zu seinem Futternapf. Gierig schlingt er etwas von dem Trockenfutter hinunter. Davon kann er nie genug kriegen. Es schmeckt einfach zu gut. Beim Fressen hört er Jussi-Pussi in seinem Zimmer wieder husten. In Verbindung mit den köstlichen Pellets in seinem Maul jagt ihm dieses Geräusch wohlige Schauer über den Rücken.

Nun betritt Jussi-Pussi erneut die Küche. In seiner Hand hält er einen großen Kasten, den er auf den Küchentisch neben den Wasserkocher kracht: „RUMMS!"

Wieder fährt Enrico zusammen. Er faucht wütend und springt vorsichtshalber unter das Bord hinter dem Mülleimer, seinem Lieblingsversteck in der Küche. Von dort aus beobachtet er, wie Jussi-Pussi den Kasten aufklappt und seltsame Instrumente daraus hervorholt. Mit diesen Instrumenten beginnt er nun, den Wasserkocher auseinanderzunehmen.

Enrico weiß sehr genau, dass es Jussi-Pussi eine Art perverse Freude bereitet, Dinge zu zerlegen, nur um sie danach wieder zusammenzubauen. Er selber hatte einmal einen schrecklichen Alptraum, in dem ihn Jussi-Pussi mit diesen Instrumenten in viele kleine Teile zerlegte und jedes einzelne davon genau betrachtete, bevor er ihn wieder zusammensetzte – allerdings nicht in der richtigen Reihenfolge!

Nun scheint Jussi-Pussi mit dem Auseinanderbauen des Wasserkochers fertig zu sein. Von seinem Versteck unter dem Bord kann Enrico sehen, wie er die einzelnen Teile für eine ganze Weile in seinen plumpen Händen hält und aufmerksam von allen Seiten betrachtet. Schließlich nimmt er einen langen Stab aus dem Kasten, an dessen hinterem Ende sich eine lange Schnur befindet. Das Ende dieser Schnur geht in einen dicken Stecker über, den er in eine winzige Öffnung in der Wand schiebt.

Jetzt geht das wieder los!

Enrico in seinem Versteck faucht vor Ärger.

Gleich wird es hier in der Küche fast ebenso teuflisch zu stinken beginnen wie im Zimmer dieses Scheißkerls!

Dennoch ist Enrico fasziniert, als er sieht, wie Jussi-Pussi mit dem spitzen, nun rotglühenden Ende dieses Giftstabs etwas bleiches Metall zum Schmelzen bringt. Er hört ein leises Zischen und wagt sich sogar ein Stückchen aus seinem Versteck hervor, um besser sehen zu können. Aber dann steigen ihm mit einem Mal diese schrecklichen Dämpfe in die Nase, und sofort weicht er hinter den schützenden Mülleimer zurück.

Wenn dieser Gestank noch schlimmer wird, muss er aus der Küche flüchten, denkt er und knirscht vor Ärger mit den Zähnen. Aber er wird nicht gehen, ohne Jussi-Pussi vorher kräftig gebissen zu haben ... am besten in die nackte Ferse ...

Endlich, als Enrico schon glaubt, den Gestank nicht mehr aushalten zu können, scheint Jussi-Pussi mit seiner widerwärtigen Beschäftigung fertig zu sein. Schnell baut er den Wasserkocher wieder zusammen und packt den langen Stab und die anderen Instrumente zurück in den Kasten.

Der Gestank verzieht sich langsam.

Wieder wagt sich Enrico aus seinem Versteck hervor und sieht nun, wie Jussi-Pussi den Schalter am Wasserkocher betätigt. Sein bärtiges Gesicht verzieht sich zu einer abscheulichen Fratze des Triumphs, als das kleine Lämpchen an dem Gerät rot aufleuchtet.

Gleich darauf aber schüttelt ihn wieder ein rasselnder Hustenanfall. Eine dicke Ader tritt auf seiner Stirn hervor.

Das sieht nicht gut aus, mein Lieber, denkt Enrico und schnurrt befriedigt. Gar nicht gut ...

Als sich Jussi-Pussi wieder beruhigt hat, geht er zur Spüle und füllt den Wasserkocher aufs Neue. Dann schaltet er ihn an und verlässt mit dem Kasten in der Hand die Küche.

Vorsichtig kommt Enrico aus seiner Ecke hervor und

schleicht in Richtung Futternapf, um noch ein bisschen Trockenfutter zu fressen. Während er die Pellets in sich reinfrisst, fährt ihm das Zischen des Wasserkochers immer schärfer in seine Ohren.

Inständig hofft er, dass diese Höllenmaschine bald wieder kaputtgehen wird.

Wieder betritt Jussi-Pussi die Küche, und wieder flüchtet Enrico vorsichtshalber unter sein Bord. Von dort sieht er, wie Jussi-Pussi einen Behälter aus dem Küchenschrank holt, aus dem er ein kleines Säckchen hervorzieht, an dem eine Schnur befestigt ist. Dieses Säckchen legt er in die Tasse und gießt anschließend heißes Wasser aus dem Kocher darüber.

Eins muss man diesem Blödian schon lassen: Er macht eine ganze Menge interessanter Dinge!

Erneut verlässt Jussi-Pussi den Raum. Enrico nutzt die Gelegenheit, um noch mal zum Fressnapf zu rennen. Gleich darauf ist Jussi-Pussi jedoch wieder da. Er zieht den Beutel aus der Tasse und wirft ihn in den Mülleimer. Ein paar heiße Tropfen spritzen in der Küche umher und hätten Enrico beinahe erwischt. Mit einem Fauchen springt er von seinem Napf weg.

So langsam ist Enrico richtig wütend: Ja, er wird diesem rücksichtslosen Unmenschen eine Lektion erteilen, beschließt er. Der wird schon sehen!

Enrico hat bereits Jussi-Pussis nackte Ferse im Visier. Langsam, ganz langsam, duckt er sich zum Sprung an, er legt seine Ohren an ... gleich ...

Gerade aber, als er sich auf die Ferse stürzen will, macht Jussi-Pussi eine abrupte Drehung und geht zum Kühlschrank.

Fauchend weicht der Kater zurück.

Jussi-Pussi öffnet den Kühlschrank und hat auf einmal einen Teller in der Hand. Enrico erkennt ihn gleich wieder. Es ist der, auf dem noch ein paar Stücke dieses braunen Gebäcks liegen, das Roman und Camilo vor ein paar Tagen zusammen zubereitet haben. Der Kater erinnert sich ganz genau daran. In der Küche hat es noch mehr als sonst nach den Pflanzen in Romans Kammer gerochen.

Und jetzt?

Jussi-Pussi wird doch nicht wagen, den beiden ihr Essen zu stehlen!

Doch, er tut es tatsächlich!

Enrico sieht, wie Jussi-Pussi ein großes Stück vom Teller nimmt und sich langsam in den Mund schiebt. Selbst aus dieser Entfernung juckt der eigentümliche, von dem Teller ausgehende Geruch in seiner Nase. Auch Jussi-Pussi scheint etwas zu bemerken, denn beim Kauen verzieht er auf einmal verwundert sein Gesicht. Der Geschmack ist ihm offenbar nicht vertraut. Aber er scheint sich nicht weiter daran zu stören, dieser diebische Fresssack. Ab und zu nimmt er einen vorsichtigen Schluck aus seiner dampfenden Tasse.

Enrico betrachtet Jussi-Pussi die ganze Zeit mit seinen grünen Augen.

Oh ja, er könnte ihm üble Schmerzen verschaffen, denkt er. Ganz üble Schmerzen. Aber anstatt sich auf Jussi-Pussis Ferse zu stürzen, beobachtet er ihn nur immer weiter.

Beobachtet, wie Jussi-Pussi das gesamte Stück des braunen Gebäcks vertilgt.

Biss für Biss.

Es ist ein großes Stück.

Das größte auf dem Teller.

Bildet sich dieser Dummbeutel etwa ein, sein frecher Raub würde unbemerkt bleiben? Roman wird das ganz sicher nicht verborgen bleiben! Dann wird er wütend auf Jussi-Pussi sein, schrecklich wütend, und ihn vielleicht sogar aus der Wohnung schmeißen! Dann hätte Enrico das große Zimmer wieder für sich ...

Vielleicht würde dann sogar wieder dieser andere Zweibeiner dort einziehen ...

Ein herrlicher Traum!

Die Vorstellung ist so schön, so berückend, dass Enrico beschließt, Jussi-Pussi jetzt doch nicht zu beißen. Er ist auch gar nicht mehr richtig wütend. Er fühlt sich sogar ein bisschen benommen. Vielleicht hat er doch etwas zu viel gefressen. Oder vielleicht haben ihm die Dämpfe dieses Giftstabs zu sehr zugesetzt. Aber er wird Jussi-Pussi auf alle Fälle noch bestrafen. Er wird es nicht vergessen. Er vergisst niemals.

Auf leisen Pfoten schleicht Enrico aus der Küche zurück zu seinem Körbchen in Romans Zimmer. Dort rollt er sich auf dem weichen Kissen zusammen und ist schon bald wieder eingeschlummert.

Er schläft so tief und fest, dass er nicht einmal durch das Husten geweckt wird, das hin und wieder aus Jussi-Pussis Zimmer dringt.

ZWÖLF

Matthias hat ein Problem. Ein Problem, das so lächerlich klein ist, dass es selbst in einer Handtasche bequem Platz finden würde.

Aber das macht es natürlich nicht besser.

Nicht zu fassen, denkt er gerade, nicht zu fassen, wie sich eine Situation von einem Augenblick auf den anderen so komplett umkrempeln kann. Eben noch ist alles gut, ja, geradezu perfekt, ... und dann auf einmal? Die reinste Katastrophe!

Und alles nur wegen dieser winzigen Töle! Diesem kläffenden Scheißviech, das jetzt tatsächlich drauf und dran ist, seinen Abend mit Melanie zu versauen!

„Bist du denn vollkommen bescheuert?!", zischt sie. „Du krankes Arschloch!" Ihre Augen blitzen ihn voller Hass und Abscheu an, während sich dieser mickrige Köter winselnd in ihren Armen windet wie ein Nacktmull, der von Uwes Chili genascht hat.

„Hör mal, ich hab den nicht getreten ... Also nicht mit Absicht ..."

Er will es ihr erklären, schon zum zweiten Mal, aber sie hört ihm gar nicht zu.

„Ach, erzähl keinen Quatsch! Ich hab doch gesehen, wie du den Benni getreten hast! Ganz genau gesehen hab ich das!"

Wütend gestikuliert sie mit der einen Hand, während sie mit der anderen das kleine Mistvieh schützend zwischen ihre Möpse drückt. – Dort, wo seine Eier dann gleich ihren rechtmäßigen Platz gehabt hätten!

Aber jetzt wie aus heiterem Himmel so eine Scheiße!

Unfassbar!

„Das Vieh war im Weg, und ich bin da halt drübergestolpert! Mehr ist wirklich nicht passiert! Mel! Hör mir doch mal zu! Das war ein Unfall, verdammt!"

Matthias muss sie unbedingt davon überzeugen, dass er

ihren Köter nicht mutwillig getreten hat. Wenn ihm das nicht gelingt, ist es aus zwischen ihnen. So schätzt er sie ein, und in diesen Dingen irrt er sich leider selten.

Und das wäre verdammt schade! Dazu sind die letzten paar Tage einfach viel zu gut gewesen!

Bis auf Montag hat sie ihn jeden Abend besucht, um mit ihm kreuz und quer durch seine Wohnung zu vögeln, von der Küche ins Wohnzimmer, von dort ins Schlafzimmer, und immer so weiter.

Melanie ist keine dieser passiven Schlampen, die nur mit gespreizten Beinen auf dem Rücken liegen und sich träge wie ein gestrandeter Wal bumsen lassen.

Nein, die hat Feuer, richtig viel Feuer!

Die weiß, wie man fickt!

Die reitet auf einem rum, bis einem fast der Pimmel abfällt!

Mannomann!

Matthias hält sich nicht gerade für einen Beziehungsmenschen, aber mit der Melanie, hat er sich bereits eingebildet, also mit der Melanie könnte sich durchaus eine längere Episode anbahnen, zumindest rein ficktechnisch.

Aber das spielt jetzt alles erst mal keine Rolle. Melanie hört nämlich gar nicht auf das, was er sagt. Er ist Luft für sie. Wie der letzte Trottel steht er vor ihr, während sie auf dem Bettrand sitzt und einen auf besorgte Mutti macht:

„Was hat denn mein Baby? Was hat denn mein Baby, hm? Hat der dir wehgetan?"

„Dem geht's gut, Mel! Das siehst du doch! Dem fehlt nichts! Und wie gesagt, ich wollte das wirklich nicht ... Ich ..."

Weiter fällt ihm nichts ein. Er ist das erste Mal bei ihr zuhause, das heißt, in der WG, die sie mit einer anderen Studententusse bewohnt und in der es wie in jeder Mädchen-WG, in die Matthias bislang mit einschlägigen Absichten seinen Fuß gesetzt hat, nach Waschmittel, Parfüm und Mentholzigaretten riecht. Und gleich, als ihm Melanie eben die Wohnungstür aufgemacht hat, ist ihm diese elende Fußhupe entgegengerannt gekommen, hat sich zwischen ihn und Melanie gestellt und ihn angekläfft mit diesem lächerlichen Gebell, das klingt, als würde jemand im Nachbarzimmer furzen! Und er, er hat erst mal laut gelacht, weil dieses winzige Viech mit seinen dramatischen Froschaugen und dem schmächtigen Körper noch viel bescheuerter aussah, als er es sich vorgestellt hatte.

„Na, was ist das denn für ein Meerschweinchen?!", hat er noch ganz freundlich gefragt, aber dann verbiss sich die kleine Anabolikaratte plötzlich in seinem Hosenbein, und Melanie musste sie wegziehen, wobei sie auf einmal diese abstoßende Stimme an sich hatte: „Ei, ei, mein Schatzilein! Lass mal den lieben Matthias in Ruhe, ei, ei ..."

Dass sie nicht nur Veganerin sei, sondern sich außerdem immer mal wieder als PETA-Aktivistin engagiere, hatte sie ihm schon vor ein paar Tagen erzählt. – Na, Matthias hat natürlich nichts gegen Tierschutz, aber speziell Letzteres ist ihm dann doch eine Spur zu extremistisch, zumal man immer davon ausgehen muss, dass die Leute, die bei so was mitmachen, gehörig einen an der Waffel haben. Dass bei denen in der Kindheit irgendwas gründlich versaut worden ist. Dass die versuchen, mit solchen Aktionen irgendwelche Schuldkomplexe zu kompensieren.

Und so wie Melanie jetzt mit ihrem Chihuahua umgeht, zeigen sich auch bei ihr ein paar eher abschreckende Tendenzen.

So behandelt man einfach kein Tier. Punkt.

Ist doch klar, dass es einem ansonsten irgendwann auf der Nase rumtanzt! Da müssen Grenzen aufgezeigt werden!

Und genau das hat Matthias mit seiner – zugegeben – etwas groben Geste mit dem Fuß gerade eben versucht!

Sonst nichts!

Es geht doch nicht, dass er hier ganz normal bei Mel im Zimmer steht und mit ihr quatscht und knutscht, und plötzlich kommt die kleine Kröte schon wieder angeschissen und will ihn beißen!

Was er gemacht hat, also dieser völlig harmlose Kick, das läuft eindeutig unter Erziehung!

ERZIEHUNG, VERDAMMT!

Warum will die Alte das nicht kapieren?!

Er öffnet den Mund, um ihr seine Sichtweise noch mal zu erklären, ganz langsam und freundlich, so dass sie auch wirklich begreift, was passiert ist und was sie von ihm zu halten hat. Dass er vielleicht nicht gerade auf Chihuahuas steht, aber dass er deswegen beileibe kein Tierquäler ist, wie sie jetzt vielleicht denken mag, und dass sie diesen lächerlichen Scheiß endlich mal hinter sich lassen, die Töle aussperren und zu dem übergehen könnten, weswegen er eigentlich gekommen ist!

Seine Eier jaulen nach ihr!

Aber sie kommt ihm zuvor. Ihre Stimme ist eiskalt und beherrscht: „Ich will, dass du meine Wohnung verlässt, und zwar sofort! Und dass du dich hier nie wieder blicken lässt! Ich will dich nie wieder sehen!"

„Aber ..."

„Raus aus meiner Wohnung, du blöder Wichser!"

Jetzt reicht es ihm.

„Nun reiß dich aber mal am Riemen! Deine Scheißtöle ist auf mich losgegangen! Die hat mich angegriffen! Schnallst du das?! Ja?! Ich hab mich gewehrt! Das ist alles! Lediglich gewehrt! Hätteste dieses Dreckvieh 'n bisschen besser erzogen, dann wär das nicht passiert!"

„Ach, halt bloß die Fresse, du Idiot!"

Sie schreit jetzt und erhebt sich von ihrem Bett und wirkt tatsächlich so, als will sie mit ihrer freien Hand nach ihm schlagen, während sie mit der anderen immer noch dieses froschäugige Halbwesen an ihre Titten presst.

Und jetzt schreit er auch: „Du dumme Kuh! Was bildest du dir ein! Du bist doch das Letzte! Hast hier ein Poster von der Animal Liberation Front in deiner Bude hängen und knastest diesen Witz von einem Hund trotzdem bei dir ein! Kommst dir sonstwie geil und wichtig vor, was?! So richtig schön alternativ, hä?! Dabei bist du nichts weiter als 'ne beschissene, kleine Heuchlerin! – Na, an deiner Uni bist du auf jeden Fall wunderbar aufgehoben! Die ist voll von solchen Schranzen wie dir!"

„Fick dich, du Wichser! FICK DICH! RAUS HIEEEEEER!"

Die Alte hat wirklich Feuer, nicht nur im Bett!

Melanie greift nach dem erstbesten Gegenstand in ihrer Reichweite und schleudert ihn nach ihm. Zum Glück ist es nur eine dünne Schwarte über die Europäische Union, die auf ihrem Nachttischchen herumlag. Harmlos prallt sie gegen seinen Brustkorb.

Matthias gibt ihr einen leichten Schubs gegen die Schultern, so dass sie zurückstolpert und zusammen mit ihrer von dem ganzen Rumgeschreie völlig verängstigten Töle auf das Bett fällt.

Wirklich höchste Zeit abzuhauen, denkt er. Hier ist nichts mehr zu holen.

„ICH ZEIG DICH AN, DU KRANKES ARSCHLOCH! ICH ZEIG DICH AN!!!"

„Ja, tu das mal schön. Und richte den Spastis gleich noch 'n schönen Gruß von mir aus."

Er ist jetzt ganz ruhig. Bloß gut, dass ihre Mitbewohnerin nicht zuhause ist, denkt er. So eine dämliche Szene braucht nicht unbedingt Zeugen.

Mit federnden Schritten durchquert er den Flur und hat gleich darauf die Wohnung verlassen.

Das Letzte, was er von Melanie hört, ist ein lautes Schluchzen.

Na, für Reue ist es jetzt ein bisschen zu spät, Baby. Auch wenn es um das Rumgeficke schade ist, diese Tusse ist für ihn gestorben, und zwar endgültig.

Studentenweiber sind doch alle gleich, denkt er. Tun so wahnsinnig intellektuell und weltoffen, sind aber unterm Strich genauso behämmert wie Proletenweiber. Wobei, letztere sind wenigstens authentisch. Das macht sie unkomplizierter.

Also, was lernen wir daraus? Zukünftig mal wieder mehr auf Proletenweiber konzentrieren! Klare Sache!

Als er auf der Straße vor Melanies Haus steht, hat er schon fast wieder gute Laune. Er dreht sich um und blickt nach oben zu ihrer Wohnung. Kurz glaubt er, ihre Silhouette im Fenster zu sehen. Na, und wenn schon. Wieder eine abgehakt.

So ist das.

Ein Vorteil, dass man keine sechzehn mehr ist, besteht auf jeden Fall darin, dass man so einem Scheiß keine allzu große Bedeutung mehr beimisst.

So wie die Dinge stehen, hat er im Augenblick also nur ein Problem: Was tun mit diesem angerissenen Abend?

Schon nach Hause gehen und dort bei ein paar Bieren vor der Glotze und ein bisschen Kult-Punk versacken?

Nee ...

Arbeitsmäßig ist für morgen nichts geplant, also wär's doch eine echte Schande, jetzt schon die Biege zu machen.

Er könnte ja mal im Underground vorbeischauen. An einem Mittwochabend wie heute ist dort zwar sicherlich nicht allzu viel los, aber Uwe und Klaus Meine würden sich schon um ihn kümmern.

Kurz entschlossen entriegelt Matthias das Schloss und radelt gleich darauf schnell wie der Wind in Richtung Underground.

Im Vergleich zur letzten Woche ist es heute schon verdammt warm. Geradezu frühlingshaft.

Plötzlich fällt ihm auch ein, dass er durch das ganze Rumgeficke mit Melanie und den beiden Tagen auf dem Bau gestern und vorgestern ganz vergessen hat, Manne von seinem Besuch bei Tobi und Sandra zu erzählen. Na, der wird sich einen Ast freuen, wenn er hört, dass sie sich jetzt nach einem neuen Schlagzeuger für Stalin's Avengers umsehen können.

Er stoppt sein Fahrrad mitten auf der menschenleeren Straße und ruft Manne an. Der geht auch gleich ran. Es stellt sich raus, dass er immer noch krankgeschrieben ist und absolut nichts gegen ein paar Bier im Underground einzuwenden hat. Er scheint sogar richtig darauf zu brennen, von zu Hause wegzukommen. Seine Sabine wird ihm wohl mal wieder schön die Hölle heiß machen.

Astrein!

Wenig später ist Matthias auch schon am Ziel.

Im Underground ist in der Tat nicht viel los, aber es gibt zunächst einmal eine handfeste Überraschung: Angie ist wieder da!

Wer hätte gedacht, dass sie die alte Pottsau jemals wieder rauslassen würden?

Sie hat eine Zigarette zwischen die blassen Lippen geklemmt und quatscht ganz gemütlich mit Monique hinter der Bar.

Uwe ist nirgendwo in Sicht, was vor allem heißt, das keiner der Anwesenden die Scorpions bei hundert Dezibel ertragen muss. Dafür dudelt „I think of Demons" von Roky Erickson in angenehmer Hintergrundlautstärke.

Gleich auf den ersten Blick fällt Matthias an Angie auf, dass sie in der Klapse richtig an Gewicht zugelegt hat. Noch vor ein paar Monaten, kurz bevor die Jungs in den weißen Overalls sie abholten, war sie so unterernährt, dass der eine oder andere Zyniker bereits händereibend gemunkelt hatte, sie hätte Aids im Endstadium. Jetzt dagegen ist ihr Gesicht aufgedunsen wie eine aufgeblasene Luftmatratze, und auch unter ihrem grauen Schlabberpulli wölbt es sich beachtlich. Natürlich schwemmen sie die neuen Psychopillen auf, aber auch so sieht man deutlich, dass die Lebensfreude in Form von viel kalorienreicher Nahrung in sie zurückgekehrt ist.

Angie ist um die vierzig und vor fünf Jahren vom Heroin losgekommen. Ihre Sucht hat sie damals jedoch nicht besiegt, sie hat lediglich umgesattelt, und zwar auf Methadon. Und weil dieser legale Irrsinn seine Konsumenten fast zwangsläufig in den Alkoholismus treibt, hat auch sie gleich richtig mit dem Saufen angefangen. Unter diesen Umständen ist es sicherlich ein Unding, dass sie im Underground als Barkeeper arbeitet, aber sie hat hier eben ihr soziales Netzwerk, und obendrein scheint sie den Job wirklich zu mögen.

Jetzt hat sie Matthias erblickt und ihr Gesicht bekommt einen Ausdruck ähnlich dem einer Puffmutter, die ihren besten Kunden ins Bordell einfahren sieht.

„Na aber hallo! Das ist ja vielleicht 'ne Freude!"

Ihre Stimme ist tief und kratzig.

„Mensch, Angie! Schön, dich zu sehen!"

Matthias beugt sich über die Bar und patscht ihr mit der Hand freundschaftlich auf die Schulter. Er freut sich wirklich.

„Siehst, ähm, gut aus ... frisch und, äh, erholt!"

„Ach, hör mir auf! Das war keine schöne Zeit in der Anstalt! Noch mal steh ich das garantiert nicht durch! Aber jetzt ist zum Glück alles wieder im Lot!"

„Na super. Hoffen wir mal, dass es so bleibt!"

Für Monique hat Matthias nur ein beiläufiges Kopfnicken übrig. Sie verzieht ihr schlecht geschminktes Allerweltsgesicht zu einer Grimasse und zieht nervös an der Zigarette, die sie zwischen ihren groben Stummelfingern hält. Seitdem er sie sich einmal im Vollrausch in seiner Pissecke hinter dem Underground vorgeknöpft hat, verhält sie sich ihm gegenüber immer etwas zugeknöpft. Na, ihr Problem.

„Machste mir gleich mal ein Blondes zurecht?"

„Na und ob!"

Angie klemmt sich sofort hinter den Zapfhahn.

„Gibt's denn dann auch wieder dein Chili?"

„Aber hallo!", krächzt sie. „Nächsten Donnerstag kannste dir schon mal rot im Terminkalender markieren!"

„Hammer! Ich komm auf jeden Fall!"

Na, das ist wirklich mal ein Grund zur Freude! Bloß gut, dass Uwes Schreckensherrschaft in der Küche nun endlich vorbei ist. Aber Angie wird all ihre Künste aufbringen müssen, um diese Veranstaltung wieder zu dem zu machen, was es mal war: die köstlichste Low-Budget-Abfütterung im gesamten Landkreis!

Ach, die Angie, die hat hier so was von gefehlt ...

Einer der wenigen momentan anwesenden Gäste ist der Bernd. Er sitzt allein in einer dunklen Ecken und glotzt Matthias über sein halbvolles Bierglas gebeugt stumpfsinnig an.

Matthias nickt ihm unverbindlich zu und rechnet sich aus, dass Bernd bereits stockbesoffen ist. Er sieht jetzt sogar noch grauer aus und trägt auch haargenau dieselben Klamotten wie letzte Woche. Vermutlich hat er die kein einziges Mal ausgezogen. Das Gefasel von wegen Umschulung zum Systemadministrator dürfte sich damit auch erst mal erledigt haben. Abgefuckter Penner.

Ansonsten stehen am anderen Ende des Tresens noch zwei Gesellen auf Wanderschaft rum. Also richtig mit Hüten und Wanderstöcken, und man fragt sich, was die beiden ausgerechnet ins Underground getrieben hat. Sie haben rote, runde Gesichter mit blonden Vollbärten und sind groß und kräftig. Eigentlich nicht unsympathisch, diese Idee des jahrelangen Herumtingelns fern von der Heimat, denkt Matthias. Aber dieser Uniformzwang ist schon lächerlich.

Trotzdem natürlich tausendmal besser als diese ganze verschissene Studentenkultur!

Jetzt stellt ihm Angie sein Bier vor die Nase. Für sich selber hat sie zur Feier des Tages natürlich auch eins gezapft. Die alte Methadonspinne hat sich offensichtlich schon wieder richtig gut eingelebt. Alles wie gehabt.

„Prosti, Matt!"

„Auf dein Wohl, Angie!" Schluck, schluck, schluck. „Das tut gut!"

„Und ob!" Über Angies pralle Gesichtshaut legt sich ein Netz glücklicher Falten. Monique hat derweil ihre Zigarette aufgeraucht und verschwindet nun wortlos in dem Raum hinter der Theke.

„Wo ist denn heute eigentlich der Uwe?"

„Der? Na, der hat doch Mittwochabend immer sein Improtheater!"

„Sein was?"

„Ach, wusstest das nicht?!"

„Nee!"

„Na, mittwochs geht der jedenfalls immer zum Improvisationstheater."

Matthias ist platt. Er kann sich ja vieles vorstellen, aber nicht, dass dieser wortkarge Knochenbrecher schauspielernd auf der Bühne steht.

„Und wie kommt der dazu?"

„Ehrlich gesagt, ich weiß es auch nicht genau. Du kennst doch den Uwe: Viel erzählen tut der nie von sich! Ich weiß nur, dass er da ungefähr seit Oktober hingeht."

Angie schmunzelt verschmitzt und beugt sich noch ein Stückchen weiter über die Bar. Ihr weiter Schlabberpulli gewährt dabei Einblicke, auf die Matthias gern verzichtet hätte.

„Keine Ahnung, was den da geritten hat", krächzt sie. „Aber ich freu mich schon auf die erste Vorführung. Soll Ende diesen Monats soweit sein!"

„Ende des Monats schon? Na, das kuck ich mir vielleicht auch an, falls ich Zeit hab ... Und worum geht's in dem Stück, weißte das?"

„Ach, keine Ahnung! Der Uwe hat mir erst nix erzählt, und dann war ich ja eh in der Anstalt. Aber es ist Improtheater, also wird da wohl irgendwas Wildes zusammenimprovisiert."

Matthias denkt daran, wie ihn vor Jahren eine Schnalle in ein Improvisationstheater mitgeschleppt hat. Auf der Bühne war es total unübersichtlich zugegangen, und am Ende hatten alle Schauspieler ihre Klamotten ausgezogen und sich mit zerkochten Spaghetti beworfen.

Uwe in so einer Situation? Undenkbar!

Na, wenn der nach der Probe heute noch hier aufkreuzt, kann er ihn selber fragen. Er prostet Angie zu, und die hebt begeistert ihr Bierglas. Ihr Blick ist glasig aber eindeutig. Er besagt: Endlich wieder in Freiheit, endlich wieder saufen!

Jetzt kommt auch der Manne angeschneit.

„Matthias! Alter! Ich grüße dich!"

Sie hauen sich gegenseitig ihre Pranken auf den Rücken.

„Ah, und Mensch: Das ist doch die Angie! Unser Sonnenschein ... Ich werd verrückt!"

Nun folgt ein bisschen Smalltalk, wobei Angie gleichzeitig den Zapfhahn bedient, damit auch der Manne nicht zu kurz kommt.

„Siehst 'n bissl angeschlagen aus! Was ist denn los mit dir? Immer noch krank?"

„Ach nee! Aber Stress daheim! Die Sabine ist mir in den

letzten Tagen so was von auf 'n Zeiger gegangen, Alter, nee!"

Manne rückt die Nickelbrille auf seiner Nase zurecht.

„Haste die wieder im Schrank eingesperrt, oder was?"

„Ach Quatsch, das nun nicht! Aber ich glaub, die Aktion wird die mir noch ewig übelnehmen. Zumindest fängt sie immer wieder damit an ... Und wir streiten uns neuerdings sowieso die ganze Zeit über! Es ist nicht zum Aushalten! Wenn das so weitergeht, mach ich mich wirklich noch vom Acker!"

„Du willst Schluss machen?"

Matthias macht ein interessiertes Gesicht. Als überzeugter Einzelgänger findet er so was prinzipiell immer gut. Außerdem treibt die Sabine mehr und mehr Keile zwischen Manne, ihn, die Band und so weiter. Auch so eine, die sich langsam in Richtung Doppelhaushälfte, Familie und diesen ganzen Dreck hinzubewegen scheint! Man kann wirklich nur hoffen, dass Manne den Absprung schafft, bevor es zu spät ist.

Aber der ist natürlich längst nicht so ein Waschlappen wie Tobi ...

„Tja, keine Ahnung, ob ich mich trennen werd oder nicht", entgegnet Manne gedehnt und nippt an seinem Bierglas. „Vermutlich erst mal nicht. Aber wenn das so weitergeht, seh ich wirklich schwarz ... Na, warten wir's ab."

Matthias sagt nichts dazu, sondern erzählt lieber, was ihm vorhin mit Melanie passiert ist.

„Du hättest der Töle den Hals umdrehen und ihr den Kadaver in die Fresse hauen sollen!", meint Manne ganz trocken.

Beide prusten in ihre Biergläser.

„Na, besser nicht! Außerdem, so wie die sich gegeben hat, ist die sowieso nicht ganz dicht. Die hätte sich gerächt ... Auf die eine oder andre Weise ... Mir nachts mit irgendwelchen anderen Aktivistenspastis mit 'nem Elektroschocker aufgelauert und dann die Eier abgesäbelt oder so was ... Nee, das wär's mir dann doch nicht wert gewesen."

Nun kommt Schnecki im Zeitlupentempo durch die Tür geschlurft. Er ist wieder zusammen mit Manne hier aufgetaucht, aber scheinbar von irgendwas im Flur aufgehalten worden.

Vielleicht von einem Konzertposter, das er unbedingt erst mal für zehn Minuten ganz genau unter die Lupe nehmen musste.

„Ah, der Herr Schneckerich lässt sich hier auch noch blicken! Sei mir gegrüßt!"

„Ha-llo ... Matt ..."

Lahmarschig wie immer, der Schnecki. Umständlich bestellt er sich bei Angie ein Bier, und die zapft es ihm so schnell, dass er immer noch damit beschäftigt ist, die Münzen abzuzählen, als das Glas mit seiner verlockenden Schaumkrone schon lange vor ihm steht.

Genau für solche Leute wie Schnecki sind Geldkarten erfunden worden.

Die Angie dagegen: Fast so geschwind beim Zapfen wie der Uwe! Vielleicht bildet sie sich ja ein, dass sie sich in den Augen all jener Anwesenden, die wissen, dass sie für ein paar Monate in der Klapsmühle gewesen ist, erst mal wieder als fähige Barfrau beweisen muss. Also dass sie wieder richtig funktioniert.

Nun prosten sich alle zu, und Matthias und Manne rülpsen verhalten.

Jetzt entdeckt Schnecki Bernd in seiner Ecke und macht sich sofort auf den Weg zu ihm. Penner-Bernd scheint hocherfreut darüber zu sein, dass überhaupt noch einer was mit ihm zu tun haben will. Er beginnt auch gleich auf Schnecki einzureden, und der hört ihm so aufmerksam zu, wie er jedem zuhört, der sich die Mühe macht, ihm was zu erzählen. Die beiden sind voll auf einer Wellenlänge ... Der eine faselt wie ein geifernder Irrer, der andere ist ein dankbarer Lauscher mit einem versonnenen Pfannkuchengesicht.

Matthias bestellt für Manne und sich jeweils einen Schnaps und beginnt dann, von dem Besuch bei Sandra und Tobi zu erzählen. Manne macht hin und wieder ein Gesicht, als hätte er auf was Ekliges gebissen.

„Oh Mann, das klingt ja gar nicht gut! Schade um den Tobi! Wirklich! War 'n guter Kerl"

Er kratzt sich in seiner Gelfrisur rum.

„Aber wenn ich so drüber nachdenke: Der kam mir schon immer auch so 'n bisschen spießig vor! – Dir etwa nicht? Ich mein, haste den mal von seinem Job reden hören? Das war doch dem sein ganzer Stolz ... Ich hab's doch immer gesagt: Bürohengst! Und seine Alte war mir, ehrlich gesagt, nie ganz geheuer ... Na, jedenfalls brauchen wir auf alle Fälle 'nen neuen Drummer, sonst ist Sense mit der Band!"

„So sieht's aus, Manne, so sieht's aus ... Aber das ist leichter gesagt als getan. Oder kennst du einen, der in Frage käme?"

„Hmm, wie wär's mit dem Repthilo?"

„Ach nee, der Repthilo doch nicht! Wenn ich mich nicht irre, saß der seit zehn Jahren nicht mehr hinterm Schlagzeug. Außerdem hat der mir zu viele Pickel in der Fresse. So einen will ich nicht in der Band!"

Matthias nimmt einen Schluck Bier.

„Wir könnten ja mal 'ne Anzeige im Stadtanzeiger schalten ..."

„Ach, ich weiß nicht. Da melden sich dann eh nur Flachzangen. Und außerdem brauchen wir sowieso erst mal 'nen Proberaum."

„Ja, darum sollten wir uns wirklich als erstes kümmern."

Es sieht wirklich so aus, als ob ohne Tobi erst mal die Luft aus der Band raus wäre. Verfluchte Kacke! Manne legt die Stirn in Falten wie ein Mops und steckt sich eine an, und Matthias sieht ihm schweigend dabei zu.

Wieder geht die Tür auf, und es erscheint – TATAAA ... – Melanie!

Wer hätte das gedacht!

Ihr Gesicht ist mit roten Flecken übersät, ganz so, als hätte sie den langen Weg von ihrer Wohnung bis hierher rennend zurückgelegt. Sie geht gleich auf Matthias zu. In ihrem Lächeln ist nicht die Spur ihrer sonstigen Arroganz.

„Na ..."

„Machst du 'n hier?"

„Ich, äh ..."

Melanie blickt in die Runde. Sowohl Manne als auch Angie

betrachten sie mit unverhohlener Neugier.

„Wollen wir kurz vor die Tür gehen und dort quatschen?"

„Wenn's denn unbedingt sein muss ..."

Na, die hat vielleicht Nerven!

„Bin gleich wieder da", sagt er zu Manne, der ihn vielsinnig durch seine Nickelbrille angrinst, und sie gehen nach draußen. Die schwere Holztür fällt hinter ihnen zu.

„Ist dein Handy ausgeschaltet?", meint sie, nachdem sie mit fahrigen Fingern eine Mentholzigarette aus der Schachtel in ihrer Handtasche gewurstelt und angezündet hat.

„Nö, wieso?"

„Na, ich hab versucht, dich anzurufen."

Er wühlt nach seinem Telefon. Es ist aus. In letzter Zeit spinnt der Akku manchmal.

„Is 'n altes Gerät, weißte."

„Ah, okay."

Sie lächelt verständnisvoll.

„Und woher weißt du, dass ich hier im Underground bin?"

„Tja ... Nennen wir's einfach mal ‚weibliche Intuition'! Ich dachte mir, du wärst vielleicht hier."

„Kluges Mädchen ..."

Sie lächelt wieder, diesmal schon selbstbewusster. Sie nimmt es wohl als Kompliment.

„Hör mal ... Das wegen vorhin, also das tut mir leid. Wirklich leid. Ich hätt dich nicht so anbrüllen sollen. Und der Benni, ich weiß, der ist schrecklich zu anderen Leuten. Erst letztens, also da hat der jemanden im Park gebissen, und ich hab deswegen Ärger gekriegt. Bin deswegen in der Hinsicht momentan wohl 'n bisschen, na ja, sensibel, verstehste?"

„Klar."

Sie labert gleich weiter: „Ich muss dringend sehen, dass ich den Benni besser auf die Reihe kriege! Seitdem der hier in der Stadt ist, ist der wie ausgewechselt. Früher, also als wir noch bei meinen Eltern in Stralsund gewohnt hatten, da war der das liebste Tierchen, das du dir vorstellen kannst! Und zwar zu jedem! Aber jetzt ... Die Stadt hier scheint ihn verrückt zu machen, weißte? Und mich manchmal auch ... Wenn das so weitergeht, hau ich vielleicht wieder ab. Hier wird man echt mürbe im Kopf ... Aber jetzt hab ich ja dich getroffen ..."

Sie lächelt wieder, diesmal unglücklich, und schaut Matthias von unten her an. In ihrem Blick liegt etwas Lauerndes.

Er denkt kurz nach: Also hier kommt ein bildhübsches Mädel mit roten Haaren und Sidecut auf ihren Knien angerutscht und will von ihm, Matthias, gevögelt werden.

Frage an ein imaginäres Publikum: Was würden Sie in dieser Situation tun?

Also PETA-Dachschaden hin oder her?

Ganz genau!

Worte sind hier völlig überflüssig.

Er beugt sich zu ihr runter und küsst sie, und sie fährt ihm mit ihrer Zunge erleichtert und gierig zugleich in den Mund, während sie sich mit ihren Händen wie ein Eichhörnchen in das schwarze Leder seiner Bikerjacke verkrallt. Was für ein Feger. Natürlich gibt es da nichts zu vergeben. Aber schon mal gut zu sehen, wie die Alte so tickt.

„Kann ich dann vielleicht noch mit zu dir ... ?"

„Sicher, aber ich kann jetzt noch nicht so einfach weg, verstehste? Ich will noch 'ne Weile mit'm Manne quatschen! Kommste mit rein, noch einen trinken?"

„Klar, gerne ..."

Also gehen sie wieder rein. Angie hat inzwischen was von The Doors aufgelegt, ausgerechnet von The Doors!

Der überflüssigsten Scheißband der späten sechziger Jahre!

Der Band mit den blödesten Texten aller Zeiten!

Matthias kann sich endlos über Jim Morrisons sinnfreie Vershülsen aufregen und natürlich noch viel mehr über den Umstand, dass dieser dreckige Junkie heutzutage als „großer Poet" etabliert ist.

Wenn solche Pisser als Kulturbringer gelten, dann aber gute Nacht!

Aber zum Meckern ist jetzt verständlicherweise nicht der

richtige Zeitpunkt. Außerdem ist seine Laune viel zu gut. Er nölt daher lediglich: „Mach doch mal was anderes rein, Angie!", als sie wieder an der Bar stehen.

Melanie klebt in den folgenden Stunden an ihm wie ein Batzen Chihuahuascheiße an einer Schuhsohle. Sie gehört eindeutig zu der Sorte Weibern, die erst mal „geknackt" werden müssen. Dann kann man mit ihnen umgehen, wie man will. Natürlich verlieren Frauen diesen Typs für Matthias gleich ein ganzes Stück an Wert. Sie langweilen ihn schnell.

Der Abend zieht sich noch lange hin. Angie tut ihr Bestes, um Manne und ihm dabei zu assistieren, sich nach und nach abzufüllen, und sie tut es als der alte Hase, der sie in diesem Geschäft ist. Melanie ist dabei nur eine Randfigur, aber auch sie beteiligt sich ohne Murren an ihrem Besäufnis. Später beginnt Matthias ihren Chihuahua zur Erheiterung von Manne und Angie nachzuäffen, und auch diese Pille schluckt sie gleichmütig. Noch später werfen Matthias und Manne, Bierdeckel nach den beiden Wandergesellen, und die sind gerade dabei, wütend zu werden, stinkewütend, als Uwe von der Probe zurückkommt und die beiden mit einem einzigen Blick vergrault. Er ist heute allerdings viel gesprächiger als sonst, fast schon kumpelhaft. Das Improvisationstheater bekommt ihm offenbar sehr gut.

Und natürlich steht ein Weib dahinter!

Es dauert zwar eine Weile, aber dann hat es Matthias Uwe aus der Nase gezogen! Tatsächlich hat der es geschafft, eine aufzureißen, die sich ausnahmsweise mal nicht im Dunstkreis der Siebertstraße herumtreibt.

Na da kann mal wirklich nur sagen: toi, toi, toi!

Schließlich, als sie gegen ein Uhr alle rausgeschmissen werden und er sich von Manne, Schnecki und den anderen verabschiedet hat, radelt Matthias mit Melanie auf dem Gepäckträger nach Hause. Es ist nicht allzu weit, aber trotzdem beginnt sie sogleich, von hinten seinen Schwanz zu massieren. Der steht natürlich trotz der vielen Biere und Schnäpse gleich wie eine Eins.

Als sie an dem Park gleich vor seinem Haus vorbeijuckeln,

fährt er vom Gehweg auf die Wiese und lässt das Rad umkippen. Kichernd bleiben sie dort für einen Augenblick liegen, dann fallen sie im schummrigen Licht einer Laterne wie zwei wilde Tiere über einander her. Er fährt mit seiner Hand in ihr Höschen, ihre Muschi ist pitschnass wie immer, und sie quiekt leise, als er den Mittelfinger bis zum Anschlag in sie reinschiebt.

Er reißt ihr die engen Stretchhosen runter und vergräbt seinen Kopf zwischen ihren Beinen. Sie verkrallt sich mit der einen Hand in seinen Haaren am Hinterkopf und reibt ihr Becken an seinem Gesicht. Schnaufend kommt er schließlich wieder hoch, ihren Schleim an seiner Nasenspitze. Er öffnet seine Hosenstall, zieht sich Jeans und Unterhose über seine Arschbacken und schwupp, schon ist er in ihr drin. Sie ficken unbändig wie Karnickel, und das passt doch, immerhin ist ja jetzt Frühling und die Nacht heute schon richtig mild.

Als er in ihr abspritzt, scheint es ihr auch zu kommen, und das geilt ihn gleich wieder auf. Er beherrscht sich jedoch und zieht stattdessen die Hosen wieder hoch. Auch sie zieht sich wortlos wieder an. Dann muss er lachen, denn sie haben wirklich auf der Wiese direkt vor seinem Haus gevögelt!

Na so was!

Sie lacht auch.

Für die nächste Nummer gehen sie aber doch besser zu ihm nach oben.

Sie laufen die letzten Meter, das Fahrrad zwischen ihnen, bis sie seine Wohnung erreichen und das Spiel von vorne losgeht.

Melanie ist schon ein Feger, ein absoluter Feger, denkt er noch, bevor er verschwitzt, besoffen und erschöpft in einen traumlosen Schlaf fällt.

DREIZEHN

Es ist eine Viertelstunde vor neun, und Willerd fallen fast die Augen zu. Schon seit fast drei Stunden deckelt er Siliziumkarbid-Schleifscheiben ab. Das geht so: einen Packen von fünf bis zehn Schleifscheiben samt Stahldeckeln nehmen, einmal kräftig mit der Seite auf die zerkratzte Holzplatte des Arbeitstisches vor ihm knallen, dann die Schleifscheiben von den Stahlscheiben reißen, die Stahlscheiben auf den einen Haufen legen, die Schleifscheiben auf den anderen. Fertig. Und so immer weiter, immer fröhlich weiter, bis heute Nachmittag.

Stanislaw mit seinem Handwägelchen sorgt derweil dafür, dass der abzudeckelnde Berg vor ihm wächst und wächst.

„Machst du hin, Junge!", hat der grobschlächtige Pole vorhin gebrüllt, aber Willerd ist da schon fast an seine Grenzen gelangt. Seine Arme schmerzen nicht nur von dem bisschen Hanteltraining gestern, und trotz der Schutzhandschuhe hat sich an seinem linken Daumen bereits eine beachtliche Blase gebildet. Er versucht daher, jeden neuen Packen Schleifscheiben so anzufassen, dass möglichst wenig Druck auf diese Stelle ausgeübt wird. Aber dadurch kommt er erst recht in Verzug. Die gesetzte Norm für seine Schicht – sechstausend abgdeckelte Schleifscheiben – wird er heute ganz bestimmt nicht schaffen. Aber solange ihm der Olaf seinen vollen Lohn auszahlt, ist ihm das ziemlich egal.

Die letzte Nacht hat er kaum geschlafen. Natürlich hat es rein gar nichts genutzt, dass er sich schon gegen neun hingelegt hatte. Nicht nur, dass dieses frühe Zubettgehen seinen Schlafgewohnheiten überhaupt nicht mehr entspricht, ihm hat auch die linke Schulter wehgetan, vermutlich ein Resultat seiner Eskapaden im Fitnessraum. Die „Hypnose zum Einschlafen" hätte vielleicht helfen können, aber dann musst er plötzlich daran denken, dass er diesen Fünfzehn-Minuten-Track von Lydia hat ...

Lydia mit ihren Schlafproblemen ... Lydia, die sich im Bett immer an ihn gekuschelt hatte ... Als schließlich der Alarm auf seinem Handy gegen halb fünf losdröhnt, hat er bestimmt nicht mehr als eine Stunde geschlafen.

Dann, nach einem Frühstück (ein Glas Milch, Toastbrot, Kaffee, zwei Bananen), der Fußweg zur Bushaltestelle durch die menschenleeren Straßen und gleich darauf die lange Busfahrt zur am Stadtrand gelegenen Fabrik. Abweisend sind die übermüdeten Gesichter der Zeitungsverkäufer, Straßenkehrer und Müllfahrer, die sich zusammen mit ihm zu ihren Ausbeuterjobs aufmachen. Keiner sagt auch nur ein Wort. Um diese Uhrzeit hält man besser die Fresse. Die einzigen Geräusche sind das Gegrummel des Busmotors und die Stimme irgendeiner Pornodarstellerin, die die Haltestellen über die Lautsprecheranlage ansagt.

Natürlich ist Willerd im Bus eingedöst. Und sicher wäre er nicht so schnell wieder aufgewacht, hätte ihn nicht der Fahrer, ein brutal aussehender Skinhead mit verblassten Tätowierungen an den Unterarmen, grob angeschnauzt, er soll sich gefälligst vom Acker machen: „Endstation, Junge!"

Wie gut, dass sich die Schleifscheibenfabrik gleich hinter der Haltestelle befindet.

Wenig später am Fabriktor schließlich Olafs schwielige Pranke, die seine Hand halb zerquetscht, dazu ein falsches Grinsen auf seinem vierschrötigen Gesicht: „Ah, der liebe Herr Studierte! Einen wunderschönen guten Morgen wünsch ich!"

Mehr unverhohlener Sarkasmus geht sicher nicht, aber Leute von Olafs Zunft halten Studenten sowieso allesamt für faule Säue. Da ist es doch schön, wenn sich einem so ein Exemplar hin und wieder ausliefert. Dankbarkeit oder auch nur die Spur von Anerkennung dafür, dass Willerd so kurzfristig einspringen konnte, zeigt er jetzt jedenfalls keine.

„Immer reinspaziert in die gute Stube! Mach's dir mal richtig gemütlich!", poltert Olaf stattdessen, nachdem er ihm einen blauen Schutzanzug, Handschuhe, Stahlkappenschuhe und Ohrenstöpsel ausgehändigt hat. Im Umkleideraum, einer hellblau gestrichenen Kammer mit etwa zwei Dutzend Spinden für die persönlichen Sachen, sind bereits ein paar Arbeiter versammelt, die Willerd zum Teil noch von seinem letzten Einsatz im Herbst her kennt: der Stanislaw, der Geberit, der Segafredo und noch ein paar weitere Hanseln. Obwohl ihn die meisten erkennen und die Hand geben, ist bis auf Segafredo keiner sonderlich freundlich.

Mittlerweile klingeln Willerd hier an seinem Arbeitstisch trotz der Ohrenstöpsel beide Löffel von dem klirrenden Geräusch, das die Stahlscheiben beim Aufschlagen auf den Arbeitstisch vor ihm von sich geben. Sechstausend Schleifscheiben, das sind, rechnet er langsam aus, bei acht Stunden Arbeit siebenhundertfünfzig Scheiben pro Stunde und zwölfeinhalb pro Minute. Das heißt, ungefähr alle fünf Sekunde muss er eine Scheibe schaffen ... Das ginge ja ganz sicher auch ohne Probleme, wenn das verdammte Siliziumkarbid nicht fest wie Hundescheiße an den Stahlscheiben angebacken wäre, wenn ihn sein Daumen mit dieser elenden Blase nicht so sehr schmerzte, und ...

„FRÜHSTÜCKSPAUSE!" Willerd zuckt zusammen und hätte fast einen Packen Scheiben fallengelassen.

Er fährt herum und sieht Stanislaw, der sich zu seiner eigenen und Segafredos Erheiterung von hinten an ihn herangeschlichen hat. Der Pole schmunzelt in seinen Rauschebart, und Segafredo lacht sich einen ab.

Sehr komisch, ihr Penner!

„Ist schon um neun! Komm, lass mal Arbeit ruh'n!"

Stanislaw hat sich bereits umgedreht und wackelt davon, und Willerd wird sich das natürlich nicht zweimal sagen lassen. Er lässt den Packen Scheiben auf den Tisch krachen und geht zur Umkleidekabine, wo er die Plastikdose mit seinem Frühstück und eine Flasche Wasser aus dem Spind kramt.

In der Pausenecke der Halle verspulen die anderen bereits ihre Brote. Willerd geht zu dem Kaffeeautomaten, der dort steht, und zieht sich einen Milchkaffee. Kostet achtzig Cent. So wird man das hart erarbeitete Geld gleich wieder los. Bleibt alles im Haus. Das ist ein bisschen so wie damals in der frühen Hochzeit der Industrialisierung, denkt er. Also als die Arbeiter ihren gesamten Lohn in den werkseigenen Lebensmittelläden und Kneipen ließen.

Er setzt sich zusammen mit dem dampfenden Plastikbecher auf einen Stuhl etwas abseits der anderen und wickelt eine Käseschwarzbrotschnitte aus. Maschinen sorgen für ein gleichförmiges Dröhnen im Hintergrund.

Plötzlich wendet sich Geberit direkt an ihn: „Du hast wohl auch nüscht Bess'res zu tun, was?!"

Kauend lässt Willerd seine Schnitte sinken.

„Was heißt hier ‚nüscht Bess'res'?! Der Olaf hat mich gestern angerufen und gefragt, ob ich Zeit hab! Und da hab ich ja gesagt!"

„Na daaa ..." Geberit will sich schon wieder umdrehen, denn so sehr interessiert ihn dann auch wieder nicht, was der Herr Student zu sagen hat. Aber Willerd nutzt die Gelegenheit, um zu fragen, was denn gestern überhaupt passiert ist. Also weswegen der Olaf so scharf drauf ist, ihn heute und morgen hier zu haben.

„Na, ganz einfach: Dem Albrecht ist beim Abdeckeln 'ne Stange Stahlscheiben auf 'n Fuß gekracht, und er hat sich 'ne Zehe gequetscht!"

„Was denn, hatte der keine Schutzkappen an den Schuhen?"

„Na was glaubst du denn?!" Geberit macht ein Gesicht, als hätte er eine so hirnrissige Frage in seinem ganzen Leben noch nicht gehört. „Hast du denn 'ne Ahnung, was passiert, wenn einem so 'ne Ladung Zehnerscheiben ohne Schutz auf 'n Fuß kracht?!"

„Dann wär die Flosse breit!", wirft Segafredo grinsend ein, während er den Automaten mit ein paar Münzen für einen weiteren Kaffee füttert.

„Genau, dann wär die Flosse aber breit!"

Geberit räuspert sich selbstgefällig und steckt einen verdreckten Zeigefinger in eins seiner Nasenlöcher.

„Pass bloß auf, Junge! Bist hier nicht an deiner Uni."

Willerd nickt und beschließt, sich nicht weiter mit diesem alten Blödsack zu unterhalten. Wenn man jahrein, jahraus den ganzen Tag über im Lärm dieser Halle zubringt, muss man mit der Zeit 'ne Meise kriegen. Kein Frage. Er konzentriert sich lieber wieder auf sein Brot und hört den anderen zu.

Segafredo ist wesentlich jünger als Geberit und Stanislaw. Etwa in seinem Alter. Dementsprechend hat er auch ganz andere Sorgen als seine beiden Kollegen. Während die Alten am liebsten über ihre unausstehlichen Vetteln und missratenen Wänster lamentieren, gibt es für Segafredo scheinbar nichts Wichtigeres als seinen steinalten Mercedes-Benz 560 SEL. Gerade hat er wieder ein paar Hunderter gelatzt. Diesmal für neue Radkappen.

„Du bist verrückt, Segafredo! Die Schlurre wär mir keinen Pfennig mehr wert!" Geberit lacht, und auch Stanislaw brummelt schmunzelnd etwas Unverständliches in seinen Bart.

„Such dir mal lieber 'ne Alte!"

„Ach was! Ihr müsst euch die Dinger einfach mal anschauen: vollverchromt!" Segafredo schwenkt so aufgekratzt mit dem Kaffeebecher, dass ein paar Spritzer auf seine Arbeitshose schwappen. „Voll-ver-chromt, sag ich euch! Über's Wochenende werd ich die mal ranschrauben, dann fallen euch nächste Woche die Augen raus! Garantiert!"

Willerd ist inzwischen fertig mit seiner Schnitte. Er lehnt sich zurück, soweit es der Stuhl zulässt, und macht die Augen zu. Mal kurz einschlummern ... Er hat ja noch zehn Minuten ... Er hört die anderen weitersprechen, so wie er das Grummeln der Maschinen hört, und dann vermischen sich diese Geräusche mit anderen Geräuschen, Geräuschen, die aus seinem Unterbewusstsein dringen, sanften Geräuschen, und diese Geräusche tragen ihn davon, irgendwohin, ganz weit weg, und plötzlich steht er auf einer grünen Wiese, einer saftigen, grünen Wiese unter einem irre blauen Himmel, und als er sich umdreht, steht vor ihm ... Nein, es ist nicht Lydia, die vor ihm steht, es ist Simone, und Simone sieht genauso geil aus wie gestern in der Mensa, und wieder trägt sie ihr weinrotes Oberteil, unter dem sich ihre Möpse prall und verlockend abzeichnen, und diesmal labert sie keinen Blödsinn, nein, diesmal hält sie die Fresse und lächelt ihm zu, und es ist ein schönes Lächeln, also lächelt er zurück, ist fasziniert von ihren weißen Zähnen, den roten Lippen, und er nähert sich ihr, um sie in die Arme zu nehmen und zu küssen und ...

„WEITER GEHT'S!"

Jemand rüttelt an seiner Schulter. Willerd fährt hoch.

„Hä, was?!"

Vor ihm steht Segafredo und grinst gutmütig.

„Bist eingenickt, was?"

„Sieht so aus."

In der Tat fühlt sich Willerd, als wäre er aus einem tiefen Traum erwacht. Etwas irritiert stellt er fest, dass er einen Ständer hat. Deutlich zeichnet er sich unter seinem blauen Schutzanzug ab. Segafredo scheint aber nichts bemerkt zu haben.

„Tja, wir müssen leider weitermachen. Der Olaf zickt schon rum."

„Na dann ..."

Willerd steht auf, streckt sich und schlurft zurück an seinen Arbeitsplatz. Das kurze Schläfchen hat ihm gut getan. Er fühlt sich gleich sehr viel erholter. Die Arbeit geht ihm nun flott von der Hand. In der nächsten Stunde schafft er fast eintausend Schleifscheiben und gerät über diese monotone Tätigkeit sogar in eine Art Trance.

Die Zeit vergeht nun wie im Flug ...

Aber diese verdammte Blase an seinem Daumen! Mittlerweile ist sie trotz des Schutzhandschuhs aufgeplatzt, und das rote Fleisch darunter schmerzt bei jeder noch so leichten Berührung. Schließlich hat er genug und geht zu Olaf, um ihn nach einem Pflaster zu fragen, aber der ist gerade mit dem Gabelstapler am Brennofen beschäftigt und brüllt, er soll mal „zum Weichei hoch ins Büro" gehen.

Das Weichei ist der leitende Ingenieur. Keiner von der Belegschaft scheint ihn zu mögen. Nicht nur, weil er einen schlaffen Händedruck hat, sondern vor allem, weil er dauernd die Normen für die jeweiligen Arbeitsbereiche erhöht. Die Abdeckler hassen ihn sogar wie die Pest. Wenn Stanislaw seinen Namen in den Mund nimmt, tut er nach jedem Satz, als würde er verächtlich ausspucken.

Durch die Glastür kann Willerd das Weichei an seinem Bürotisch über irgendwelche Papiere gebeugt sitzen sehen. Er klopft gegen die Scheibe, und der leitende Ingenieur zuckt zusammen. Durch seine dicken Brillengläser blinzelnd, blickt er hoch, so als erwache er gerade aus einem Traum, winkt Willerd dann aber mit einer energischen Handbewegung herein. Gleichzeitig steht er auf und kommt um den Tisch herum auf die Tür zugelaufen.

„Ich grüße dich! Ich darf doch ‚du' sagen, oder? Ähm, Willerd?"

„Natürlich, klar ..."

Der leitende Ingenieur ist sehr freundlich und reicht ihm auch gleich seine warme und in der Tat völlig kraftlose Pfote. Das mit dem Du hatten sie allerdings schon im letzten Herbst geklärt. Er wird es wohl einfach vergessen haben.

„Also: Wie kann ich dir denn helfen? Wo drückt der Schuh?"

„Ich wollte nach 'nem Pflaster fragen. Der Olaf hat gesagt, ich soll zu Ihnen kommen. Ich hab da 'ne fiese Blase."

Willerd zeigt ihm seinen Daumen.

„Ach herrje!" Das Weichei macht ein ganz dramatisches Gesicht.

„Ich schau mal im Schreibtisch nach, da müsste ich noch eine offene Packung Pflaster haben! Setz dich schon mal hin!"

Willerd lässt sich auf dem gepolsterten Stuhl vor dem Schreibtisch nieder, während das Weichei die Bürotür hinter ihm zumacht. Sofort breitet sich eine angenehme Stille aus.

„Also, da woll'n wir doch mal sehen ..."

Der leitende Ingenieur wühlt in den Schreibtischschubladen herum und schichtet immer mehr Papiere und Hefter auf den Tisch. Dabei summt er vor sich hin.

Endlich hat er gefunden, wonach er gesucht hat: „Sooo ...

Hier! Und jetzt noch die Schere ... sooo ... schnipp, schnapp ..."

Willerd hält ihm seinen Daumen hin, und das Weichei legt behutsam einen breiten Streifen Pflaster drauf.

„Besser?"

„Viel besser! Vielen Dank!"

„Keine Ursache ... Aber sag mal, weil du schon mal da bist, kann ich dich ja vielleicht mal was fragen ..."

„Klar, gerne!"

Das Weichei kratzt sich am Kopf und wirkt etwas verlegen.

„Also ... Wie kommst du denn so mit der Arbeit zurecht, also dem Abdeckeln? Denkst du, sechstausend Schleifscheiben pro Schicht sind zu viel?"

Willerd antwortet wahrheitsgemäß, dass er diese Anzahl heute vielleicht nicht schaffen wird, dass das aber nach einer kurzen Phase der Einarbeitung kein Problem sein dürfte.

„Siehste! Das seh ich ganz genauso!"

Das Weichei blickt ihn erleichtert an.

„Aber du glaubst nicht, wie sehr die mir da unten wegen der Normerhöhung die Hölle heiß machen! Bis Ende letzten Jahres hatten wir grade mal fünftausendfünfhundert Schleifscheiben pro Schicht, aber dann mussten wir das, ähm, anpassen. Der Druck von der Konkurrenz aus China ... du verstehst ... Jedenfalls, seitdem lassen die da unten nichts unversucht, um mir aufs Dach zu steigen! Jetzt auch noch diese Scheiße mit dem Herrn Albrecht ... – Also du musst den Ausdruck entschuldigen, aber das kann einem manchmal schon fast zu viel werden!"

Der leitende Ingenieur blickt unglücklich durch seine dicke Brille und wirkt dabei schlaff wie ein Furzkissen, auf das sich gerade eben jemand gesetzt hat.

„Na gut! Das muss dich natürlich nicht kümmern."

Plötzlich scheint er sich im Klaren darüber zu werden, dass er gerade dabei gewesen ist, sein Herz vor einer unbedarften Aushilfskraft auszuschütten. Er gibt sich einen Ruck: „Na, geh mal lieber zurück an deinen Arbeitsplatz und hilf den anderen!"

Es klingt, als rede er zu einem Kind: Los, geh spielen!

„Und vergiss nicht, dem Olaf zu sagen, dass er dir den Zettel für die Stundenabrechnung geben soll. Und dass du noch den Vertrag für heute und morgen unterschreibst!"

„Wird gemacht!"

„Ich danke dir! Bis später!"

„Bis dann!"

Schon ein ziemliches Rindvieh, dieser leitende Ingenieur, denkt Willerd, als er wieder bei seinen Schleifscheiben ist. Dank dem Pflaster ist das Brennen an seinem Daumen nun einem dumpfen Drücken gewichen. Er kann jetzt ohne Probleme bis zur Mittagspause und von der Mittagspause bis zum Schichtende um drei weiterarbeiten.

Er funktioniert nun wie ein Uhrwerk: Seine Gedanken verschmelzen mit dem gleichförmigen Rhythmus seiner Bewegungen, und auf einmal sind drei Stunden vergangen. Die sechstausend Schleifscheiben hat er beinahe geschafft. Auch Stanislaw hat jetzt nichts mehr zu nölen. Allerdings scheint es den Polen auch nicht sonderlich zu freuen, dass Willerd nun so gut vorankommt. Von seinen blöden Streichen abgesehen hat der vermutlich an nichts Spaß.

Nach Schichtende geht Willerd zu Olaf, der ihm knurrend einen Stundenzettel aushändigt und den Vertrag unterschreiben lässt.

„Bis morgen dann", grunzt der Vorarbeiter zum Abschied.

In der Umkleidekabine stößt Willerd lediglich auf Segafredo. Die anderen bleiben allesamt noch etwas länger, Überstunden schieben, damit sich ihre Vetteln von ihrem sauer verdienten Geld die Sauerkrautfrisuren machen lassen können.

„Oh Mann, zum Glück ist morgen schon Freitag!", meint Segafredo, als er Willerd sieht. „Und danach: endlich ab ins Wochenende! Drück uns bloß die Daumen, dass morgen nicht noch ein Großauftrag reinkommt! Das Weichei hat's glatt drauf und lässt uns auch noch am Wochenende antanzen!"

„Wie heißt du eigentlich wirklich, also mit, na ja, richtigem Namen?"

„Ich heiß Enrico!"

„Aha!"

„Klar, und die anderen nennen mich Segafredo, weil ich immer meinen halben Lohn im Kaffeeautomaten lass!“ Er lacht meckernd und zieht sich ein enges Batik-Shirt über seinen hageren Oberkörper.

„Und die andere Hälfte geht in deinen Mercedes, oder wie?“

„Na, nicht ganz! Aber fast! Die Kiste lass ich mir schon so Einiges kosten, das ist wahr! Aber das isses mir auch wert. Ich mein, alleine die neuen Radkappen! Na ja, am Montag wirst du sie ja mit deinen eigenen Augen sehen! – Ach nee, am Montag biste ja schon gar nicht mehr hier!“

Er schlägt sich vor die Stirn und blickt Willerd mit großen Augen an. Mit einem Mal sieht er sehr viel älter aus: „Hast du's gut, Mann! Kannst hier kommen und gehen, wie du Bock hast ... Kann man nur beneiden, echt!“

Willerd findet nicht, dass seine Situation sonderlich beneidenswert ist, lässt Segafredo aber weiterquatschen.

„Weißte, ich mach diesen Rotz schon seit sechs Jahren! Stell dir das mal vor: Seit sechs Jahren komm ich jeden Tag hier in die verschissene Schleimscheidenfabrik! Jeden Tag! Es ist total zum Kotzen! Immer am Rotieren: Heute bin ich beim Abdeckeln, morgen schicken die mich in die Verpackung. Nur solche Scheißjobs! Die ganze Zeit über! Und dabei hab ich auch mal was Richtiges gelernt, nämlich Gas-Wasser-Scheiße! Aber was nützt mir jetzt mein verdammter Facharbeiter?“

Segafredo schabt mit dem Kamm durch seine kurzen, im Stirnbereich bereits sehr schütteren Haare. Sie sind pissgelb blondiert. Bekümmert fährt er fort:

„Weißte, ich hab mir sogar schon mal überlegt, ob ich mir nicht 'n Fuß abhacke, damit ich diesen Dreck nicht mehr zu machen brauch! Damit ich 'ne schöne Rente krieg! Oder so wie der Albrecht gestern, bloß richtig! Also zusehen, dass die Scheiben so auf die Flosse krachen, dass was total im Eimer ist. Dann lass ich meinen 560er auf Automatik umrüsten! Brauch ich nicht mehr kuppeln und kann auch mit nur einem Fuß fahren ...“

Willerd geht dieses Gejammer langsam auf die Nerven.

Während er in seine Hose schlüpft, wechselt er daher das Thema: „Und der Geberit, was ist mit dem? Der heißt doch auch nicht wirklich so!"

Segafredo macht den Schwenk ohne mit der Wimper zu zucken mit.

„Nee! Der Rainer heißt in Wirklichkeit Gebhardt mit Nachnamen, aber Stanislaw nennt ihn Geberit, weil ... Na ja, hier geht das Gerücht rum, dass er's seiner Alten am liebsten in den Arsch macht, weißte ... deswegen!"

„Na, ihr seid ja alle miteinander echt bekloppt."

„Ja, hier isses manchmal schon lustig! Unser Polacke, der Stanislaw, ist der, der sich hier für jeden solche Spitznamen ausdenkt! Glaub mir, der Alte hat's faustdick hinter den Ohren! Wennde den am Anfang siehst, denkste das gar nicht! Aber der ist echt gut darin, Leute auf ihre Schwächen hin zu beobachten und daraus dann irgendeinen blöden Namen abzuleiten. Wärst du noch 'n Weilchen länger hier, würde der dir garantiert auch einen verpassen!"

Also bloß gut, dass morgen bereits der letzte Tag ist!

Als Willerd sein Handy aus der Hosentasche fischt, sieht er, dass ihm Yvonne wieder eine Kurznachricht geschickt hat. Sie klingt kein bisschen ungeduldig oder gar beleidigt, weil er ihr noch kein einziges Mal geantwortet hat. Nein, sie schreibt immer in demselben gleichmütigen Tonfall. Ganz so als könnte sie davon ausgehen, dass er ihr gleich zurückschreiben wird.

„Klappts heute bei dir mit'm vorbeikommen?", hat sie diesmal in ihr Handy getippt.

Na, irgendwann wird sie schon aufgeben.

Er hat Segafredo bereits tschüss gesagt und verlässt nun die Fabrik. Auch heute ist es wieder frühlingshaft warm.

Endlich, endlich ist dieser Scheißwinter vorbei!

Hinter dem Lenkrad im Bus, der an der Haltestelle wartet, sitzt wieder derselbe Arsch von heute morgen. Der Skinhead wirft ihm einen Blick zu, der darauf schließen lässt, dass er ihn liebend gern überrollen würde.

Willerd steigt ein und setzt sich hinten in eine Vierersitzgruppe. Als der Bus endlich losfährt, ist er schon wieder am Eindösen. Wenn er die Augen zumacht, steht er gleich wieder hinter dem Arbeitstisch und deckelt munter Schleifscheiben ab. Ab und zu humpelt eine Taube durchs Bild. In seinen Ohren scherbelt es immer noch.

Nach ein paar Haltestellen stößt auf einmal etwas gegen sein Knie. Er macht die Augen auf: Ein alter Säufer ist in den Bus getorkelt und hat sich auf dem Platz vor ihm gepflanzt. Ausgerechnet ... Seine verkrusteten Lippen zittern unaufhörlich, und sein ganzer Gesichtsausdruck ist ein einziges viehisches Fixieren. Ein astreiner Archetyp der ersten Kategorie, denkt Willerd träge und macht die Augen wieder zu, aber nun beginnt der Alte mit einer abstoßenden Krächzstimme auf ihn einzureden. Er brabbelt davon, was er vor ein paar Tagen mit seiner Frau zu Hause angestellt hätte ... Er hätte die alte Schlampe nämlich erwürgt. Mit seinen beiden Händen. Irgendwann wäre ihre Zunge aus ihrem elenden Schandmaul gequollen ... Es hätte ausgesehen wie eine fette Schnecke ... eine fette Schnecke, ja ... Dann wäre er raus aus der Wohnung und fahre seitdem mit Bus und Bahn durch die Stadt. Den ganzen Tag über. Nachts penne er in irgendwelchen Hauseingängen.

Willerd ignoriert den Alten, so gut es geht, vor allem den Gestank, der von ihm ausgeht. Aber dann, als der Säufer auch noch Anstalten macht, seine Dreckpfote auf seinen Schenkel zu legen, wird es ihm zu bunt, und er steigt eine Haltestelle früher aus. Er wollte sowieso noch zum Bäcker.

Dort holt er sich zwei belegte Baguettes, die er hastig auf dem Nachhauseweg runterschlingt. Im Punkthaus ist zum Glück keine Spur von Rocko Selich und Konsorten, nur Frau Zimmermann steht wie üblich um diese Zeit in ihren gelben Bademantel gehüllt im Hausflur. Als sie ihn sieht, zerfließt ihr Gesicht zu einer Maske runzliger Glückseligkeit, aber er ist so erschöpft, dass er sie nur beiläufig grüßt und gleich in seiner Wohnung verschwindet. Nach einer Katzenwäsche im Bad trinkt er ein Glas kalte Milch und legt sich anschließend auf sein Sofa. Sofort schläft er ein.

VIERZEHN

Roman öffnet den Kühlschrank und holt den Teller mit den Spezial-Brownies raus. Von dem ganzen Blech sind nur noch zwei Stück übrig. Die anderen haben ihm und Camilo in den letzten Tagen eine Serie abgefahrener Trips beschert, und viel weniger Joints als sonst hat er auch gebaut. So ein Brownie kann einen durchaus für einen halben Tag ausknocken.

Jetzt hat ihm Camilo auch noch einen neuen Floh ins Ohr gesetzt. Natürlich hat Roman schon selber darüber nachgedacht, sich einen Vaporizer zuzulegen. Schließlich lebt er nicht hinterm Mond. Bislang haben ihn jedoch immer die zwei-, dreihundert Euro abgeschreckt, die so ein Ding kostet. Aber Dank der Plantage in der Abstellkammer dürfte er die Kohle nun bald beisammen haben. Im Internet kursieren schon seit einer ganzen Weile haufenweise verwackelte Homevideos, in denen die Leute kaum noch ihre Klüsen aufkriegen und unisono stammeln, der Vaporizer sei so mit die beste Erfindung seit der Mikrowelle.

Insgesamt klingt das also wie eine Sache, um die er früher oder später kaum herumkommen wird. Zumal Roman durch die ökonomische Funktionsweise des Vaporizers nicht nur haufenweise Gras sparen, sondern auch seinen Tabakkonsum etwas zurückschrauben könnte. Nicht, dass er vollständig auf das Joint-Bauen verzichten will, immerhin hält er seine Künste im Basteln gewaltiger Killerteile für unübertroffen. Aber es wird wohl nichts schaden, seinen Lungen hin und wieder eine Auszeit zu gönnen, auch wenn Camilo immer sagt: „Der Weg in die Lungen muss ordentlich geteert werden, damit der Krebs nicht ins Stolpern kommt!“

Na, mit seinem Schleimhusten neuerdings ist der gute Camilo sicher keine gute Referenz. Der klingt schon fast so schlimm wie Jussi-Pussi. Bleibt bloß zu hoffen, dass ihn die Zeit auf dem Kreuzschiff wieder auf Vordermann bringt ...

Roman nimmt einen Brownie und schlingt das Gebäck gleich im Stehen mit drei, vier Bissen herunter. Den Teller hält er dabei so, dass möglichst wenig Krümel auf den Boden fallen.

Jetzt noch was Richtiges hinterher, und wenn das Ding dann schon langsam anfängt, reinzuknallen, noch schnell die Lieblinge in der Abstellkammer verarztet und danach ab aufs Sofa, „Twin Peaks" weiterglotzen.

Vor zwei Tagen, vor seiner Abreise, hat ihm Camilo die DVD-Box mit allen Folgen noch schnell in die Hände gedrückt.

„Zieh dir einfach mal den Pilotfilm rein und entscheide dann, ob du auf den Rest Bock hast!", meinte Camilo, ganz der alte Profi, und genau das hat Roman gestern getan.

Und war begeistert!

So begeistert, dass dem Pilotfilm gleich noch sieben weitere Teile folgten. Draußen ist es schon heller Tag, als er die Glotze ausmacht und sich aufs Ohr haut.

Unglaublich, absolut unglaublich, was Lynch hier in ein Serienformat gepackt hat. „Lost Highway", „Wild at Heart" und selbst das vielgepriesene „Mulholland Drive" – na, das ist alles die Sorte Mindfuck, der Roman nicht viel abgewinnen kann. Aber „Twin Peaks", alter Schwede! Das geht viel mehr in Richtung „Blue Velvet", und der großartige Kyle MacLachlan spielt ebenfalls die Hauptrolle.

Und jetzt hat er immer noch fast zwanzig Folgen vor sich, genug für heute und morgen! Was für ein Fest!

Nun kommt Enrico hereingewatschelt. Er bleibt in der Küchentür stehen und blickt ihn mit seinen grünen Augen an, ganz so, als wolle er ihm etwas mitteilen. Dazu miaut er langgezogen.

„Na, was ist denn los, mein Dickerchen? Haben wir denn heute bessere Laune als gestern, hm?"

Gestern Abend erwischte ihn Enrico mal wieder mit seinen Krallen und hinterließ zwei tiefe Kratzer auf der Oberseite seiner Hand. Langsam aber sicher sieht Roman aus wie einer dieser bescheuerten Selbstverstümmler.

Enrico miaut noch einmal. Als Roman jedoch immer noch

nicht versteht, was der Kater von ihm will, dreht er sein bepelztes Köpfchen in Richtung Fressnapf. Ein weiteres Miauen, diesmal ein mürrisches, forderndes, weist Roman darauf hin, dass das Gefäß schon wieder leer ist.

Roman fragt sich, wie Enrico es nur schafft, solche wahnwitzigen Mengen an Trockenfutter zu vertilgen. Er geht zu dem Zwanzig-Liter-Futtersack in der Ecke und schöpft zwei Hände davon in Enricos Napf. Sogleich macht sich sein Kater begeistert darüber her. Die Pellets knuspern lustig zwischen seinen spitzen Zähnen, bevor er sie herunterschlingt. Dabei verrenkt er immer wieder seinen Hals, so als würde ihm das Schlucken gewisse Schwierigkeiten bereiten.

Schon der helle Wahnsinn, so 'ne Katze! Vom Zuschauen bekommt Roman gleich noch mehr Appetit.

Er holt eine bereits geöffnete Dose Thunfisch sowie eine Packung Cheddar-Käse aus dem Kühlschrank und kramt zwei Brötchen aus dem an einer Stuhllehne baumelnden Plastikbeutel. Die Brötchen sind schon ziemlich bröselig. Das macht aber nichts, denn nachdem er sie aufgerissen hat, gießt er einfach das Öl aus der Thunfischdose darüber. So werden sie richtig saftig. Anschließend dekoriert er sie mit reichlich Fischstückchen und Cheddar-Scheiben.

Enrico ist natürlich total verrückt nach Thunfisch. Schon als Roman die Dose aus dem Kühlschrank holt, dreht sich sein Kopf neugierig in seine Richtung. Das Trockenfutter ist plötzlich gar nicht mehr interessant. Stattdessen folgen seine grünen Augen aufmerksam jeder von Romans Bewegungen. Schließlich springt er ihm schnurrend auf den Schoß.

„Na, reiß dich mal zusammen, Dicker! Kriegst ja gleich was ... Sooo ... da hast du ..." Roman fischt mit einer Gabel ein Stück Thunfisch aus der Dose und hält es Enrico vor die Schnauze. Etwas Öl tropft auf den Fußboden und seine Hose. Enrico schnappt gierig danach. Gleich darauf blickt er wieder hoch zu Roman. In seinen Augen funkelt es gierig: MEHR!

„Nö, nix gibt's! Das ist Roman-Essen! Verstehst du? Mein Essen!"

Er gibt Enrico einen Klaps auf den Hintern. Der Kater springt mit einem leisen Fauchen von seinem Schoß und macht sich dann über den Ölfleck auf dem Fußboden her.

So ein Gierschlund, denkt Roman, während er seine Brötchen mampft und dazu ein Glas Leitungswasser trinkt. So gut schmeckt das ja nun wirklich nicht. Eine Katze müsste man sein ... Nicht zum ersten Mal fragt er sich, wie Enrico wohl auf Gras abgehen würde. Vielleicht würde das Tierchen dadurch etwas friedfertiger werden.

Man müsste es einfach mal ausprobieren ...

Jetzt ist er fertig mit seinen Brötchen. Auch Enrico hat den Ölfleck penibel aufgeschleckt. Wieder schaut der Kater zu ihm nach oben und miaut langgezogen.

„Na, was hast du denn heute, hm?"

„Miau, miau!"

Roman geht in die Hocke und will Enricos schwarzes Fell am Rücken streicheln. Aber der Kater windet sich unter seiner Hand und rennt aus der Küche.

„Miau, miau! Miau!"

Roman folgt ihm, ohne groß darüber nachzudenken. Im Flur sieht er Enrico vor der Tür von Jussi-Pussis Zimmer hin- und hergehen. Immer hin und her. Sein Schwanz hat sich aufgestellt. Er wirkt aufgeregt. Als er Roman sieht, fängt er sofort an wieder zu miauen.

„Miau, miau! Miau, miau!"

„Ja, was willst du denn? Dort wohnt doch nur der Jussi-Pussi, den kennst du doch, der ... "

Wo ist Jussi-Pussi eigentlich?

Wenn er so darüber nachdenkt, hat er von dem Finnen seit Tagen nichts gehört. Gut, vorgestern ist er noch ewig bei Camilo gewesen und hat sich mit ihm die Birne zugeknallt. Aber gestern hätte er doch eigentlich hören müssen, wie sein Mitbewohner irgendwann von der Uni nach Hause kommt.

Und heute?

Er blickt auf die Uhr am Ende des Flurs. Es ist gerade mal zehn Uhr. Also zehn Uhr abends.

Jussi-Pussi müsste eigentlich zuhause sein, überlegt er. In den paar Stunden, die Roman bereits wach ist, hätte er ihn irgendwann einmal hören müssen. Das heißt, spätestens wenn der Finne in die Küche geht, um sich was zu essen zu machen. Der Jussi-Pussi ist immer sehr genau mit seinen Mahlzeiten. Der isst sein Abendbrot immer zwischen acht oder neun Uhr, niemals später.

Und Jussi-Pussis Rumgehuste, dieses infernalische Geröchel, wann ist das eigentlich zum letzten Mal durch die Wohnung gedröhnt?

Ob es ihm vielleicht wieder besser geht?

Das könnte sein.

Oder der blöde Streber ist gar nicht zuhause, sondern immer noch an der Uni! Großartig verwundern würde Roman das jedenfalls nicht ... Dabei ist sein Zimmer inzwischen selber das reinste Labor! Und dauernd stinkt es hier im Flur nach irgendwelchen Chemikalien. Auch jetzt müffelt es wieder ganz leicht nach irgendeiner scharfen Substanz, die in Roman vage Erinnerungen an seinen Chemieunterricht weckt ... Frau Lorentz, seine Chemielehrerin, gab ihm damals wegen seiner angeblich so schrecklichen Schrift niemals eine Eins, nee, was Besseres als eine Zwei Plus kriegte er in den Leistungskontrollen und Klassenarbeiten nie. Und das Plus malte diese dämliche Nutte immer richtig groß mit ihrem Rotstift neben die Zwei, damit er sehen konnte, wie knapp er wieder an der Eins vorbeigeschrammt ist. Damals hat ihn so ein Quatsch noch geärgert, ziemlich geärgert.

Vor einer unvorstellbar langen Zeit war Roman nämlich auch mal ein richtiger Streber ...

Na, wie dem auch sei, er wird mit Jussi-Pussi mal ein ernstes Wörtchen reden müssen. Es geht doch nicht, dass es hier in der Wohnung so sehr nach Chemikalien stinkt, dass er an irgend so eine behämmerte Lehrerin aus der achten Klasse denken muss.

Und nein, an der Uni ist der Jussi-Pussi offensichtlich nicht. Schließlich stehen seine Stiefel im Flur, gleich neben der Wohnungstür, und auch sein schwarzer Lodenmantel hängt dort an seinem Haken.

Also muss er in seinem Zimmer sein.

Aber warum ist es dann so still?

Ja, warum wohl?

Enrico miaut immer noch und streicht um seine Beine. Was der Kleine bloß hat?

„Jussi?"

Roman hat halblaut gefragt, ohne sich dessen überhaupt so richtig bewusst gewesen zu sein. Er merkt jetzt auch, wie die Wirkung des Brownies einzusetzen beginnt. Bald wird das Teil richtig reinknallen.

Aus dem Zimmer dringt keine Antwort, kein Geräusch.

„Heh! Jussi! Alles klar bei dir?"

Wieder kein Ton. Um die Zeit schläft der doch sonst noch nicht. Allerdings brennt kein Licht im Zimmer ... Ob der vielleicht doch nicht zuhause ist? Aber wo soll der sonst sein, ohne seinen hässlichen Lodenmantel und die Stiefel?

Zaghaft klopft Roman an der Tür. Wieder keine Antwort, nicht das leiseste Geräusch.

Nur Enricos Miauen.

Na gut, denkt er, ist der Jussi-Pussi also nicht zu Hause. Er will sich bereits umdrehen und in sein Zimmer gehen, immerhin hat er noch eine ganze Menge vor, aber plötzlich liegt seine Hand auf der Klinke von Jussi-Pussis Tür und hat sie heruntergedrückt. Keine Ahnung, wieso er das getan hat.

Vielleicht wegen Enricos Miauen?

Vielleicht hat die Aufgekratztheit seines Kater die leise Ahnung in ihm geweckt, das etwas nicht in Ordnung – das heißt: ganz und gar nicht in Ordnung – ist?

Die Tür geht auf, und er macht einen zögerlichen Schritt in das Zimmer. Es ist kühl hier drin, und der Gestank nach Chemikalien wird gleich viel stärker. Von den Straßenlaternen dringt ein wenig gelbliches Licht durch das große Fenster. Undeutlich zeichnen sich die Silhouetten der sich im Raum befindlichen Möbel und Gegenstände ab: das ungemachte Bett, die zwei großen Tische, auf denen Jussi-Pussi seinen ganzen Chemiekrempel aufgebaut hat ... dann der unförmige Röhrenbildschirm seines Computers, ein steinaltes Modell ...

Aber keine Spur von dem Finnen.

Ob der einfach abgehauen ist, zurück nach Finnland, ohne ihm Bescheid zu sagen?

Blödsinn!

Zögernd setzt Roman einen weiteren Schritt in das Zimmer. Als er sich nach links dreht, um nach dem Lichtschalter zu tasten, sieht er, dass sich in der dunklen Zimmerecke etwas abzeichnet.

Etwas Großes.

Etwas Schweres.

Er schaltet das Licht an, und genau in dem Moment setzt die Wirkung des Brownies voll ein.

An der Wand befindet sich in etwa zwei Meter Höhe ein dicker Metallhaken. Er war schon immer dort, und früher, als Manuel, die dumme Sau, noch hier wohnte, hing ein großer Blumenkübel mit Zierpflanzen daran.

Jetzt jedoch erstrahlt dort, in all den irren Farben, in die der Spezial-Brownie das Licht der Deckenlampe zerlegt: Jussi-Pussis Leiche.

Sein Hals ist aufs Unmöglichste verlängert, und die Züge seines gelblichen Gesichts scheinen sich immerzu zu verändern. Mal grinsen sie dämonisch, dann verschmelzen sie zu einer zornigen Fratze, dann wiederum drücken sie plötzlich tiefe Trauer aus. Nur Jussi-Pussis hellgraue Augen bewegen sich nicht unter ihren blauangelaufenen Lidern. Unbeirrt starren sie auf Roman. Ganz so, als wäre er ein ungebetener Besucher.

Als wollten sie sagen: *UNWÜRDIGER! WAS DRINGST DU EIN IN MEIN REICH?!*

HIER HÄNGT DER HERRSCHER DER UNTERWELT!!!!!!

Roman taumelt zurück und hält sich japsend an der Türklinke fest. Beinahe stolpert er über Enrico, aber der Kater stiebt fauchend davon.

Er schafft es gerade noch, das Licht in Jussi-Pussis Zimmer

auszumachen und die Tür hinter sich zuzuschlagen. Dann verliert er das Gleichgewicht und kracht mit dem Rücken zuerst der vollen Länge nach auf den Boden des Flurs, gleich neben das ausrangierte Sofa, das hier schon seit Urzeiten steht.

Der Aufprall müsste ihm eigentlich wehtun, aber er spürt keine Schmerzen.

Lange bleibt er regungslos liegen. In seinen Ohren beginnt es zu rauschen, lauter und lauter. Es ist wie das sich allmählich nähernde Tosen eines fernen Meeres. Die Flut kommt ... Die Spinnweben oben an der Decke scheinen von zahllosen geschäftigen Insekten bevölkert. Er kann sie sehen, genau sehen. Jedes einzelne.

Bald beginnt die Kälte des Fußbodens in seinen Körper zu kriechen. Er merkt, wie seine Gliedmaßen allmählich steif werden. Sein Herz schlägt langsamer und langsamer.

Er stellt sich vor, wie er auf dem Boden hier im Flur liegen bleibt. Solange bis er tot ist.

Tot wie Jussi-Pussi.

Irgendwann nähert sich Enrico. Hingebungsvoll schnuppert der Kater zuerst an seiner Backe. Dann hebt er ein tastendes Vorderpfötchen und klettert schließlich bedächtig auf seinen Oberkörper, um es sich auf seiner Brust gemütlich zu machen. Sein kompakter, weicher Körper ist wie eine Wärmflasche.

Schnurrend kommt Enrico mit seiner Schnauze ganz nah an Romans Gesicht. So nah, dass er seinen Atem riechen kann: ein Gemisch aus Thunfisch und Trockenfutter. Und sehr alter Katze.

Mechanisch beginnt er, Enrico zu streicheln. Wie von selbst fahren seine Finger über das schwarze Fell hinter den Ohren. Wieder und immer wieder. Aber auf einmal wird ihm übel. Er hält inne, dreht seinen Kopf zur Seite und übergibt sich kurz und schmerzlos. Im Vergleich zu dem Gestank aus Enricos Maul ist der Geruch seiner Kotze wie ein gutes Parfüm.

Sein Kater hat sich bei diesem Vorgang kurz auf seine vier Pfötchen gestellt und blickt ihn nun fragend an. Gleich darauf aber rollt er sich wieder zusammen, so als wäre Romans Brustkorb der schönste und sicherste Ort der Welt. So zutraulich ist er schon lange nicht mehr gewesen.

Viel später schiebt Roman den Kater von sich und steht langsam auf. Seine Beine und Arme sind eisige Stöcke. Wie ein Blinder tastet er sich an der Wand entlang und humpelt langsam in die Küche. Dort trinkt er, über die Spüle gebeugt, ein weiteres Glas Leitungswasser. Seine Kehle ist wund vom Magensaft, aber es fühlt sich trotzdem gut an.

Dann geht er zum Kühlschrank und nimmt den Teller mit den Brownies heraus. Er isst den letzten. Es ist eine rein mechanische Handlung. Er denkt nicht darüber nach. Er schmeckt nichts. Aber während er kaut, trifft es ihn plötzlich mit einer solchen Wucht, dass er den Teller fallen lässt. Scherbelnd zerbricht das Steingut auf dem Fußboden.

Bereits vorhin, als er den ersten Brownie gegessen hat, ist ihm etwas seltsam vorgekommen. Aber er hat nicht weiter darüber nachgedacht.

Jetzt dagegen, jetzt starrt er auf die Scherben auf dem Boden und beginnt zu überlegen. Er überlegt so lange, bis sein Verdacht zur Gewissheit wird.

Vorgestern, bevor er mit Camilo los ist, lagen noch fünf Brownies auf dem Teller, zwei mit Walnüssen und drei ohne. Das weiß Roman deswegen ganz genau, weil er und Camilo sich ein bisschen rumgezankt hatten, bevor er sich schließlich breitschlagen ließ und einen davon Camilo mitgab. Quasi als Wegzehrung, damit ihm die lange Zugfahrt zum Kieler Hafen nicht allzu langweilig werden würde.

Gestern hat Roman einen Brownie ohne Walnüsse gegessen.

Das heißt, vorhin hätten eigentlich drei Brownies auf dem Teller liegen müssen. Aber es waren nur zwei.

Nur zwei.

Einer fehlte.

Stöhnend lehnt er sich mit dem Hintern gegen die Spüle und presst seine Zeigefinger an die Schläfen. So verharrt er für eine ganze Weile.

Schließlich wankt er langsam in sein Zimmer. Dort macht er den Fernseher an, wickelt sich in eine Decke und legt sich auf sein Sofa.

Die Titelmelodie von „Twin Peaks“ erklingt.

FÜNFZEHN

„Doch nicht so *perfekt* als WG-Genosse, dein Finne, was?" Matthias pfeift leise durch seine Schneidezähne. Er steht in Jussi-Pussis Zimmer und betrachtet die Leiche am Blumenkübelhaken.

Roman gibt keine Antwort. Wie in Trance lehnt er am Türrahmen und sieht insgesamt selber kaum lebendiger aus als sein ehemaliger Mitbewohner.

Vorhin, als er mit rotgeränderten Augen und diesem abgründigen Gesichtsausdruck bei Matthias an der Wohnungstür stand, wäre er ihm beim Öffnen um ein Haar vor die Füße gefallen. Aber Matthias hat ihn geistesgegenwärtig aufgefangen und an den Schultern zum Sofa im Wohnzimmer geschleift.

„Alter, was ist los! Hast du sie noch alle?!"

Anstelle einer Antwort fing Roman an zu flennen.

Also nicht. Klare Sache.

Ein derart heftiges Geschluchze hat Matthias noch nicht oft erlebt, besonders nicht bei einem Mann. Ihm fiel daher nichts Besseres ein, als den Arm seines Plattenspielers noch mal auf die bereits auf dem Plattenteller liegende Velvet-Underground-LP zu setzen, ein Bier aus dem Kühlschrank zu angeln und sich in den Sessel zu pflanzen. Irgendwann würde sich der Romanowski sicherlich wieder einkriegen. Dann könnte man ja vielleicht mal erörtern, warum der am Samstagnachmittag heulend wie ein altes Waschweib auf seinem Sofa gluckte.

„Sunday morning, praise the dawning / It's just a restless feeling by my side ..."

Melanie war zum Glück schon abgehauen. Die hätte überhaupt nicht in diese Szene gepasst, und so wie er die Dinge jetzt überblickt, das heißt, hier in Jussi-Pussis Zimmer, wäre es sowieso besser, wenn sie von dieser Scheiße nichts erfahren würde.

Als Roman bei ihm auftauchte, dröhnte Matthias immer

noch der Schädel. Er war mit Melanie die Nacht zuvor mal wieder im Underground gewesen, und Manne, Schnecki und Konsorten hatten natürlich auch nicht gefehlt. Irgendwann zu vorgerückter Stunde hatte Matthias schließlich das Vergnügen gehabt, Manne beim Anbaggern von Beata, Melanies langweiliger Freundin, zu beobachten. Am Ende hatte ihm das Pferdegesicht tatsächlich eine geklebt. Aber Manne hatte es mit Humor genommen. Wahrscheinlich war der armen Sau inzwischen alles lieber als diese Stressziege zuhause.

„Venus in Furs" dudelte bereits aus den Boxen, als sich Roman auf dem Sofa langsam wieder etwas beruhigte. Gut so!

Matthias hatte nämlich bereits mit dem Gedanken gespielt, jene Jungs anzurufen, die vor ein paar Monaten auch die Angie abgeholt hatten. Sah ja ganz so aus, als wäre Romans Oberstübchen durch die elende Kifferei mittlerweile schon ähnlich durcheinander wie das von der alten Pottsau.

„I am tired, I am weary / I could sleep for a thousand years …"

„Also was ist denn jetzt?"

Nun begann dieses auf seinem Sofa hockende Elend mit stockender Stimme zu erzählen. Wirres Zeug. Was von irgendwelchen Haschkeksen im Kühlschrank. Seiner beschissenen Katze. Dann von seinem Mitbewohner, diesem Chemietrottel aus Finnland. Vor allem von dem.

Matthias wurde nicht recht schlau aus dem Gestammel. Roman machte ganz den Eindruck, als würde er um das, was er eigentlich sagen wollte, herumeiern wie ein Einkaufswagen mit kaputtem Radwerk um die Regale in der Kaufhalle. Irgendwann wurde es ihm zu bunt. Er stand auf, warf sich seine Bikerjacke über und meinte:

„Okay, mir reicht's! Wir gehen jetzt mal rüber zu deiner Bude. Dann schau ich mir selber an, was da los ist."

Bis zu Roman sind es nur fünfzehn Minuten zu Fuß, und wozu hat man schließlich Freunde. Der Blödian auf seinem Sofa nickte nur erleichtert und dankbar mit seinem verpeilten Kopf.

Nach einem schweigsamen Fußweg jetzt neben dem Gestank nach Cannabis und Katzenpisse also auch noch der Finne am Blumenkübelhaken!

Zustände sind das in dieser WG – Mann, Mann, Mann!

Matthias ist trotzdem ganz cool. Für ihn ist es längst nicht das erste Mal, dass er eine Leiche zu Gesicht bekommt. Damals, als Zivi im Krankenhaus, hat er mehrmals pro Woche eine Bahre mit „einem Kalten" darauf in den Leichenkeller geschoben. Den Finnen kann er deshalb ganz gelassen betrachten: Jussi-Pussi hat sich mit dem Gürtel seines Bademantels erdrosselt. Er trägt eine grüne Jogginghose und ein ausgewaschenes rotes Shirt unter seiner braunen Opastrickjacke. Vom Schrittbereich bis zu den Unterschenkeln ist seine Hose dunkel verfärbt. Auf dem Linoleumfußboden, über dem die Leiche in etwa fünf Zentimetern Höhe hängt, ist ein brauner Fleck. Daneben liegt der Stuhl, den Jussi-Pussi wie ein Schafott bestiegen haben muss.

Nein, ihn lässt das alles ziemlich kalt.

Roman dagegen scheint eine panische Angst davor zu haben, auch nur einen Blick in die Ecke zu werfen, wo Jussi-Pussi hängt. Die Pfeife traut sich nicht mal, einen Schritt in dieses Zimmer zu setzen.

Eine ziemlich irre Bude übrigens!

Sowohl auf dem großen Schreibtisch als auch auf dem klobigen Arbeitstisch daneben steht eine Vielzahl an Messgeräten rum, dazu ein ganzes Arsenal an Reagenzgläsern und Glasfläschchen, in denen sich flüssige und zerpulverte Chemikalien in allen möglichen Farben befinden. Matthias hat von alledem natürlich nicht den Hauch einer Ahnung. Das einzige Instrument, was er einigermaßen zweifelsfrei identifizieren kann, ist ein Bunsenbrenner. Ein Gerät dieser Art hatten sie damals im Chemieunterricht, und einmal schaffte es so ein Schwachmat aus der Parallelklasse, sich damit so übel im Gesicht zu verbrennen, dass ihm ein Auge amputiert werden musste.

„Und du glaubst wirklich, dass der sich aufgehängt hat, weil der einen von deinen Keksen gemampft hat und durchgeknallt ist?"

Roman nickt schwach.

„Warum hast du die denn dann nicht vor dem versteckt? Also wenn du denkst, dass der so labil ist? Ich mein, wenn du die bei euch im Gemeinschaftskühlschrank rumstehen hast, dann musst du dich nicht wundern, dass der auch mal davon naschen will ... Das ist wie diese Geschichte von dem einen Typ, der konzentrierte Säure in einer großen Glasflasche bei sich im Kühlschrank lagert, und eines Tages hat der Besuch, und der Besuch steht in der Nacht auf, geht in die Küche und freut sich über die Limo im Kühlschrank! – Mensch!"

Roman macht wieder ein Gesicht, als würde er gleich losheulen.

„Na ja, kannst jedenfalls froh sein, dass es noch nicht so warm ist, ansonsten würd's jetzt schon schön stinken. Hier stinkt's sowieso schon genug ... Ich frag mich überhaupt, was der mit dieser ganzen Chemiescheiße eigentlich vorhatte ..."

„Na, der war halt Doktorand ... physikalische Chemie ..."

„Klar, aber ... AAAAAUUUUUUUUUUUUU!!"

Plötzlich flammt ein ungeheurer, von der Stelle oberhalb seiner rechten Ferse ausgehender Schmerz durch Matthias' Körper. Instinktiv reißt er sein Bein nach vorn und fährt gleichzeitig herum: Romans dreckiges Katzenscheißviech hat sich doch tatsächlich von hinten an ihn herangepirscht und in seiner Achillessehne verbissen!

„AAAAUUUUUUAAAA!! DAS GIBT'S DOCH NICHT!!!"

Matthias lässt sein Bein kraftvoll nach vorn schnellen, und das schwarze Monster fliegt mit einem langezogenen „MIAUUUU!" durch das halbe Zimmer und kracht gegen den Bettpfosten.

Matthias will natürlich gleich hinterher, das Viech mit zwei, drei saftigen Tritten erledigen – aber auf einmal ist Roman aus seiner Trance erwacht, und Matthias sieht aus seinem kickboxgeübten Augenwinkel heraus, wie sich der Blödmann mit erhobenen Armen und verzerrtem Gesicht auf ihn stürzen will.

„NEEEEEEEEIN!"

Was würde Klaus Kinski in dieser Situation tun?

Na klar!

Matthias schnellt zurück, so dass Romans schwächliche Patschhände ins Leere gehen. Dann holt er mit der Rechten aus und lässt sie von unten her in einer oft geübten, vor Eleganz strotzenden Bewegung kraftvoll gegen Romans Kinn knallen.

„BÄMM!"

Ein klassischer Aufwärtshaken, neudeutsch auch Uppercut genannt.

Romans Kopf wird nach hinten geschleudert, seine Augen stieren verwundert ins Leere. Er stolpert zurück und versucht dabei, mit seinen Händen an den Türpfosten Halt zu finden. Aber dann kracht er so wie gestern schon der Länge nach mit dem Rücken zuerst auf den Boden.

Blutspuckend bleibt er in der Tür liegen.

Matthias schenkt ihm keine Beachtung. Seine Augen suchen nach dieser Scheißkatze. Er will sie plattmachen, endgültig plattmachen! Aber der Kater ist bereits durch seine Beine gehuscht. Schon ist er zur Tür raus, an Roman vorbei, und hat sich irgendwo im Müll der Wohnung versteckt. Bei seiner Flucht schien er allerdings ein wenig zu humpeln.

Mit einem Sprung ist Matthias bei der Tür. Der Schmerz in seiner Achillesferse lässt das Adrenalin nur so durch seinen Körper schießen. Er ist jetzt genau über Roman und will nach rechts, in die Küche, wo er das Katzenvieh vermutet. Aber plötzlich verkrallt sich der blutende Arsch unter ihm mit beiden Händen in seiner Jeans.

„Bittelassdenenricobittelassdenenricobittelassdenenrico ..."

Auf Romans zuckenden Lippen kräuseln sich Blutbläschen.

VERDAMMTER SACK!

Um sich loszureißen, macht Matthias eine schnelle Bewegung mit seinem Bein. Es gelingt ihm jedoch nicht gleich. Er beugt sich daher runter, um Roman noch eine einzuschenken. Aber als er sieht, wie der dürre Schwächling hilflos mit den Beinen strampelt wie ein auf dem Rücken liegender Käfer, dazu dieses geradezu atavistische Grauen in den weitaufgerissenen Kifferklüsen, ist seine Wut auf einen Schlag verflogen.

Stattdessen kriegt er einen Lachanfall.

„AAH-HAHAHAHA ... !"

Er lässt sich neben Roman nieder und bleibt prustend an den Türpfosten gelehnt sitzen.

Der Finne am Blumenkübelhaken, diese Scheißkatze, dann diese Flasche hier ...

DAS IST ALLES ZU ABSURD!!!!!

Er kann gar nicht aufhören zu lachen!

Aber irgendwann kriegt er sich doch wieder ein. Nun zieht er das Hosenbein hoch und schiebt vorsichtig die Socke runter. Dort, wo Enricos spitze Eckzähne in sein Fleisch gedrungen sind, ist die Haut angeschwollen und bereits im Begriff, sich bläulich zu verfärben.

Er ist aber auch blöd! Wenn er nur so wie sonst seine Stiefel angehabt hätte, wäre das nicht passiert. Dann wäre das Drecksvieh gar nicht an diese Stelle gekommen! Verdammte Sneakers! Verdammtes Frühlingswetter! – Ach, alles die Schuld von diesem dauerbekifften Blödmann hier! Eigentlich sollte er jetzt zu Hause sitzen, sich ausgiebig mit seiner neuesten Eroberung – „Damaged" von Black Flag als Original-LP – beschäftigen, dann vielleicht was lesen, und sich auf Melanies leckere Muschi heute Abend freuen ...

„Du hast mir 'n Zahn rausgeschlagen!", nuschelt es plötzlich neben ihm. Matthias hebt den Kopf und sieht, wie Roman sein Kinn abtastet. Blutiger Rotz suppt ihm aus Nase und Mund und hängt in dicken Schlieren in seinem Fusselbart. Der Penner liegt jetzt auch nicht mehr auf dem Boden, sondern lehnt gegen den anderen Türpfosten.

„Das ist doch wohl wirklich deine eigene Schuld! Geh nie wieder auf mich los, das sag ich dir!"

Anstelle einer Antwort fischt Roman mit zwei Fingern etwas Hartes, Gelbes aus seinem blutigen Mund und hält es ihm vorwurfsvoll entgegen: „Da!"

„Das ist doch nur ein Stück Zahn, Mann! Ein ganz kleines Stück!"

„Ja, aber vom Schneidezahn ..." Roman hebt seine Lippen,

und Matthias sieht, dass tatsächlich ein größeres Stück von einem der oberen Schneidezähne fehlt.

Sauber!

„Und der Kiefer ... Der ist bestimmt gebrochen ..."

„Ach was, wär der gebrochen, könntest du jetzt keinen Unfug faseln! Also ist der nicht gebrochen ... Geh mir mal lieber dein Jod holen ... Los!"

Roman gehorcht ohne Widerrede. Stöhnend rappelt er sich auf und hinkt langsam zur Küche. Dabei hält er eine Hand schützend vor sein Kinn. Mit der anderen reibt er seinen malträtierten Rücken. In den folgenden Minuten hört ihn Matthias in der Küche herumwühlen. Irgendwann kommt er mit der kleinen Jodflasche zurück. Er hat die Zeit in der Küche auch genutzt, um sich ein Geschirrtuch um sein Kinn zu wickeln und am Hinterkopf zusammenzuknoten. Natürlich sieht er damit völlig dämlich aus.

Matthias reißt ihm die Jodflasche aus der Hand und kippt sich einen guten Schluck der dunklen Flüssigkeit über seine Ferse:

„SCHEISSE!!"

„Brennt, nicht?" Romans Nuschelstimme trieft vor Anteilnahme.

„Kannste laut sagen, Mann!", zischt er.

Roman lässt sich wieder neben ihm nieder. Aufs Neue nehmen seine geröteten Augen diesen teilnahmslosen Ausdruck an. Matthias fragt sich, wann der zum letzten Mal überhaupt richtig gepennt hat. Auch ohne seine kleine Spezialbehandlung von gerade eben sieht der Romanowski wirklich abgefuckt aus.

„Hast du noch Bier?"

„Weiß nicht."

„Na, dann geh mal nachschauen! – Hopp-hopp, Alter!"

Wieder arbeitet sich Roman am Türpfosten hoch. Diesmal dauert es nur wenige Augenblicke, bis er mit einer geöffneten Flasche zurückkommt. Bloß gut ...

Matthias kippt sich die Brühe gierig wie ein Verdurstender in den Mund.

Roman schlurft gleich wieder weg, diesmal in sein Zimmer. Später, Matthias ist schon fast fertig mit dem Bier, lässt er sich mit einem qualmenden Joint und dem Messingaschenbecher auf dem alten Sofa im Flur nieder. Das Ende des Joints ist bald ebenso mit Blut vollgesaugt wie das Geschirrtuch.

„Seltsam, sonst geht der Enrico nie in Jussi-Pussis Zimmer ..."

„Hä?"

Aber Roman hat mehr zu sich selber gesprochen und sagt auch nichts weiter.

„Also was ist jetzt mit dem Typen da drin?", fragt Matthias schließlich.

„Weiß nicht."

„Hör mal, das ist dein Bier! Oder willst du, dass ich wieder abhaue? Du wolltest doch, dass ich mit dir mitkomme! Du hast mich in diesen Scheiß reingezogen! Und jetzt auch noch diese Scheiße mit deiner Dreckskatze! ... Also ich kann mich auch gerne wieder vom Acker machen! – Hörst du?!"

„Ja", nuschelt Roman unglücklich.

Ohne auf eine weitere Antwort zu warten, steht Matthias auf und humpelt in Jussi-Pussis Zimmer. Roman folgt ihm, bleibt aber wieder im Türrahmen stehen. Matthias geht zu einem der Tische und beugt sich über einen unsortierten Stapel Briefe, der dort liegt. So was ist doch immer interessant ... Seine Augen huschen eine Zeitlang über verschiedene Blätter. Er vertieft sich richtig darin. Plötzlich hat er was gefunden und macht ein erstauntes Gesicht.

„Na, das ist doch ... Sieh mal einer an!" Er hebt den Kopf von dem Blatt, das er in der Hand hält, und blickt Roman durchdringend an: „Also was ich hier gefunden habe, das ist ein Brief von der Uni!"

„Und?"

„Wirste gleich sehen! Ich les mal vor!"

Matthias räuspert sich.

„Also: ‚Sehr geehrter Herr Mäkinen! In Bezug auf die gegen Sie vorliegende Anzeige hinsichtlich der Entwendung von

Eigentum der Technischen Universität geben wir dieser nach eingehender Prüfung statt. Daher sehen wir uns gezwungen, die mit Ihrem Promotionsstudium verbundene halbe Stelle als Mitarbeiter an unserem Institut für Physikalische Chemie einseitig zum Ende dieses Monats zu kündigen. Des Weiteren sind Sie ab sofort nicht länger befugt, die Räumlichkeiten unseres Instituts zu nutzen. Von strafrechtlichen Schritten sehen wir ab' ... blabla ... ‚Wir bedauern diese Schritte, sehen aber keine andere Möglichkeit' ... blabla ... ‚Gezeichnet: Institutsleitung'!"

Matthias schlägt mit der flachen Hand auf das Schreiben.

„Dein Kumpel hier hatte's ja faustdick hinter den Ohren! Sein eigenes Institut beklauen ... Hohoho! ... Hier steht aber auch allerhand rum, meine Fresse!" Er wischt mit einer ausholenden Geste durch den Raum. „Aber wenn man natürlich so blöd ist, sich erwischen zu lassen: selber Schuld!"

„Na ja, klar aber ..."

„Ja, warte mal, ich war noch nicht fertig! Das Beste ist nämlich, dass der Brief vom siebzehnten Januar ist! Das heißt, der ist schon fast drei Monate alt!"

„Aber der Jussi-Pussi ist doch jeden Morgen in die Uni und ..."

„Schon, aber hier steht doch: ‚zum Ende dieses Monats'! Das bedeutet, dass der seit Ende Januar nicht mehr an der Uni ist!"

„Aber der ist doch jeden Morgen los und ..." Nun löst sich Roman vom Türrahmen und traut sich ins Zimmer. Das interessiert ihn jetzt auch. Matthias blickt ihn nachdenklich an.

„Woher willst du denn eigentlich wissen, dass der tatsächlich immer an die Uni ist und nicht irgendwo, na ja, spazieren gehen war? Kannst du das denn wissen? Hat der dir das jemals erzählt?"

„Nee, hat er nicht ..."

„Na also! Dann hat der dich aber schön verarscht, der feine Herr Fast-Doktor! Anstatt an seiner Arbeit zu sitzen, hat der in Wirklichkeit vielleicht jeden Tag im Park gesessen und Tauben gefüttert. Und dann ist dem das alles zu viel geworden, und er hat sich aufgehängt ... ! Das nenn ich mal Realitätsverweigerung ... Mann ... Mann ... !"

Matthias schüttelt den Kopf. Hier in dieser WG ist doch einer bekloppter als der andere.

„Also ich denke, dein Keks hat ihm da nur den Rest gegeben, das war jedenfalls nicht die Ursache! Meine Sicht!"

„Meinste wirklich?" Romans Stimme bekommt einen hoffnungsvollen Ton. Fraglos ist er unglaublich erleichtert darüber, dass Jussi-Pussis Ableben nun allem Anschein nach doch nicht auf seine Kappe geht. Zumindest nicht nur.

„Na, warum nicht! Der war doch anscheinend richtig im Arsch: keine Freunde, keinen Job – kein nix! Noch dazu im Ausland! In der Fremde! Und zu Hause willste dich dann natürlich auch nicht gerne blicken lassen, weil deine Leute erwarten, dass du irgendwann mit 'nem Doktortitel in der Tasche einmarschierst. Also wird der schön die Fassade gewahrt haben, bis es nicht mehr ging. Und jetzt ging's eben nicht mehr. Du mit deinem Keks hast da, na ja, vermutlich lediglich Sterbehilfe geleistet ... So könnte man's vielleicht sagen!"

„Ach, ich weiß nicht. Das ist alles so schrecklich ..."

„Hör mal, dass den die Uni rausgekickt hat, ist doch das Beste, was dir passieren konnte!"

„Hä, wieso?"

„Alter, bist du langsam im Kopf! Kiff in Zukunft wirklich mal weniger! – Also was ich mein, ist, dass den auf Arbeit keiner vermissen wird! Das ist dir doch wohl klar! Das heißt, es wird keiner vom Institut kommen und mal fragen, wo denn der liebe Jussi ist, wenn der nicht mehr auf Arbeit antanzt. Und seine Arbeit ist doch das einzige Umfeld, wo der soziale Kontakte hat ... also hatte! Ist doch so, oder?"

„Ja ... glaube ich zumindest!"

„Na also! Das heißt, du kannst den verschwinden lassen, ohne dass es erst mal irgendjemandem auffällt!"

„Was?! Verschwinden?!"

„Ja, was glaubst du denn! Willste den hier in deiner Bude hängen lassen, bis der dir verschimmelt?"

„Ja, aber wir können doch zur Polizei und ..."

„Bist du bescheuert?! Keine Bullen, Mensch! Das würde dich nur richtig in die Scheiße reinreiten. Denk mal dran, was die bei dem im Magen finden werden, wenn die den aufschneiden! Das werden die dann dir anhängen! Dann gehste für 'ne ganze Weile in den Knast! Wenn du Pech hast und an 'nen miesen Staatsanwalt gerätst, drehen die das vielleicht sogar so, dass du wegen Totschlag drankommst! – Ist dir das klar?! Die werden doch leicht rausfinden, dass der sonst nie gekifft hat! Dann behaupten die, du hättest ihn vergiftet!"

Roman zuckt zusammen, als hätte er noch eine auf den Pinsel gekriegt. Matthias betrachtet ihn für eine Weile mit gerunzelter Stirn und räuspert sich dann wieder. Schließlich fährt er fort, diesmal etwas freundlicher:

„Die Bullenschweine werden eh noch früh genug bei dir aufkreuzen, verlass dich drauf! Spätestens dann, wenn sich mal einer von Jussi-Pussis Leuten in Finnland wundert, warum der nicht mehr anruft oder schreibt und den als vermisst meldet. Aber bis dahin kann schon noch 'ne ganze Weile vergehen! Ein paar Wochen, vielleicht sogar ein Monat. – Du sagst doch selber immer, dass der Typ der totale Eigenbrötler ist ... Das heißt, du kannst den irgendwo verschwinden lassen, wo ihn niemals jemand findet und hast außerdem noch genug Zeit, deine Bude ein bisschen auf Vordermann zu bringen. Deine Gewächse in der Abstellkammer willste ja sicherlich nicht mehr hier haben, wenn die Bullen kommen, oder?"

„Ohhhh ..." Romans Mienenspiel lässt darauf schließen, dass Matthias hier etwas anspricht, woran er selber bereits vage gedacht haben mag, das er bislang jedoch erfolgreich verdrängt hat. Sein lädiertes Gesicht drückt blankes Entsetzen aus.

„Reiß dich zusammen, Alter! Du hast keine Wahl! – Und du solltest sehen, dass der Finne so schnell wie möglich von hier wegkommt! Schon mal aus, ähm, hygienischen Gründen, verstehste? Der muss weg. Wenn die Bullen dann irgendwann angeschissen kommen, stellst du dich eben blöd und sagst denen, der wär für 'ne Weile nach Finnland verreist oder sonst wohin! Und dann ist ihm eben unterwegs was passiert. Ist doch dann nicht dein Problem. Dauernd verschwinden Leute. Isser halt der osteuropäischen Organmafia in die Fänge geraten ... Oder was du auch machen könntest: In ein paar Wochen selber zu den Bullen gehen und ihn als vermisst melden! Das wär vielleicht sogar am geschicktesten. Dann fällt der Verdacht nicht so auf dich."

„Ja ... aber ..."

„Wichtig ist doch vor allem, dass die Leiche verschwindet! Ohne Leiche keine Verdachtsmomente!"

„Aber, wo soll der, ähm, Jussi-Pussi denn hin?"

„Also ich würde ihn vergraben."

„Vergraben?!"

„Natürlich! Was denn sonst! Etwa mit Abflussreiniger auflösen und dann das Klo runterspülen oder was?!" Matthias grinst höhnisch. „Das würde erst mal ewig lange dauern, und außerdem würden die irgendwelche organischen Rückstände in den Rohrleitungen finden. Nee ... Vergraben ist schon am besten!"

„Aber ... aber wo denn vergraben?"

„Na, wie gesagt: Dort, wo ihn keiner findet!"

„Du meinst ... im Wald?"

„Ja, im Wald wäre vielleicht am besten ... Irgendwo hier in der Gegend ..." Matthias macht ein nachdenkliches Gesicht. Das Ganze beginnt ihn zu reizen, zumindest rein theoretisch.

„Kennst du die Sperlingshöhe?"

Roman schüttelt den Kopf, und ein Tropfen Blutschleim kleckst auf den Boden.

„Na, ist nicht weit von hier, und vom Pilzesuchen her kenn ich dort 'ne ganze Menge Ecken, die weit ab vom Schuss sind, aber wo man trotzdem recht leicht mit'm Auto hinkommt! Also ich würd den Finnen dort in einer der kommenden Nächte vergraben! Und dann hat sich die Sache!"

„Gut, aber wie krieg ich denn den Jussi-Pussi da hin?"

„Na, mit'm Auto natürlich!"

„Aber ich hab doch kein Auto! Ich hab nicht mal 'n Führerschein!" Romans Nuschelstimme hat schon wieder diesen weinerlichen Tonfall. Echt nervtötend.

„Na, dann frag halt jemanden, der 'nen Führerschein hat!"

„Und, äh, du ...?"

„Was, ich?! Auf keinen Fall! Das geht nicht! Die Bullen hatten mir doch letzten Sommer die Fleppen weggenommen! Hatte ich dir doch erzählt! Also von der Nachtaktion mit zwei Promille auf'm Kessel! Die zwei Jungbullen, die mich angehalten hatten! – Ah, verdammtes Dreckspack!" Matthias schnaubt grimmig. „Stell dir das nur mal vor: Wir zwei in 'ner Kiste mit dem Jussi-Pussi im Kofferraum! Ich am Steuer! Und dann geraten wir in 'ne Polizeikontrolle, und die wollen meine Fleppen sehen ... und vielleicht wissen, was da sonst noch so im Auto ist ... Dann sind wir beide richtig am Arsch!"

„Ohh ..." Nachdem Roman wohl schon etwas Hoffnung geschöpft hat, halbwegs heil aus der Sache herauszukommen, wirkt der Knallkopf jetzt wieder so, als würde er sich am liebsten gleich neben den Finnen hängen.

„Hör mal, ich würd dir ja helfen, aber ich kann echt nicht selber fahren. Das Risiko ist zu hoch! Das verstehste doch, oder?"

„Aber wen soll ich denn da sonst noch mit reinziehen?"

„Na, wie wär's mit Camilo, dieser Mischlingspfeife, mit der du immer rumhängst? Hat der nicht einen Führerschein?"

„Ach, der Camilo ist doch auf Kreuzfahrt! Der kommt erst in einer Woche zurück! Solange kann ich den Jussi-Pussi unmöglich hier in der Wohnung behalten. Das geht doch nicht ..."

„Tja, dann musste eben einen anderen finden!"

„Aber wen denn? Ich kenn doch sonst niemanden weiter. Höchstens meine Mutter ... Und das fällt aus, das geht nicht. Überhaupt nicht ..."

„Hm ..." Matthias kratzt sich nachdenklich am Kopf. Dieser beschissene, kleine Kifferwichser. Hat der sich 'ne schöne Suppe eingebrockt! Und ihm auch! Ob er's wahrhaben will oder nicht: Er steckt schon ganz tief mit drin! So ein Dreck! Wenn er dieses flennende Wrack vor sich sieht, hat er gleich Lust, ihm noch einen Zahn auszuschlagen ... Andererseits, er ist ja doch eine Art, na ja, Freund. Und Freunde helfen einander ...

„Kennst du denn einen?“ Roman hat diese Frage plötzlich gestellt, und da ist wieder dieser hoffnungsvolle Unterton in seinem Genuschel. Die Hoffnung des zum Tode Verurteilten, der darauf spekuliert, dass der Gouverneur einen unkomplizierten Morgenschiss hatte und daher in Begnadigungslaune ist.

„Tja ...“ In seinem näherem Umkreis fällt Matthias keiner ein, den er in diese Sache einbeziehen möchte. Manne hat zwar einen Führerschein, aber der ist wegen Sabine momentan viel zu gestresst. Außerdem ist es ihre Kiste. Die würde diesem Saufsack nie die Autoschlüssel über Nacht ausleihen. Die würde doch berechtigterweise denken, der fährt zu ’ner Tussi ... Tobi fällt sowieso aus ... Sören, na ja, den kennt er nicht gut genug. Und den Uwe, also wenn er den danach fragt, kann er sich schon mal vorsorglich einen Platz auf der Intensivstation reservieren ... Bleibt eigentlich nur noch einer, von dem er mit Sicherheit weiß, dass er einen Führerschein hat und auch ein halbwegs guter Fahrer ist.

„Ich könnte mal den Wilson fragen!“

„Den Wilson? Den? Biste sicher, dass der Willerd bei so was mitmacht?“

„Na, ansonsten fällt mir auf die Schnelle keiner ein, der das machen könnte.“

„Aber woher willste denn wissen, dass der wirklich dazu bereit wäre?“

„Ich bin mir nicht sicher. Es ist mehr so ’n Gefühl. Du weißt ja, der Wilson ist ’n komischer Kauz, also besonders seitdem ihn seine Alte damals abserviert hat. Der ist so einer Aktion gegenüber sicher, na ja, aufgeschlossener, als die meisten anderen, die mir in den Sinn kommen. Der ist nicht so, ich sag mal: verbohrt! Und nachher ist der uns noch dankbar, weil die Aktion so ’ne tolle Inspiration für seinen Roman ist.“ Matthias grinst.

„Einen Roman? – Worum geht’s denn?“

„Ach, irgendwas mit Dritter Weltkrieg und so.“

„Na, das passt ja!"

Zum ersten Mal für heute sieht Matthias, wie Romans Gesicht eine Art Lächeln produziert. Seine blutverkrusteten Lippen ziehen sich auseinander, und er sieht jetzt deutlich, dass von dem einen Schneidezahn nicht mehr allzu viel übrig ist. Zusammen mit dem um das Kinn gebundene Wischtuch ist der Romanowski wirklich ein Bild für die Götter.

„Tja ... Also willst du ihn fragen?"

„Klar, ich geh dann mal runter in die Telefonzelle und ruf ihn an. Ich hoff, ich erreich ihn auch."

„Warum nimmste denn nicht dein Handy?"

„Alter, bist du bescheuert?! Damit dann später, falls was schiefläuft, genau nachverfolgt werden kann, wer alles in dieser Scheiße drinsteckt? Du bist wirklich blöd wie Kacke! Und dabei dachte ich vorhin noch, du hättest direkt mal mitgedacht, als du mich nicht von deinem Handy aus angerufen hattest, sondern persönlich bei mir aufgekreuzt bist!"

„Oh ..."

„Bist 'n echter Gehirnathlet, Romanowski!"

Roman senkt betreten den Kopf, aber Matthias kann mehr erahnen als sehen, dass der immer noch sein idiotisches Grinsen im Gesicht hat. Die Pfeife ist jetzt natürlich froh, dass sich ein kompetenter Typ wie er dieser Sache annimmt. Und eine andere Möglichkeit gibt es auch nicht. Denn würde er ihm nicht helfen, na, bekloppt wie der Roman ist, würde der doch glatt weiterkiffen wie bisher und so tun, als gäbe es keine Leiche hier in seiner vermüllten Drecksbude.

„Wir sollten den Finnen dann auf alle Fälle noch abschneiden. Sag mal, du hast nicht zufällig irgendwelche Plastikplanen, in die wir den einwickeln könnten?"

„Also ich muss mal schauen ..." Roman überlegt für eine ganze Weile, und so wie er dabei aussieht, scheint es ihn durchaus anzustrengen. „Ja, ich müsste irgendwo noch ein paar große Müllsäcke haben ... Die sind noch aus der Zeit, als Manuel hier gewohnt hat."

„Gut! Und Klebeband?"

„Davon hab ich noch haufenweise ... Als ich damals das Gewächshaus gebastelt hatte und –"

„Ja ja, wen interessiert's! Such den ganzen Rotz schon mal zusammen!" Matthias nimmt seine Bikerjacke und geht zur Zimmertür, wo er Roman mit einer Hand zur Seite schiebt.

„Wo gehst 'n hin?"

„Na, mal nachschauen, was meine Aktien machen!"

„Hä?"

„Quatsch! Wilson anrufen! Was denn sonst! – Haste du 'n paar Münzen, die ich zum Telefonieren nehmen kann?"

„Warte mal ..." Roman schlurft in sein Zimmer und kommt gleich darauf mit einer ganzen Hand voll Kleingeld zurück.

„Mann! Wilson wohnt doch nicht in China!"

„Ja, aber ..."

„Ach papperlapapp!" Matthias knöpft Roman die Münzen allesamt ab und schaufelt sie in seine Jackentasche. Dann geht er zur Wohnungstür. Die Stelle, an der ihn dieses elende Katzenvieh erwischt hat, tut ihm jetzt kaum noch weh. Beziehungsweise ist er in der Lage, den Schmerz zu ignorieren. Die vielen Jahre Kickboxen haben ihn ziemlich abgehärtet.

„Bis gleich!"

„Ja."

Draußen ist es mittlerweile stockdunkel. Es wird wohl auf acht Uhr zugehen. Bald wird Melanie für ein bisschen Fickificki vor seiner Tür stehen. Na, egal. Dann ist er eben nicht zu Hause, und sie muss ungefickt wieder abzischen. Das ist *force majeure*, höhere Gewalt, Schätzchen. Sein Handy hat er vorhin schon vorsorglich ausgeschaltet.

Schwach erleuchtet zeichnet sich die Telefonzelle an der Straßenecke ab. Sie riecht ziemlich verpisst. Im Zeitalter der Mobilfunktechnologie haben die Dinger im Grunde auch keine andere Daseinsberechtigung mehr. Ausgenommen natürlich konspirative Anrufe.

Nicht ohne Ekel klemmt sich Matthias den verschmierten Hörer zwischen Schulter und Kinn. Dann füttert er den Automaten mit ein paar Münzen. Willerds Nummer weiß er immer noch auswendig. Seltsam, was für unnützes Zeug sich der Mensch so alles merkt.

0-1-7-6-3-8-5-2-4-1-6

„Tuuut ... tuuut ... tuuut ..."

Geh ran, blöder Affe!

„Tuuut ... tuuut ... tuuut ... tuuut ..."

Da! Endlich! Matthias hört, wie der Anruf angenommen wird. Aber die Person am anderen Telefon sagt keinen Mucks. Da ist nur Schweigen.

„Wilson! Bist du's?"

„Matthias? ... Ja! ... Ich bin's!" Wilson klingt irgendwie erleichtert ... und erfreut.

„Warum sagst du denn nüscht, Mann?!"

„Mensch! Ich dachte, es wär vielleicht jemand anders, und ..."

Verstrahlt wie immer, der Blödmann!

„Okay! Also jedenfalls gut, dass ich dich erreiche. Sehr gut! Und jetzt hör mir mal ganz genau zu: Ich hab ein Problem und brauch deine Hilfe! Du musst morgen Abend zu mir kommen, und zwar mit einem Auto. Du musst fahren. Kannst du dir vielleicht wieder die Kiste von deiner Mutter ausleihen? So wie damals, als wir das Sofa für die dicke Caro abgeholt hatten?"

„Was, morgen? Ich ... da ..."

„Es ist wichtig, Willerd! Hast du gehört?! Verdammt wichtig! Ich brauch das Auto und deine Hilfe nur für ein paar Stunden. Wenn's unbedingt sein muss, kannste deiner Mutter die Kiste am nächsten Morgen ja schon wieder vor die Haustür stellen. Von mir aus, bevor sie auf Arbeit geht. Dann hat sie überhaupt keinen Schaden. Geht das klar?"

„Ja, ich weiß nicht ... Ich muss da erst zu meiner Mutter und fragen!"

„Na, die wird doch nicht nein sagen! Bist doch ihr Ältester! ... Also ich würd dir das wirklich hoch anrechnen, wenn du uns, ich mein, mir helfen könntest. Das wär 'n echter Freundschaftsdienst! Also geht das?"

„Ja, vermutlich schon, aber ..."

„Na, sehr gut! Komm dann bitte morgen gegen acht Uhr mit dem Auto bei mir vorbei, okay?"

„Okay, aber ich würd mich schon freuen, wenn ..."

„Hör mal, das erklär ich dir alles morgen! Keine Sorge! Jetzt und hier am Telefon, das geht nicht, verstehste? Sei also morgen Abend bei mir zuhause! Gegen acht Uhr, ja?!

„Gut. Aber wenn meine Mutter fragt, wofür ich die Kiste ..."

„Dann denk dir halt was aus, Mensch!" Roman, Wilson ... Wie blöd sind diese Leute eigentlich!

„Na, also gut, okay. Morgen gegen acht Uhr. Ich versprech's!"

„Ich danke dir! Bis morgen!"

„Bis mor- ..." Aber Matthias hat den Hörer bereits aufgehängt.

Apropos ‚aufgehängt': Er macht sich sofort wieder auf den Weg zurück zu Romanowskis Wohnung.

Der erwartet ihn schon an der Tür.

„Okay, der Wilson ist mit am Start!", sagt er, als sie im Flur stehen. „Morgen gegen neun Uhr sind wir bei dir, dann fahren wir den Finnen in den Wald."

„Was, wirklich?! Das ist ja wunderbar!"

„Na, was dachtest du denn! Wenn ich sage, das klappt, dann klappt das!"

Als Matthias Jussi-Pussis Zimmer betritt, sieht er, dass dort bereits eine große Rolle schwarzer Müllbeutel und zwei Rollen Paketklebestreifen liegen.

„Gut so! Und jetzt nimm mal 'ne Schere und schneid ein paar von den Müllbeuteln so auseinander, dass wir sie dort auf dem Boden ausbreiten können, wo wir dann gleich den Finnen hinlegen."

Roman nimm eine Schere von Jussi-Pussis Schreibtisch und macht sich ohne Widerrede an die Arbeit. Er trägt immer noch diesen lächerlichen Verband, scheint aber ansonsten wieder viel besser drauf zu sein, fast schon euphorisch. Bestimmt hat der sich alles reingepfiffen, was greifbar war, während er telefoniert hat, denkt Matthias. Beim Schneiden summt der Blödi sogar leise vor sich hin. Matthias würde seine halbe

Plattenversammlung darauf verwetten, dass es irgendwas von diesem ekligen Tom Petty ist.

Bald hat Roman drei Müllsäcke aufgeschnitten und auf dem Linoleumfußboden ausgebreitet.

„Okay, und jetzt steig auf den Stuhl und schneid ihn ab."

„Ja, aber dann fällt der doch runter und ..."

„Na und! Der ist tot! Denkst du, das juckt den noch?"

„Ja, aber ... Kannst du ihn nicht, na ja, festhalten?"

„Festhalten?! Hast du 'ne Meise! Ich fass den doch nicht an! ... Mann, der hängt da seit Tagen! Hast du schon mal was von Leichengift gehört?"

„Ja schon ... „

„Oh Mann, halt bloß die Fresse und schneid den ab, sonst kannste dich gleich danebenhängen!"

Widerwillig steigt Roman auf den Stuhl und macht sich mit der Schere an dem straffgespannten Bademantelgürtel zu schaffen. Er blickt dabei angestrengt in eine andere Richtung. Es dauert eine Weile, denn der Strick ist dick, aber schließlich poltert Jussi-Pussi auf den Fußboden. Der Aufprall lässt die Wände erzittern, und Matthias hat den Eindruck, er hätte irgendwo in der Wohnung Enrico fauchen gehört.

„So und jetzt lass uns den Bruder mal umdrehen und die Tüten unter ihm ausrichten. Kannste ein paar Plastiktüten holen, damit wir die als Handschuhe benutzen können?"

„Klar! Ich hab sogar noch was Besseres!" Roman steigt vom Stuhl, geht in sein Zimmer und kommt gleich darauf mit einem Packen Einweg-Gummihandschuhen zurück.

„Die benutz ich manchmal wenn ich mit den Samen für meine Pflanzen umgehe. Da ist Hygiene nämlich ungeheuer wich- ..."

„Jaja, hochinteressant! Lass uns mal lieber schnell den Finnen umdrehen, bevor der uns hier wegfault!"

Roman beugt sich zu ihm runter.

„Los, zusammen!"

Was für ein fetter Brocken! Wiegt bestimmt an die zwei Zentner! Und weich ist der ... so ekelhaft weich ... leichenweich ...

Schließlich liegt Jussi-Pussi auf dem Rücken und sie haben die aufgeschnittenen Müllsäcke unter ihn geschoben.

Wirklich höchste Zeit, den loszuwerden. In ein paar Tagen wird der richtig übel aussehen. Schon jetzt ist das kein angenehmer Anblick mehr.

Roman, der Depp, macht natürlich wie immer das Falsche und glotzt einen Augenblick zu lange in Jussi-Pussis aufgedunsenes Gesicht mit den immer noch halboffenen Augen. Matthias legt schnell einen Müllbeutel darauf, aber es ist bereits zu spät: Roman wendet sich plötzlich mit grauem Gesicht ab, zieht den Geschirrtuchverband nach unten und erbricht sich auf den Linoleumfußboden.

„Oh Mann ... Jussi-Pussi ... das ist ja so schrecklich ... das ... ist ..."

Jetzt geht das schon wieder los!

Aber anstatt ihn anzupflaumen, legt Matthias seine Hand auf Romans knochige Schultern.

„Mann, Alter ... Wir haben's doch gleich geschafft ..."

„Aber der Jussiiiiiiiii ... !"

„Ja, der ist hin ... Das ist leider so." Matthias nimmt die Hand weg und beginnt die Müllbeutel um die Leiche zu legen.

„Kannste mal bitte mit anpacken?"

„Ja ..." Roman wischt sich mit einem Zipfel des runterhängenden Geschirrtuchs über die Augen und seinen Mund, dann fasst er zaghaft nach einem der Müllbeutel.

„Gib mir mal einen Streifen von dem Klebeband!"

„Hier ..."

„Gut ..."

Irgendwann sind sie fertig und Jussi-Pussi liegt formschön eingewickelt wie eine Mumie vor ihnen.

„Das hätten wir."

Matthias wirft einen Blick auf die Stelle der Wand, wo Jussi-Pussi gehangen hat. Vielleicht bildet er sich das nur ein, aber für seine Begriffe ist die Tapete dort ein wenig dunkler.

„Auf jeden Fall solltest du hier noch richtig sauber machen! Kann ja sein, dass die hier irgendwann mit Leichenspürhunden auftauchen. Das glaub ich zwar nicht, aber sicher ist sicher. Die Tapete dort würd ich an deiner Stelle gründlich waschen und danach vielleicht mal drüberstreichen ... Aber es darf nicht zu sauber aussehen, ansonsten machste dich auch verdächtig. Tja, und wegen dem Fleck dort auf dem Fußboden, am besten, du kippst da den ganzen Chemierotz drauf, der hier rumsteht und ..."

Sofort rappelt sich Roman auf und nimmt zwei braune Fläschchen vom Tisch.

„Alter, das war 'n Witz! Lass den ganzen Krempel so dastehen, wie's ist."

Roman stellt die Fläschchen wieder auf den Tisch. Mit dem ist heute nichts mehr anzufangen. Der ist völlig fertig. Na ja, sowieso höchste Zeit, abzuhauen.

„Also, ich denk, jetzt ist erst mal alles klar. Wir sehen uns morgen Abend um neun hier, ja? Ruf mich bloß nicht an! Immer schön dran denken: Anrufe können zurückverfolgt werden! Falls du mich anrufst, geh ich sofort zu den Bullen und lass dich auflaufen, klar?"

Roman zuckt zusammen, nickt aber folgsam mit dem Kopf.

„Gut! ... Ach so, eins noch: Hast du 'ne Schaufel?"

„Ja, ich müsste eine im Keller haben!"

„Na, dann lass uns mal nachschauen!"

Matthias nimmt seine Jacke und macht die Wohnungstür auf, und sie gehen zusammen die Treppen bis zum Keller runter. In dem Raum, der zu Romans WG gehört, finden sich in der Tat neben allerlei verstaubtem Gerümpel nicht nur eine, sondern sogar zwei große Schaufeln.

„Keine Ahnung, wo die her sind."

„Na, das ist schon mal sehr gut. Hast du 'ne Taschenlampe, also eine, die auch was taugt?"

„Hmmm ... Ich glaub nicht, aber ich könnte eine der Lampen für meine Pflanzen abschrauben. Sind ja zwei. Und die haben Akkus."

„Ach was, das ist viel zu umständlich. Ich kümmer mich da selber drum. Ich hab 'ne sehr gute Funzel zuhause."

„Oh ... gut ..." Roman hat wieder dieses zutrauliche Funkeln in seinen Augen. Wahrscheinlich ist der einfach nur high bis zur Dachkante.

„Also ich hau jetzt ab! Halt die Ohren steif, alter Blödi!"

„Ja, bis morgen und ... äh ... danke!"

„Ja, ja, fick dich!"

Matthias lässt Roman im Keller stehen und tritt gleich darauf durch die Haustür. Was für eine bekloppte Situation! Der Romanowski kann heilfroh sein, dass er ihn hat.

Wenn das mal kein Freundschaftsbeweis ist ... !

Auch heute ist es draußen wieder sehr mild. Es sind zwar Wolken am Nachthimmel, aber es sieht nicht so aus, als ob es gleich losregnen wird. Beim Gehen spürt er jetzt deutlich die Stelle, an der ihn dieses elende Katzenvieh erwischt hat ... Hoffentlich hat er ihm wenigstens ein paar Rippen gebrochen!

Während er läuft, geht er im Kopf seine Schallplattensammlung durch und überlegt, welche Scheiben er sich mal wieder reinziehen könnte. Nach den Erlebnissen heute vielleicht doch nicht die Black Flag, sondern irgendwas Ruhiges, was Frühes von Blondie zum Beispiel ... Danach vielleicht noch ein, zwei Filme ... „Das Rätsel des silbernen Dreiecks" hat er schon lange nicht mehr gesehen ... Dazu ein paar Bier ...

Aber als er sich seinem Haus nähert, steht dort im Eingang: Melanie!

Melanie mit einer Mentholzigarette zwischen den Lippen.

Die muss ja ewig auf ihn gelauert haben! Wirklich verblüffend, wie die innerhalb weniger Tage von einer arroganten Ziege zu einem anhänglichen Schoßhündchen mutiert ist!

„Na halli-hallo!"

„Wo warst du denn? Ich hab hier über eine Stunde auf dich gewartet ... Dein Handy ging wieder nicht! Ich wollte grade abhauen!" Sie versucht frustriert zu wirken, aber er kann sehen, dass sie einfach nur erleichtert ist, ihn doch noch zu sehen. Sie wirft die Zigarette auf den Boden und tritt sie aus.

„Tja, Baby, tut mir leid, ich hatte wirklich was Dringendes zu erledigen."

„Was denn?"

„Das erzähl ich dir vielleicht später mal."

Er nimmt sie in seine Arme und küsst sie ganz locker.

„Was machen denn die ganzen Münzen in deiner Jacke?"

„Hab 'ne Parkuhr geknackt."

„Du Witzbold!" Sie kichert und ist schon wieder ganz versöhnt. „Aber warte mal ... Du riechst irgendwie komisch!"

„Ach ja?"

„Ja ... Irgendwie nach Gras ... Und noch nach was andrem ... irgendwie muffig." Melanie rümpft ihre spitze Nase.

„Na, keine Ahnung! Komm, lass uns mal hochgehen, dann können wir ja zusammen duschen ... Übrigens, hast du Bock auf Klaus Kinski?"

„Ich hab Bock auf dich!"

„Sehr schön, Mel, sehr schön."

Wirklich ausgezeichnet, dass Melanie hier ist, denkt er und grinst in die Dunkelheit des Treppenhauses hinein.

Im Notfall hätte er jetzt ein hieb- und stichfestes Alibi.

SECHZEHN

„Noch einen Kloß?" Willerds Mutter hat sich halb über den Tisch in Richtung große Schlüssel gebeugt. Erwartungsvoll lächelnd blickt sie ihn an.

„Nee, danke. Ich hab doch noch."

In den Schüsseln dampft das gleiche fade Essen wie früher. Ansonsten aber ist hier im Esszimmer alles anders: Möbel, Gardinen, Teppiche. Der ganze Krempel, den Willerd aus seiner Kindheit kennt, ist im Laufe der Zeit mit neuem Krempel ersetzt worden. Nur der große Eichenholztisch, an dem sie jetzt sitzen, der ist immer noch der alte.

„Aber vielleicht willst du noch etwas Soße? Ich finde, die Klöße sind mir heute etwas zu trocken geraten." Sie will bereits nach dem Soßenlöffel greifen.

„Hab ich auch noch!"

„Oder eine Scheibe vom Braten? Etwas Gemüse?"

„Nun lass den doch mal, Inge! Der hat doch noch genug, das siehste doch!" Jetzt hat sich der Paul eingeschaltet. Willerds Mutter ist mit ihm seit zwölf Jahren verheiratet. Den Paul mag er sogar noch weniger als die Klöße seiner Mutter.

„Ich frag doch nur! Weil der Junge so dünn aussieht!" Und an Willerd gewandt: „Isst du denn auch wirklich immer genug? Und ausgewogen? Kann ich mich darauf verlassen? Oder soll ich dir zukünftig vielleicht mehr Geld überweisen?"

„Ich komm schon klar, Mutter!" Jeden Monat überweist ihm seine Mutter dreihundertfünfzig Euro. Das Geld reicht für Miete und Krankenversicherung und deckt bei sparsamer Haushaltung außerdem halbwegs seine Ausgaben für Lebensmittel – das heißt, wenn er sich zusätzlich ab und an für ein bisschen Kohle irgendwo den Buckel krumm macht.

„Du brauchst's nur zu sagen, wenn du mehr brauchst. Du weißt doch, dass wir dich bei deinem Studium immer unterstützen möchten ..."

Aus Pauls Ecke erklingt ein verächtliches Schnauben. Sein Stiefvater ist gerade mit dem Zerschneiden eines zähen Bratenstücks beschäftigt. Quietschend schabt sein Messer über das Porzellan des Tellers.

„Nee, ich komm gut hin. Ab und zu geh ich eben auch mal irgendwo arbeiten."

„Das ist sehr gut, Willi!"

„Ja, diese Woche war ich mal wieder für zwei Tage in der Schleifscheibenfabrik. Die hatten mich angerufen. Das war 'ne ganze schöne Schufterei ..."

„Ach, du warst wieder dort? Na, das glaub ich dir aber, dass das hart war! Aber kommst du denn da auch noch zum Studieren? Ich mein, das neue Semester ist doch jetzt schon wieder losgegangen, und du hast bestimmt 'nen ganzen Haufen Kurse, die du besuchen willst, nicht?"

Da ist etwas Lauerndes in ihrer Stimme, und das gefällt ihm nicht. Aber weil er heute was von seiner Mutter will, nämlich ihr Auto, muss er freundlich bleiben.

„Ja, ich geh in diesem Semester zu sechs Vorlesungen. Und ich mach zwei Hauptseminarscheine. Dann hab ich alle Scheine und kann mich im nächsten Semester voll auf die Diplomarbeit konzentrieren."

Dass er mittlerweile einen Großteil seiner Freizeit damit verbringt, einen postapokalyptischen Roman zu schreiben, der auf einer von ihm entworfenen Typologie seiner Nachbarschaft basiert, erzählt er ihr lieber nicht.

„Na, dann wärst du ja in einem Jahr fertig, nicht?"

„Wenn's gut läuft, auf jeden Fall."

Dann wird es eben nicht so gut laufen. Ganz einfach.

„Das wär ja wunderbar! Toll, dass du dich jetzt wieder so auf den Hosenboden gesetzt hast!"

Willerd entgegnet nichts darauf und zerkaut stattdessen ein Stück Kloß, das er zuvor in dieser braunen Soße ertränkt hat.

Die meisten Mütter werden im Laufe der Zeit zu immer besseren Köchinnen. Sie perfektionieren ihre Künste in der Küche geradezu, selbst wenn sie nur drei, vier Gerichte draufhaben.

Die aber machen sie dann zu ihren Gerichten. Sie verliehen ihnen ihre eigene, unverwechselbare Note.

Seine Mutter dagegen ... nach jahrzehntelanger Übung immer noch dasselbe Rumgestümper mit klebrigen Klößen, zähem Braten und matschigem Kohl. Da ist keine Weiterentwicklung auch nur ansatzweise in Sicht. Wie das der Paul nur aushält ... Na, wenn Willerd richtig informiert ist, frisst der sowieso fast immer auswärts. Der kommt selten mal vor acht oder neun von der Arbeit. Da fallen dann die paar Mahlzeiten, die ihm seine Frau an den Wochenenden und Feiertagen vorsetzt, wohl auch nicht mehr groß ins Gewicht.

Oder dem fetten Schwein schmeckt das Zeug wirklich! Wenn Willerd ihm so beim Fressen zuschaut, drängt sich ihm dieser ungeheuerliche Verdacht geradezu auf.

„Na, wird auch Zeit, dass du langsam mal fertig wirst."

Besagtes ‚fettes Schwein' hebt jetzt seinen Rüssel vom Trog und glotzt ihn selbstzufrieden an. Paul hat in der Tat richtige Schweinsäuglein. Sogar richtig dumme Schweinsäuglein. Man fragt sich, wie seine Mutter den Anblick nur jeden Tag aufs Neue erträgt, ohne ihm irgendwann ein spitzes Messer in die Fresse zu rammen.

„Sicher." Mehr sagt Willerd nicht, aber Paul ist heute allem Anschein nach in Stichelstimmung. Bei Willerd ist er das öfter. Das hat eine lange Tradition.

„Also, als ich in deinem Alter war", fängt er genüsslich an, „da war ich nicht nur schon Diplomingenieur, nee, da hatte ich auch die Promotion schon fast hinter mir! Und obendrein war ich vorher sogar noch drei Jahre bei der NVA! Drei Jahre! Wir waren auf Zack damals. Das war nicht so 'n Rumgegammel wie bei euch heute an den Unis ..." – Der Satz geht in ein selbstzufriedenes Schnaufen über.

„Ach Paul! Jetzt lass doch mal den Jungen in Ruhe aufessen!"

Willerd selber sagt wieder nichts. Was soll er auch entgegnen. Rumstreiten will er sich erst recht nicht. Sein Stiefvater ist von der Sorte schwabbeliger Alphamonster, die es gewohnt ist, immer Recht zu haben. Sein Umfeld hat der Paul im Laufe der Zeit nach genau diesem Gesichtspunkt eingerichtet: In seiner Recycling-Klitsche ist er der Chef, und seine Mitarbeiter haben dort ebenso nach seiner Pfeife zu tanzen wie zuhause seine Frau. Dadurch kann der Paul hier ungestört so ziemlich dasselbe machen wie auf Arbeit: Sondermüll rezyklieren, wenn auch nur verbalen.

„Na, ist doch so! Kuck dir an, wie da Steuergelder verschwendet werden!"

„Ja, aber der Willi ist bald fertig, und dann arbeitet der auch und zahlt Steuern und ..."

Oh Mann ... Hätte er sich gestern von Matthias am Telefon mal bloß nicht so unter Druck setzen lassen ... Eigentlich hat er vorgehabt, sich den ganzen Sonntag lang hinter seinen Roman zu klemmen. Stattdessen verplempert er jetzt hier und später dann mit Matthias seine wertvolle Zeit. Und gestern Abend hat ihm dieser eingebildete Geheimniskrämer kein Wörtchen verraten wollen. Freundschaftsdienst, von wegen! Als ob der nicht haufenweise andere Pappnasen kennt, die Helferlein spielen könnten.

„Na, wollen wir mal hoffen, dass dir dein Ältester nicht mehr allzu lange auf der Tasche liegen wird." Paul versucht nicht mal im Ansatz, seine Verachtung zu unterdrücken. Er hat jetzt offensichtlich genug gefressen, rülpst leise und wischt sich mit dem Handrücken über sein Maul. Seine Frau lächelt glücklich, weil er so viel von ihrem Fraß in sich hineingeschaufelt hat. Das, was davon noch übrig ist, kann sie ihm morgen zur Wiederverwertung auf die Arbeit mitgeben.

„Ich habe auch noch einen Nachtisch vorbereitet! Vanilleeis mit Erdbeeren und Schlagsahne!"

An Eis mit Schlagsahne kann man schlecht was versauen, denkt Willerd.

Seine Mutter greift nach ein paar Tellern und geht in die Küche. Er und Paul bleiben am Esstisch sitzen. Wie immer, wenn sie unter sich sind sind, ignorieren sie sich, so gut es geht. Paul greift gleich nach einer dicken Zeitung und beginnt, darin zu blättern. Willerd stützt den Arm auf den Tisch und starrt auf die Wand, die vollgehängt ist mit Gemälden und Zeichnungen, die seine Mutter und Paul auf ihren vielen Urlaubsreisen in den letzten Jahren gekauft haben. In der Küche hört er seine Mutter singen. Das kann sie immer noch sehr gut.

Als Paul in sein Leben polterte, war Willerd gerade im besten Teenager-Alter. Das heißt, ein für Außenstehende nur schwer zu ertragender Kotzbrocken. Paul hatte es mit dem Ertragen auch gar nicht erst groß versucht, sondern Willerd gleich von Anfang an zu verstehen gegeben, dass er ihn für gründlich missraten hält. In den folgenden Jahren tat er so Einiges, um ihn nach und nach aus seinem Revier zu verdrängen. Er ging dabei ebenso methodisch und zielorientiert vor wie in den frühen Neunzigern, als er seine Recycling-Firma aufbaute. Kaum dass Willerd mit achtzehn durch seine Zivi-Zeit die finanziellen Mittel in der Hand hatte, machte er sich vom Acker.

Das Haus hatte sich damals sowieso schon lange nicht mehr wie sein Zuhause angefühlt. Die Vergangenheit von ihm, Ludger und seiner Mutter war eine der ersten Opfer von Pauls Herrschsucht gewesen. Mit seiner Kohle hatte er ihr Haus so gründlich renovieren und ausbauen lassen, dass es für Willerd heute ein völlig fremdes Gebäude ist. Aber seine Mutter scheint nun wieder glücklich zu sein. Von dem Swimmingpool spricht sie oft. Viel öfter als von Vater.

Auch bei Ludger, Willerds jüngerem Bruder, ging Pauls Strategie voll auf. Die beiden verstanden sich von Anfang an prächtig. Ludger ist allerdings auch viel besser geraten als Willerd: Obwohl drei Jahre jünger, hat er sein Maschinenbaustudium bereits seit letztem Sommer hinter sich. Inzwischen arbeitet er als Juniorchef bei Paul in der Firma und promoviert nebenbei. Ludger kann sich allerdings auch nicht mehr so richtig an Vater erinnern.

Jetzt kommt seine Mutter mit einem Tablett zurück: „So, hier ... extra, weil mein lieber Sohn heute zu Besuch ist!"

Na wunderbar. Schweigend spachteln sie zu dritt Eis, Schlagsahne und Erdbeeren rein.

„Hättest du mal eher gesagt, dass du heute zum Essen kommst! Dann hätte ich dir dein Lieblingsessen zubereitet: Schälrippchen mit Sauerkraut!“

Und Klößen, fügt Willerd in Gedanken hinzu. Wie kommt seine Mutter eigentlich darauf, dass er sich so wahnsinnig viel aus Schälrippchen mit Sauerkraut macht? Das stimmt doch gar nicht. Vermutlich verwechselt sie ihn mit Ludger. Der ist sowieso ein viel dankbarer Esser als er. Dem kann man alles vorsetzen. So wie seinem Stiefvater.

Paul ist mittlerweile fertig. Er hebt die Arme, um sich zu strecken, und reibt dann seinen Wanst: „Na, das hat aber wieder mal so richtig lecker geschmeckt, Inge!“

„Na, das freut mich aber!“, antwortet seine Mutter mit einem eigenartigen Singsang in der Stimme.

„Wir danken dir von Herzen für deine Mühen in der Küche!“

„Nüscht zu danken! War mir wie immer ein Vergnügen!“

Dialoge sind das! Hilfe!

„Na, ich geh mal mein Mittagsschläfchen machen.“

„Mach das mal, mein Guter!“

Behäbig wuchtet Paul sich und seine Wampe vom Stuhl hoch und wankt langsam aus dem Esszimmer. An der Tür dreht er sich noch mal zu Willerd um: „Falls wir uns nicht noch mal sehen, wünsch ich dir noch einen guten Start ins Semester! Viel Erfolg ... Vielleicht sehen wir uns ja zu Ostern ...“

„Klar, vielleicht! Bis dann!“ Willerd hat die Aufforderung zum baldigen Gehen natürlich verstanden. Aber er will sowieso nicht länger als unbedingt notwendig hier bleiben. Wenigstens in dieser Hinsicht sind Paul und er auf einer Wellenlänge.

Er hört ihn noch schnaufend die ächzende Treppe hochsteigen und gleich darauf die Schlafzimmertür hinter sich zuschlagen.

Blöde Fettsau.

Sobald sein Stiefvater verschwunden ist, wendet sich seine Mutter mit verschwörerisch funkelnden Augen an ihn: „Sag doch mal, wozu brauchst du denn meinen Audi? Hast du etwa eine – na ja – kennengelernt? Also ein Mädchen?“

„Ja, äh, hab ich ..."

Seine Mutter schluckt die Lüge, weil sie sie glauben will. Studium und Mädels, das sind die einzigen Dinge, die sie interessieren, wenn es um ihn geht. So als gäbe es nichts anderes. Zu jeder Gelegenheit spricht sie davon, dass er sich nur schnell mal wieder ein „anständiges Mädel" suchen soll. Eine, „die was taugt".

Also nicht so eine wie Lydia. Denn die hat ja nichts getaugt, immerhin hat die ihren Sohn für einen anderen verlassen.

Seitdem erst das mit Lydia und danach was mit ihm kaputt ging, scheint sie geradezu panisch besorgt, dass er möglichst rasch eine Neue anschleppt.

Am schlimmsten wird es, wenn sie so was sagt wie: „Wir, der Paul und ich, wir machen uns manchmal große Sorgen um dich, weißt du?"

Jetzt allerdings strahlt sie: „Na, das ist aber schön! Was macht sie denn? Studiert sie?"

„Ja."

„Auch das, was du studierst, also ... äh ... Soziologie?"

„Ja."

„Ah, dann hast du sie wohl beim Studium kennengelernt?"

„Ja ..."

Er muss nur immer weiter brav „Ja" sagen. Das würde seine Mutter geradewegs in den siebten Lügenhimmel befördern.

„Macht sie denn auch so gute Klöße wie ich?"

Diese Frage hätte er möglicherweise dann doch mit Nein beantwortet. So schön klebrig kriegst nur du die hin, Mutter!

„Und wegen dem Audi, ihr wollt wohl irgendwohin fahren?"

„Ja, wollen wir! Vielleicht mal an die Ostsee, weißt du?"

„An die Ostsee? Aber ist das nicht ein bisschen zu weit? Und musst du nächste Woche nicht studieren?"

Gut, das war dann doch etwas zu plump.

„Na ja, ich hab dich ein bisschen angeschwindelt. Eigentlich ist es so, dass sie 'ne Freundin hat, die gerade umzieht, und sie hat mich gefragt, ob ich ihr nicht vielleicht beim Transport von ein paar Sachen helfen kann. Kleinere Möbel und so."

„Ach, du alter Frechdachs! Immer machst du dich über deine alte Mutter lustig." Sie verzieht ihr Gesicht und tut so, als wäre sie verletzt.

„Na, vielleicht wollen wir trotzdem noch mal für ein paar Tage wegfahren. Aber du hast schon recht: Studieren geht nächste Woche erst mal vor!"

„So ist's richtig ... Wie heißt sie eigentlich?"

„Äh ... sie heißt ... Yvonne!"

„Ach wirklich! Das ist aber mal ein schöner Name!"

Und der erstbeste, der ihm eingefallen ist.

Übrigens hat er von der realen Yvonne seit vier Tagen nichts mehr gehört. Gestern Abend, als Matthias anrief, da hatte er zuerst die Befürchtung, sie könnte es sein.

Aber jetzt sieht es tatsächlich so aus, als habe sie aufgegeben.

Seine Mutter will nun alles Mögliche über „Yvonne" wissen, und Willerd kommt kaum hinterher, sich immer neue Details auszudenken.

Nein, ein Foto von seiner „Freundin" hat er leider nicht im Portemonnaie. Das nächste Mal wird er ihr aber eins zeigen. Ganz gewiss.

Schließlich fallen seiner Mutter keine Fragen mehr ein, und das Verhör verebbt.

„Yvonne ... Das ist aber wirklich mal ein schöner Name", wiederholt sie zum Abschluss und verzieht ihren Mund zu einem glücklichen Vielleicht-bin-ich-ja-bald-Omi-Lächeln.

Ihr Geschmack im Hinblick auf Namen ist schon immer etwas seltsam gewesen. Man schaue sich nur mal an, wie sie ihre Söhne genannt hat. Er selber hat sein ganzes Leben Probleme damit gehabt. Wenn ihn ein Mädel mit ironischem Gesichtsausdruck fragt, ob sich Willerd wirklich mit „e" schreibt, dann ist das noch das Angenehmste, was ihm passieren kann, immerhin bietet sich so die Möglichkeit, ein Gespräch anzufangen.

Wenn er allerdings an seine Grundschulzeit denkt, das ganze Gehänsel ...

„Na ja, Hauptsache, du machst dir mit deiner Yvonne eine schöne Zeit", meint seine Mutter jetzt. „Warte mal ..." Sie verlässt den Raum und kommt gleich darauf mit ihrem gelben Lederportemonnaie zurück. Sie öffnet es und zieht einen Hundert-Euro-Schein raus: „Hier, damit du deiner Freundin auch mal was bieten kannst."

„Oh danke ..."

„Und bring sie doch mal bei Gelegenheit hierher! Wir würden uns ja so freuen, sie kennenzulernen! Vielleicht schon, wenn du den Audi zurückbringst!"

„Klar, mal sehen, wie es klappt!"

Jetzt muss er nur noch zusehen, dass er von hier wegkommt, bevor es seiner Mutter einfällt, dass er die Fotos von ihrer Reise nach Tansania noch gar nicht gesehen hat.

Sie muss nur noch die Autoschlüssel rausrücken.

„Hättest du dich eher bei uns angemeldet, dann hätte ich dem Ludi Bescheid gesagt. Der hätte sich bestimmt auch sehr gefreut, dich zu sehen!"

Das sagt sie jetzt bereits zum dritten Mal: das erste Mal vorhin an der Tür, gleich nachdem sie ihm aufgemacht hat, das zweite Mal während dem Essen. Ein untrügliches Zeichen dafür, dass auch ihr so langsam der Gesprächsstoff ausgeht.

Außerdem ist sowieso nicht wahr, was sie sagt. Willerd hat zu seinem Bruder seit Jahren kaum Kontakt. Zu ihren Geburtstagen gratulieren sie sich meist per Kurznachricht. Wenn überhaupt.

„Ich glaub, ich muss jetzt schon wieder los ... Kurse für die nächste Woche vorbereiten und so!"

„Oh, wirklich! Aber ich dachte, du willst mit Yvonne wegfahren!"

„Ja, aber nur für ein oder zwei Tage. Und ganz sicher ist das ja auch noch nicht. Am Mittwoch muss ich jedenfalls antanzen, dann geht's richtig los mit dem Studium."

„Na, da musste dich natürlich reinhängen, das versteh ich!"

„Könnte ich vielleicht die Autoschlüssel und Zulassung ... ?"

„Ach ja!" Seine Mutter geht zu der großen Kommode und

zieht die oberste Schublade auf. Wenig später reicht sie ihm Schlüssel und Dokumente: „Aber mach mir keine Beulen in meinen Audi. Den lieb ich!"

„Ich pass drauf auf! Danke dir!"

„Und jetzt willst du wirklich schon wieder los? Nicht wenigstens mal noch auf eine Tasse Kaffee bleiben?" Seine Mutter schaut ihn traurig an, aber Willerd hat keine Ahnung, ob sie es ernst meint oder nur so tut. In den letzten Jahren haben sie sich zu sehr voneinander entfremdet.

„Ja, ich muss mich auf die Socken machen. Leider."

„Na, dann lass mich dir wenigstens noch meine Tulpen im Garten zeigen! Die blühen seit einer Woche. Das ist der reinste Wahnsinn, wie das jetzt plötzlich losgeht!"

„Gut."

Sie gehen durch den Hinterausgang des Hauses in den großen Garten, vorbei am Swimmingpool und dem neuen Pavillon.

„Siehste?!"

„Die sehen schon, ähm, toll aus ..."

„Ja, nicht? Bald kommen die Rosen!"

„Ja."

Sie gehen zurück zum Haus und von dort zu der geräumigen Garage, wo der Audi neben Pauls protzigem BMW steht. Wie immer ist die Karre blitzblank gewienert. Auch auf dem Armaturenbrett findet sich kein Krümel Staub. Soweit Willerd weiß, benutzt ihn seine Mutter auch kaum. Zärtlich fährt sie jetzt mit der Hand über den roten Lack des Seitenspiegels.

„Dass du mir keine Beule in meinen Liebling reinfährst, hörst du!"

„Natürlich nicht, Mutter! Ich pass gut auf den auf. Ich bring ihn dir am Mittwoch oder so zurück, ja?"

„Gut ..."

An ihrem Gesicht kann er ablesen, dass sie ihre Kiste nur ungern rausrückt. Aber für einen Rückzieher ist es jetzt zu spät. Er sitzt bereits hinterm Steuer. Er stellt die Spiegel ein und lässt gleichzeitig die Seitenscheibe runter.

Per Fernbedienung öffnet seine Mutter das Garagentor.

„Ich würd dich ja gern mal besuchen kommen, aber du lässt mich ja immer nicht." Durch das offene Fenster legt sie ihre Hand auf seine Schulter.

„Ganz so ist es ja auch nicht. Meine Wohnung ist bloß ... Na ja, du weißt schon, sehr klein. Da gibt's nix Interessantes zu sehen. Wirklich nicht. Außerdem komm' ich doch immer gern zu euch."

„Und ich freu mich ja immer so, wenn du uns besuchen kommst, meiner lieber Willi!"

„Ich mich auch!"

„Du musst nur öfter kommen, hörst du!"

Aber er hört es nicht, weil er genau in diesem Augenblick den Motor anlässt. Seine Mutter muss gleich darauf ihre Hand von seiner Schulter nehmen, denn der Audi rollt gemächlich im ersten Gang aus der Garage in die Einfahrt. Mit derselben Fernbedienung öffnet sie jetzt das schmiedeeiserne Tor zur Straße.

„Und grüß mir Yvonne! Und stell sie uns mal vor! Wir sind sehr gespannt!"

„Mach ich!"

Jetzt bloß weg hier.

„Bis Mittwoch oder so, ja? Ich meld mich!"

„Ist gut ... !"

Langsam biegt er in die kleine Straße ein. Seine Mutter läuft dem Audi hinterher. Im Rückspiegel wird sie immer kleiner.

Winkend hat sie beide Hände über den Kopf gehoben.

SIEBZEHN

Gegen zehn Uhr, eine Stunde später als ausgemacht, klingelt es bei Roman an der Tür. Er macht sofort auf.

„Mensch, Roman! Du siehst ja aus wie das blühende Leben, Alter!"

Roman ignoriert die Bemerkung und streckt Willerd seine Hand entgegen.

„Hi Wilson! Schön, dich mal wieder zu sehen! Ist ja schon 'ne ganze Weile her. Wirklich cool, dass du kommen konntest ..."

Wie üblich hat Willerd dieses dämliche Grinsen im Gesicht. Schon früher hat Roman dieses Wilson-Grinsen nicht leiden können – so wie er Willerd als Gesamtpaket noch nie sonderlich leiden konnte. Für ihn ist der in erster Linie schon immer ein Klugscheißer gewesen.

Außerdem soll der gute Wilson mal schon die Fresse halten: Mit seinem Haarausfall sieht der selber ganz schön Scheiße aus.

Natürlich trotzdem gut, dass er so kurzfristig kommen konnte.

„Mann, hier in deiner Bude stinkt's ja vielleicht nach Cannabis! Das riecht man sogar schon im Treppenhaus!"

„Ja, schrei am Besten noch lauter, damit's auch alle Nachbarn hören können, du Depp!"

Gut, dass Matthias ihm gleich mal sagt, was hier Phase ist. Immerhin ist der Wilson nur der Fahrer.

„Ich mein ja nur, Mensch!" Willerd hat sich zu Matthias umgedreht. „Warum bist du eigentlich so verdammt gereizt?"

„Na, komm einfach mal mit und schau's dir selber an!"

Sie gehen alle drei in Jussi-Pussis Zimmer. Matthias zuerst, danach Willerd, Roman, der die Wohnungstür hinter den beiden zumacht, als letzter. Er lässt sich reichlich Zeit dabei und betritt das Zimmer seines dahingeschiedenen WG-Genossen erst, nachdem Matthias schon ein paar Sätze zu Willerd gesagt hat. Der ist auch gleich voll im Bilde. Das heißt, richtig begriffen, was sie heute Nacht zu erledigen haben, hat er sicher noch nicht. Aber dass es etwas mit einer in diverse Müllbeutel verpackten Leiche zu tun hat, reicht natürlich, um ihm dieses dümmliche Grinsen erst mal aus dem Gesicht zu wischen.

„Ihr ... ihr seid doch verrückt! Das geht doch nicht! Ihr ... ihr ... !"

Matthias wiederholt noch mal, was er bereits gesagt hat, und wirkt dabei ausgesprochen souverän. Roman betrachtet ihn mit unverhohlener Bewunderung und nimmt einen tiefen Zug von seinem Joint. Dann geht er durch durch das Zimmer und stellt ihn zusammen mit dem Messingaschenbecher auf Jussi-Pussis Schreibtisch ab.

„Wie gesagt, das war ein Unfall. Roman hat keine Schuld. Der Typ hatte vermutlich schwere Depressionen, weil der seine Stelle an der Uni verloren hat. Deswegen hat der sich wohl auch aufgehängt."

„Ja, aber ... Aber warum geht ihr denn dann nicht zur Polizei? Das ist doch nicht euer Bier!"

„Das wäre vielleicht eine Möglichkeit, ja." Matthias rollt mit den Augen. „Das Ding ist aber, dass der kurz zuvor einen von Romans Haschkeksen gegessen hat, und das hat ihn wohl vollends fertig gemacht. Wenn Roman die Bullen holt, hängen die ihm das ganz sicher an, und er wandert in den Knast. Abgesehen davon, der hat hier 'ne Grasplantage, und damit wär er ohnehin dran."

„Genau, stimmt." Roman nickt so eifrig mit dem Kopf, dass es in seinem Kiefer dumpf zu pochen beginnt. Er findet, dass Matthias die Situation wirklich gut zusammengefasst hat.

„Jetzt gibt's sowieso keine andere Möglichkeit mehr: Der Typ ist bereits verpackt, und wir fahr'n ihn heute Nacht in den Wald, um ihn zu vergraben. Du bist der Fahrer!"

„Ich? – Ihr spinnt doch!"

„Ja, ist leider so! Geht nicht anders! Roman hat keinen Führerschein, und mir haben sie den letztes Jahr weggenommen, wie du weißt! Stell dir vor, die Bullen halten uns an und ich hab keine Fleppen! Mit 'ner Leiche im Kofferraum! Außerdem hab ich heute schon vier, fünf Bier hinter. Du musst also fahren! Dann isses dazu ja nicht schlecht, wenn wir bei der Schaufelei zu dritt sind."

„Das ... das ..."

„Alter, reiß dich zusammen! Wir brauchen dich! Oder denkst du, mir macht das Spaß?!"

Willerd sieht jetzt regelrecht verzweifelt aus, und Roman kann sehen, wie er zu zittern anfängt. Ihm ist es vorgestern auch nicht anders gegangen. Eigentlich hält sich Wilson ziemlich gut.

Matthias redet weiter auf ihn ein, und nach einer Weile scheint es, als würde er sich wieder einkriegen.

„Gut, ich mach's. Aber ich find's absolut asozial von euch Arschlöchern, dass ihr mich da mit reinzieht! Das ist wirklich 'ne Frechheit!"

„Ja, aber wir rechnen dir das hoch an!" Roman will Willerd die Hand auf die Schulter legen, aber der fährt unwillig zurück.

„Wenn das vorbei ist, will ich keinen von euch beiden jemals wieder sehen!"

Roman dreht sich zu Matthias und blickt ihn traurig an, aber der zwinkert ihm aufmunternd zu. Überhaupt ist Matthias seit gestern ausgesprochen nett zu ihm. Ein wahrer Freund. Das mit dem Schneidezahn hat er ihm längst verziehen, und sein Kiefer tut auch nicht mehr so weh. Er ist definitiv nur geprellt, nicht gebrochen. Beide wenden ihren Blick auf die Leiche auf dem Fußboden.

„Ist wirklich notwendig, dass der sobald wie möglich hier rauskommt! Noch ein, zwei Tage, und der wird übel stinken! Und zwar noch schlimmer als deine blöden Graspflanzen."

„Ja, der muss raus ... Wils- ..."

Roman dreht sich zu Willerd und sieht gerade noch, wie der den halbaufgerauchten Joint wieder zurück in den Aschenbecher legt.

„ALTER! Sag bloß, du hast grade da dran gezogen!"

„Ich ... doch ... ich ..."

Plötzlich muss sich Willerd an der Schreibtischkante festhalten.

„Bist du bescheuert?!“ Matthias dreht sich in dem Moment herum, als Willerd zwei Schritte nach hinten taumelt und sich dann wie ein nasser Sack in Jussi-Pussis Drehstuhl fallen lässt.

„Das gibt's doch nicht!“ Roman fährt sich mit beiden Händen über seinen Stoppelkopf. „Mann, das Zeug ist hochpotent! Das ist nix für Anfänger!“

Willerds Augen haben bereits einen glasigen Glanz angenommen. Verwirrt stieren sie abwechselnd Roman und Matthias an, so als wollten sie fragen: Was macht ihr denn hier?

Oder: Wer zur Hölle seid ihr?

Kein Zweifel, ihr Fahrer hat sich soeben ausgeknockt.

„DU BLÖDER SACK!“ Matthias ist mit einem Satz über ihm und schüttelt Willerd wie eine Puppe an den Schultern. Als das nichts hilft, verpasst er ihm ein paar Ohrfeigen: Links, pfatsch! Rechts, pfatsch!

Schließlich wendet er sich ab.

„Was machen wir jetzt bloß?“

„Na, wir müssen eh noch ein bisschen warten, bis es so spät ist, dass im Haus keiner mehr wach ist. Und wenn der Idiot dann immer noch so durchhängt ... Na, dann muss ich eben fahren.“

„Bist du sicher?“

„Na, wir haben doch keine andere Wahl! Kuck dir die Fotze mal an.“

Roman nickt schweigend. Seit Matthias gestern Abend seine Wohnung verlassen hat, ist er in einer Art Euphorie gewesen und hat sich eingebildet, alles kommt nun wieder ins Lot. Jetzt ist nichts mehr von dieser Zuversicht übrig. Wann würde dieser Alptraum nur endlich vorbei sein? Er will doch nur auf seinem Sofa sitzen, sich einen anrollen und gemütlich „Twin Peaks“ weiterglotzen! Ist denn das zuviel verlangt, verdammt?

„Gib mir mal deine Autoschlüssel, Wilson!“

„Meine ... Auto ... Schlüüüüssel ... ?“

„Ja, du Idiot! Her damit!“

Willerd scheint überhaupt nicht in der Lage zu sein, den Sinn dieser Worte zu erfassen. Matthias beugt sich daher runter zu ihm und beginnt grob, die Taschen seiner Jeans abtasten.

Willerd beginnt zu kichern: „Was ... tust ... du ... Hrhrhr ... Was ... Hrrr ... ?"

„Oh Mann, halt bloß die Fresse!"

„Hrrrrr ... ?"

Schließlich hält Matthias die Schlüssel in der Hand.

„Ich werd jetzt mal besser kein Bier mehr trinken. Also um auf Nummer sicher zu gehen."

Wieder wirft ihm Roman einen bewundernden Blick zu. Er beschließt, sich solidarisch zu geben und gleichfalls solange keinen Joint mehr anzurühren, bis die Aktion hier sauber über die Bühne gebracht ist. Kurzentschlossen drückt er den Joint-Rest im Aschenbecher aus.

Dann geht er in die Küche. Dort bemerkt er, dass etwas von dem Trockenfutter im Napf fehlt. Das ist sehr gut. Seit Matthias Enrico gestern gegen den Bettpfosten geschleudert hat, hält sich der Kater nämlich beharrlich unter dem Bord hinter dem Mülleimer versteckt. Von dort hört Roman ihn auch jetzt leise fauchen. Er hofft bloß, dass ihm nichts fehlt ...

Na, er wird sich ausgiebig um Enrico kümmern, sobald die Sache mit Jussi-Pussi ausgestanden ist. Er schüttet noch etwas Trockenfutter in die Schale, lauscht versonnen dem prasselnden Geräusch der in die Plastikschale kullernden Pellets und geht dann wieder rüber in das Zimmer seines verstorbenen WG-Kumpels. Es riecht jetzt in der Tat schon irgendwie faulig im Flur ... In Jussi-Pussis Zimmer macht er deshalb das große Doppelfenster auf. Kühle Luft strömt herein.

Matthias sitzt auf einem Stuhl und blickt grimmig auf Willerd, wobei er an seinem Daumennagel kaut. Willerd selber hängt völlig weggetreten in dem Drehstuhl am Schreibtisch. Seine Augen sind geschlossen, aber die zuckenden Pupillen unter den Lidern sind ein untrügliches Anzeichen dafür, dass er gerade einen ziemlich abgefahrenen Film schiebt. Auf seiner Stirn sieht Roman ein paar Schweißtropfen.

Krass, dass den ein einziger Zug dermaßen abgeschossen hat ...

„Mit dem geht nix, was?"

„Sieht so aus."

Für eine ganze Weile sitzen sie schweigend nebeneinander. Jeder brütet vor sich hin.

„Wollen wir bald los?"

„Wie spät isses denn jetzt?"

„Na, schon nach elf."

„Sollen wir's wirklich schon riskieren?"

„Ja, warum nicht." Matthias erhebt sich entschlossen von seinem Stuhl.

„Gut ..."

„Ich geh mal runter und fahr Wilsons Kiste in die Einfahrt."

„Okay."

Matthias verschwindet und kommt wenige Minuten später zurück.

„Gut, das hätten wir geschafft. Und jetzt lass uns mal den Finnen in den Kofferraum tragen."

„Ist denn da überhaupt genug Platz drin?"

„Hältst du mich für blöd? Ich hab mir das alles natürlich gerade eben genau angeschaut."

„Ich mein ja nur."

„Quatsch nicht rum und pack lieber mit an!"

Matthias hebt die verpackte Leiche an den Schultern hoch, Roman fasst sie an den Beinen.

„Der Arsch ist verdammt schwer! Vielleicht kann ja Wilson mit anpacken ..."

„Der?! Nee, die Pfeife kann doch selber kaum aufstehen! Und selbst wenn, der würde nur auf der Treppe stolpern und auf die Fresse fallen. Dann hätten wir die Nachbarn auf dem Hals."

Also müssen sie die Arbeit zu zweit erledigen. Zum Glück wohnt Roman im ersten Stock. Damit ist die Wahrscheinlichkeit, jemandem im Treppenhaus anzutreffen, natürlich gering, und tatsächlich gelingt es ihnen, den Leichnam ohne gesehen zu werden in den Kofferraum des in der Einfahrt parkenden Audis zu bugsieren. Trotzdem eine schöne Buckelei, und auf der Treppe ist Roman die Leiche einmal fast aus den Armen gerutscht.

Als sie es endlich geschafft haben, fühlt er sich schon ziemlich platt.

„Und das ist erst der Anfang, mein Freund." Matthias blickt ihn von oben herab an. Er scheint kein bisschen außer Atem zu sein. „Hast du schon mal ein Grab geschaufelt? Das wird heute auf jeden Fall noch ein richtiger Spaß ... Hoffentlich ist Wilson bis dahin wieder halbwegs fit!"

„Ja, hoffentlich."

„Dann können zwei schaufeln, während sich einer ausruht und den anderen beiden mit der Taschenlampe leuchtet."

Oben in der Wohnung geht Matthias zu Willerd und rüttelt an seiner Schulter. Roman kann sehen, wie der langsam und nur sehr widerstrebend die Augen öffnet, Matthias aber nicht gleich zu erkennen scheint.

„Was ... was ist los?"

„Steh mal auf, du musst mitkommen!"

„Ja, aber ..."

„Maul halten und aufstehen!"

Als Willerd nicht gleich Folge leistet, zieht ihn Matthias grob an seiner Jacke nach oben. Schließlich steht Wilson schwankend auf seinen Füßen, wirkt aber immer noch äußerst angeschlagen. Matthias verpasst ihm wieder ein paar Ohrfeigen. Diesmal allerdings nur ganz leichte.

Plitsch, platsch ...

Willerd hebt die Hände und macht ein paar träge Versuche, sich zu wehren. Seine roten Klüsen glotzen entrüstet auf Matthias. Den stört das natürlich überhaupt nicht

„Willilein, wir müssen los!"

„Wohin denn?"

Sollte der wirklich so breit sein, dass der sogar einen Filmriss hat? Roman hält das für unwahrscheinlich, aber nicht unmöglich.

„Wirste schon sehen."

Zum Glück hat Willerd noch Schuhe und Jacke an, so dass sie gleich los können. Matthias packt ihn mit einem Arm unter der Achsel und zieht ihn hinter sich her. Roman verlässt als letzter die Wohnung und macht das Licht im Flur aus. Widerstrebend dreht sich sein Schlüssel in dem alten Schloss.

Unten in der Einfahrt setzen sie Willerd auf die Rückbank, aber der kippt gleich wieder zur Seite und landet mit dem Gesicht auf dem Sitzpolster. Sie selber steigen vorn ein. Matthias justiert hinter dem Steuer kurz Sitz und Rückspiegel. Dann legt er den Rückwärtsgang ein und tritt herzhaft aufs Gaspedal. Der Motor heult auf, als sie zurücksetzen, und schon geht es mit quietschenden Reifen in die Nacht hinein.

„Und du meinst, die Sperlingshöhe ist wirklich ein guter Ort?"

„Mir fällt zumindest kein besserer ein."

„Wie weit isses denn eigentlich bis dahin?"

„Dürften von hier an die zwanzig Kilometer sein! Also nicht allzu weit."

Roman findet, dass Matthias zwar souverän aber trotzdem wie eine besengte Sau fährt. Er will erst was sagen, überlegt es sich dann jedoch anders. Auf keinen Fall will er ihn noch zusätzlich stressen. Außerdem scheint Matthias wie immer genau zu wissen, was er tut. Und abgesehen von dem Fahrstil gibt es da sowieso noch etwas anderes, was ihn beunruhigt: Er ist sich nämlich plötzlich überhaupt nicht mehr sicher, ob er seine Abstellkammer vorhin nach dem Gießen und Düngen der Jack Herers wirklich zugeschlossen hat. Sonst denkt er ja immer daran, aber durch das Chaos der letzten paar Tage wäre es immerhin möglich, dass er es diesmal vergessen hat ... Und das wäre schlecht! Enrico darf auf keinen Fall an seine Pflanzen kommen! Roman geht zwar davon aus, dass er abgeschlossen hat, schließlich ist es eine Art Automatismus ... aber ein kleiner Rest Ungewissheit bleibt. Andererseits, wer weiß, ob sich das arme Tierchen überhaupt aus seinem Versteck hinter dem Mülleimer hervortrauen würde ...

Während sie schweigend die Straßen entlangbrausen, denkt Roman auch an die Zukunft seiner Heimgärtnerei. Natürlich hat Matthias gestern eine unumstößliche Wahrheit ausgesprochen, als er meinte, dass es mit dem Gewächshaus in der Abstellkammer jetzt erst mal vorbei wäre. Aber das heißt ja nicht, dass es für immer und ewig so bleiben muss, sondern nur so lange, bis diese Sache mit Jussi-Pussis Verschwinden und allem, was damit zusammenhängt, ausgestanden ist. Roman hat sich schon genau überlegt, wie er diesbezüglich vorgehen wird: Nächste Woche, vielleicht am Donnerstag oder Freitag, wird er seine Jack Herers ernten. Das ist zwar immer noch sehr zeitig, denn bis dahin wird nur ein kleiner Teil der Harzdrüsen wirklich potent sein, das heißt, voll ausgereiftes THC enthalten, aber länger will er unter keinen Umständen warten. Nur für den Fall, dass Jussi-Pussis Leute den Finnen früher als erwartet als vermisst melden. In der Zwischenzeit wird er seine Wohnung gründlich auf Vordermann bringen – das hat er sowieso schon lange mal wieder vorgehabt, und jetzt ist ein geeigneter Zeitpunkt dafür. Besondere Sorgfalt muss er dabei auf Jussi-Pussis Zimmer verwenden. Im Internet gibt es ganz sicher alle möglichen Hinweise, wie man Leichenspuren so wirkungsvoll beseitigen kann, dass selbst die geübteste Spürhundenase nichts erschnuppern kann. Natürlich wird er für seine Recherchen einen TOR-Browser verwenden. Er ist ja nicht blöd. Der nächste Schritt besteht dann darin, irgendwo in der Natur ein Plätzchen zu finden, wo er in der nächsten Zeit seine Pflanzen anbauen kann. Er geht davon aus, dass er bis September oder Oktober locker zwei, vielleicht sogar drei Ernten einfahren kann. Hanfpflanzen gedeihen doch fast überall – selbst unter den Bedingungen in seiner Abstellkammer! Als Matthias die Sperlingshöhe als Ort für Jussi-Pussis letzte Ruhestätte vorschlug, haben sich in Romans Kopf selbstverständlich gleich die entsprechenden Ideen entwickelt. Vielleicht entdeckt er schon heute Nacht eine geeignete Stelle. Oft hingehen müsste er ja nicht, im Grunde nur die Setzlinge einpflanzen und zwei Monate später ernten ... mal sehen ... Für Camilo muss er sich allerdings noch was einfallen lassen. Der darf auf gar keinen Fall von dieser ganzen Scheiße erfahren, wenn er von seiner Kreuzfahrt zurückkommt. Und irgendwie wird er ihm wohl auch klarmachen müssen, dass bis Sommer vielleicht doch nicht genügend Geld für ihre Kubareise in der Kriegskasse sein wird. Na, mal abwarten. Vielleicht findet sich auch hierfür eine Lösung. Bloß nicht unnötig stressen ...

Mittlerweile haben sie die Stadt hinter sich gelassen. Gleich werden sie in die Bundesstraße einbiegen. Von dort führen wenig später verschiedene Wege in die Wälder, und einer davon wird der richtige sein. Er verlässt sich auch in dieser Hinsicht ganz auf Matthias.

Plötzlich bemerkt Roman aus den Augenwinkeln eine Bewegung auf der Rückbank: Willerd weilt wieder unter den Lebenden! Na wunderbar! Allerdings stiert der so benommen um sich, als wäre er gerade aus dem tiefsten Traum aller Zeiten erwacht.

Roman will was zu ihm sagen, etwas Blödes wie „Guten Morgen, liebe Sorgen!", aber Willerd beugt sich auf einmal zur Seite und reihert einen ganzen Schwall auf die Rückbank. Sofort müffelt es im Audi nach halbverdautem Kohl und Fleisch.

„Mann, du blöde Sau dahinten!" Matthias' Blicke stechen durch den Rückspiegel.

„Ja, echt mal! Matthias hätte doch anhalten können!"

„Na, ist mir doch egal! Das ist eh sein Auto, beziehungsweise das von seiner Mutter! Soll er die Schweinerei halt später selber wegputzen!" Matthias wirft noch einen angewiderten Blick auf Willerd, der sich auf der Rückbank einen abwürgt, und betätigt die automatischen Fensterheber. Sofort wird die Luft besser.

„Wir sind eh gleich da ... Dort vorn geht's nach rechts!"

Der Audi biegt ab, und nun holpern sie eine ganze Weile im zweiten Gang über Stock und Stein einen leicht ansteigenden Waldweg entlang, bis sie an einer Schranke angelangt sind.

„Frei für Forstbetrieb" prangt es in nüchternen Buchstaben auf dem Schild an der Schranke.

„Na, wir sind doch ‚Forstbetrieb', oder nicht? Wir bringen immerhin was zum Düngen!" Matthias lacht scheppernd, als hätte er einen völlig genialen Witz gerissen, aber Roman findet die Bemerkung reichlich geschmacklos. Wortlos steigt er aus und drückt die Schranke nach oben. Zum Glück ist sie nicht mit einem Vorhängeschloss gesichert. Matthias lässt den Audi durchrollen, und Roman steigt wieder ein. Sie fahren noch einige hundert Meter, bis sie an einer Biegung ankommen, hinter der sich eine kleine Lichtung befindet. Mit den Scheinwerfern lässt sich alles sehr gut einsehen.

„Sieht doch gut aus! Oder was meinst du?"

„Ja, warum nicht."

„Na dann mal los." Matthias bleibt mit eingeschalteten Scheinwerfern im Leerlauf stehen. Er springt aus dem Audi und öffnet die Hintertür: „Raus mit dir, du Ferkel! Wir sind da!"

Widerstrebend krabbelt Willerd von der Rückbank. Mit einer Hand muss er sich an der Tür festkrallen. Er scheint jetzt wirklich wieder halbwegs beieinander zu sein.

„Oh Mann, ist das kalt ..."

„Wird dir gleich warm werden, keine Sorge!"

Roman hat inzwischen den Kofferraum geöffnet. Ein muffig-süßlicher Geruch schlägt ihm entgegen.

„Lass uns erst mal nach 'nem guten Fleckchen suchen!" Matthias stapft bereits über die Lichtung und bleibt nach etwa zwanzig Metern stehen: „Wie wär's denn hier?"

Roman kommt hinterher. „Ja, warum nicht", sagt er noch mal. Hauptsache der Finne ist möglichst bald unter der Erde.

Die Äste einiger großer Eichen und Buchen reichen bis hierher, so dass der Boden von haufenweise vergammelnder Blätter bedeckt ist.

„Die Blätter können wir danach wieder über dem zugeschaufelten Grab verteilen, so dass es nicht auffällt."

„So wird's gemacht!", ruft Matthias und geht schon wieder zurück zum Audi, wo Willerd an den Kotflügel gelehnt vor sich hinstarrt.

„Na, geht's denn wieder?", hört Roman ihn fragen.

„Ja ... bin aber noch ein bisschen wacklig auf den Beinen."

„Na gut! Dann wollen wir mal ein schönes Loch graben."

Roman geht hinterher: „Können wir vielleicht erst mal den Jussi-Pussi aus dem Auto hieven? Der ... stinkt schon ein bisschen, wisst ihr ..."

„Okay, Roman hat recht!"

Sie gehen zum Kofferraum, und Matthias greift beherzt als erster nach der Leiche.

„Oh, so ein fetter Sack! Verdammt! Helft mal mit!"

Sie zerren Jussi-Pussi in seiner zweiten Haut aus Müllsackbeuteln aus dem Audi. Sogar Willerd fasst zaghaft mit an. Zu dritt wuchten sie ihn zu der Stelle, an der er begraben werden soll. Dort lassen sie ihn fallen.

Matthias geht gleich wieder zum Audi und holt die beiden Schaufeln und die Taschenlampe. Die Schaufeln wirft er neben Jussi-Pussi, und die Lampe, einen halben Armeescheinwerfer, schaltet er ein und drückt sie Roman in die Hand: „Leuchte mal aufs Auto!" Er geht noch mal zurück und macht Motor und Licht aus.

„Ist ja gleich finster wie in 'nem Bärenarsch ...", meint Roman zu dem schwarzen Schatten neben ihm. Willerd entgegnet nichts, aber deutlich kann er ihn mit den Zähnen klappern hören.

Matthias ist gleich wieder da: „Am besten, Wilson und ich fangen mit der Schaufelei an, und du leuchtest uns! Bist ja auch unsere größte Leuchte hier. Später wechseln wir uns ab. Einverstanden?"

„Klar!"

Matthias schnappt sich die Schaufeln und hält eine davon in Willerds Richtung. Der greift zögernd danach.

„Los geht's!"

In den folgenden zwanzig Minuten kann Roman die beiden dabei beobachten, wie sie langsam Erde und Steine wegschaufeln. Unter den Gesteinsbrocken sind ein paar richtig große Dinger dabei, die sie umständlich mit der Schaufel lockerhebeln und dann mit den Händen aus der Grube heben müssen.

Sie machen sich auch richtig schmutzig dabei. Matthias arbeitet wie ein Verrückter. Willerd dagegen wirkt, als könnte er jeden Augenblick tot umkippen. Ansonsten hält er sich jedoch überraschend gut.

Über ihnen ist alles dunkel. Weder Sterne noch Mond sind zu sehen. Es ist finsterste Nacht.

Roman blickt hinüber zu Jussi-Pussi, der gleich neben dem sich stetig vergrößernden Erdhaufen liegt.

Ist es nur der Schatten von einem Schaufelwurf Erde ...

... oder hat sich die Leiche gerade eben bewegt?!

Roman zuckt zusammen.

„Hey, lasst mich auch mal schaufeln!"

„Gut! Wilson, gib ihm deine Schaufel." Matthias wischt sich den Schweiß von der Stirn. Seine Bikerjacke hat er schon lange ausgezogen.

Roman nimmt Willerd die Schaufel ab.

„Ist schon anstrengend", presst der schnaufend hervor.

„Na, ruh dich erst mal ein bisschen aus."

Er hätte sich ein paar Schutzhandschuhe mitnehmen sollen, denkt Roman, nachdem er ein paar Minuten lang verbissen geschaufelt hat. Eine Zumutung ist das. Wenigstens ist der Boden nicht mehr gefroren. Er lässt kurz die Schaufel sinken und blickt zu Willerd herüber, der gerade seinen Daumen begutachtet. Ein altes Pflaster ist darum gewickelt.

„Komm, Romanowski, beweg dich! Ist immerhin deine Leiche!"

Da hat der Matthias wohl leider recht ...

Bald schon läuft Roman der Schweiß den Rücken runter. Alles schmerzt. Und was das Schlimmste ist: Sein Suchtzentrum verlangt gierig nach einem Joint ... Aber er hat ja nichts mitgenommen! Vorhin dachte er noch ganz heroisch, er nimmt sich an Matthias ein Beispiel ... aber jetzt ... jetzt! – Ah, jammern nützt doch nichts! Also schaufeln! ... Immer weiter schaufeln! Je schneller er schaufelt, umso eher ist das Loch tief genug für Jussi-Pussi, umso eher können sie ihn hineinlegen und verbuddeln, umso eher zurückfahren.

Und umso eher ist er zuhause bei seinem Gras, bei seinen Pflanzen, bei Enrico, bei „Twin Peaks"!

Diese Dinge scheinen ihm plötzlich unerreichbar fern. Wie eine flüchtige Erinnerung an eine wunderschöne Zeit, die unwiederbringlich verloren ist.

Eine böse Vorahnung beschleicht ihn ...

Sie buddeln immer weiter, wechseln einander ab, buddeln und buddeln. Roman verliert jegliches Zeitgefühl. Stunden müssen vergangen sein. Noch immer schwenkt er verbissen die Schaufel. Irgendwann fragt er Willerd nach der Uhrzeit, und der sagt trocken: „Halb drei!"

Schon halb drei!

Oh Mann, wie die Zeit vergeht! Und spätestens, wenn es hell wird, müssen sie hier fertig sein, sonst haben sie ein Problem und zwar ein ganz gewaltiges.

Also noch schneller schaufeln!

Matthias muss ihn schon lange nicht mehr antreiben, er arbeitet auch so wie ein Berserker. Willerd kann ruhig am Rand der Grube stehenbleiben und doof in die Finsternis starren, solange er nur ordentlich leuchtet.

Gegen drei meint Matthias endlich: „Ich denke, das reicht." Er ist über und über mit Dreck vollgeschmiert. Seine muskulösen Arme glänzen im Licht der Taschenlampe. Sein Brustkorb, über das sich ein enges Minor-Threat-Shirt spannt, hebt und senkt sich wie ein Blasebalg.

Tatsächlich stehen sie jetzt bis zur Hüfte in einer Grube, die so groß ist, dass Jussi-Pussi bequem hineinpassen dürfte.

„Ja, du hast recht. Das ist wirklich tief genug. Sogar mehr als genug."

Sie klettern raus und legen eine Verschnaufpause ein. Roman und Matthias stützen sich auf ihre Schaufeln. Willerd leuchtet mit der Lampe die Bäume ab.

„Oh Mann, ich bin vielleicht im Arsch, Leute!"

„Dabei hast du am wenigsten von uns gemacht!"

Anstelle einer Antwort schnaubt Willerd nur.

Dann schweigen alle drei.

„Ich würd jetzt so gern einen bifteln ..."

„Kannste doch dann bei dir zuhause alles machen!"

„Ist aber noch 'ne ganze Weile hin ..."

„Du bist verdammt noch mal süchtig, Alter!"

„Kann schon stimmen. Aber was soll ich machen? Es gibt sonst einfach nix in dieser verfickten Welt, was mich so glücklich macht wie 'n dicker, fetter Joint. – Ist so!"

„Na ... Ich würd mir jetzt auch gern eine anstecken."

„Stimmt, du rauchst fast gar nicht mehr ..."

Roman blickt zu Matthias hinüber und fühlt sich mit ihm auf einmal sehr verbunden.

„Nee, seit fast einem Jahr schon nicht mehr."

„Und, wie kommste damit klar?"

„Ziemlich gut ... Also meistens. Aber jetzt könnt ich schon eine brauchen. Oder 'n Bier. Wenigstens ein verdammtes Bier. Scheiße!"

Unvermittelt schaltet sich Willerd ein: „Ist euch eigentlich schon aufgefallen, dass wir drei, na, dass wir drei zum ersten Mal seit dem Abitur wieder was zusammen machen? Das ist jetzt ziemlich genau zehn Jahre her!"

„Na, auf den Anlass kann ich echt verzichten! Aber wenn's dich aufgeilt, kannste dich ja mal bei der fetten Robert-Sau melden und im Mai mit den anderen Spacken zusammen im Melantron-Hotel feiern! Wirste dir aber auch einigen Sülz anhören müssen über Karrieren, Gören und was weiß ich noch alles."

„In der Hinsicht haben wir drei bis jetzt auf jeden Fall noch nicht so reingehauen."

„Ist auch besser so. Das macht uns ... na ja ... frei!"

„Ich fühl mich, ehrlich gesagt, nicht besonders frei."

„Du bist ja auch ein Zyniker, Wilson! Du warst immer einer und wirst auch immer einer bleiben. Ein verdammter Zyniker!"

„Kann sein."

Obwohl sich Willerd außerhalb des Lichtkegels befindet, kann sich Roman vorstellen, wie der jetzt wieder mit seinen Schultern zuckt. Eine typische Wilson-Geste.

„Und ob du 'n Zyniker bist! – Worum geht's noch mal in deinem komischen Roman?"

„Na, um so 'nen Nuklearschlag. Und die Überlebenden kämpfen gegen irgendwelche mutierten Monster. Und auch untereinander. Muss ich mir aber alles noch ein bisschen besser überlegen."

„Ich sag doch: Zyniker! – Und seit dich die Lydia damals abgeschossen hat, isses nur noch schlimmer geworden!"

„Ach, leck mich!"

„Das war ein Witz, du humorloser Penner!"

„Ja, wirklich sehr witzig!"

„Leute, jetzt hört doch mal auf mit dem Scheiß! Lasst uns doch mal lieber zusehen, dass wir den Jussi-Pussi endlich unter die Erde bringen!"

„Da hat der Romanowski recht! Also los geht's!"

Roman und Matthias gehen zu Jussi-Pussi. In seiner Verpackung ist der halb unter einem Haufen aufgeworfener Erde verschwunden. Sie müssen ihn richtig freischaufeln.

„Kann das sein, dass der noch schwerer ist als vorher? So ein fetter Sack!" Matthias' Stimme klingt geradezu entrüstet.

„Hör mal, das ist ein Toter! Jetzt reiß dich mal 'n bisschen zusammen."

„Wirst wohl sentimental, was?"

„Halt doch die Fresse, Mensch! ... Ich hab mit dem Jussi-Pussi vier Jahre lang zusammen gewohnt! Und jetzt isser tot! Und es ist ... na, zum Teil isses auch meine Schuld! Klar, werd ich da ..." Roman spürt, wie sich seine Kehle verengt. Er schluckt.

„So ein armes Schwein ..." bricht es schließlich aus ihm heraus. „Hat sich hier bei uns völlig zum Arsch gemacht! Und sich dann nicht mehr nach Hause getraut! Hätt ich gewusst, wie's um den – na ja – bestellt ist, hätt ich doch alles getan, um dem zu helfen! Vielleicht hätten wir nur mal quatschen müssen. Also richtig quatschen, nicht nur so ein bisschen dummes Gebrabbel ab und zu in der Küche! Aber der blöde Sack hat sich auch nie mal was anmerken lassen. Nie! Wie hätt ich da wissen können, dass ... dass ..." Ein Träne rinnt über seine schmutzige Backe.

„Du ... du hast schon recht, Alter." Matthias räuspert sich. „Das ist wirklich kein gutes Ende."

„Nee ..."

Romans schnieft geräuschvoll in die Nacht hinein.

„Bringen wir's hinter uns, okay?"

„Ja."

„Wilson, leuchte mal bitte."

Vorsichtig wuchten sie Jussi-Pussi zum Rand des Erdlochs. Matthias steigt hinein, während Roman und Willerd draußen stehen bleiben. Zu dritt lassen sie die Leiche vorsichtig zum Boden der Grube hinunter. Matthias klettert raus, und dann stehen sie eine Zeitlang um das Grab herum.

„Ist für mich das zweite Begräbnis. Das erste war damals das von Vater."

Willerd hat das ganz unvermittelt gesagt. Da ist ein nachdenklicher Ton in seiner Stimme. Roman und Matthias blickten beide rüber zu ihm, aber sein Gesicht liegt wieder im Dunkeln.

„Wie lange ist das jetzt her?"

„So knapp fünfzehn Jahre."

„So lange schon ..."

„Ja."

Matthias nimmt mit der Schaufel einen Haufen Dreck von dem Erdhügel: „Also dann, ähm, Jussi, ich wünsch dir 'ne gute Reise. Wo auch immer es hingehen mag. Hals- und Beinbruch." Erdklumpen kollern über das Plastik in der Grube. Roman nimmt seine Schaufel und tut dasselbe. Er wüsste nicht, was es noch zu sagen gäbe. Sollte er hier in der Nähe in Zukunft wirklich Gras anbauen, wird er vielleicht hin und wieder diese Stelle besuchen ...

Hastig schaufeln sie die Grube zu.

„Jetzt noch die Blätter drauf ..."

Damit sind sie schnell fertig.

Roman fühlt sich auf einmal so, als wäre alle Kraft aus ihm gewichen. Er braucht wirklich ganz dringend einen Joint. Ächzend stützt er sich auf seine Schaufel.

„Ich denk, wir können jetzt gehen, oder?"

„Sieht so aus."

Er schnappt sich seinen auf dem Boden liegenden Ledermantel und stellt fest, dass der total verdreckt ist. Dasselbe gilt für seine restlichen Klamotten. Matthias und Willerd sehen auch nicht besser aus. Trotzdem fläzen sie sich in den Audi, ohne auf die Sitzpolster zu achten. Selbst Willerd scheint es mittlerweile scheißegal zu sein. Der wird in den nächsten Tagen einen Heidenspaß mit der Reinigung haben. Allein dieser Gestank nach Kotze ... Roman beschließt, ihm auf jeden Fall beim Saubermachen zu helfen. Das ist wirklich das Mindeste, was er tun kann.

Diesmal sitzt Willerd hinterm Steuer. Er macht zwar immer noch einen leicht benommenen Eindruck, scheint aber ansonsten wieder ganz der übliche Kauz zu sein. Zum Fahren reicht es allemal.

Während der Heimfahrt fällt kein einziges Wort. Es ist immer noch stockfinster. Langsam ziehen die Markierungspfosten der Landstraße links und rechts an ihnen vorbei.

Roman kann nun an nichts anderes mehr denken als an seine Pflanzen und den Joint, den er sich dann gleich rollen wird. Unruhe wühlt in seinen Eingeweiden. Er zittert, und ihm ist übel.

Die Digitalanzeige an den Armaturen sagt 5:37, als sie endlich sein Haus erreichen.

„Also ich meld mich morgen bei dir, Wilson, ja?"

„Ist gut." Willerd schaut ihn nicht mal an.

„Wegen der Reinigung von dem Auto, mein ich."

„Das schaff ich schon."

„Mach's gut und ... äh ... danke für alles!"

„Steig endlich aus."

Er öffnet die Tür, schält seine schmerzenden Glieder aus dem Sitz und schlägt die Tür hinter sich zu. Als der Audi gleich darauf zurücksetzt, hat Willerd immer noch keinen Blick für ihn übrig. Matthias dagegen nickt ihm beim Wegfahren spöttisch zu. Er hat den Zeigefinger wie eine Pistole auf ihn gerichtet.

Gut, die Schaufeln wird er dann eben irgendwann später abholen.

Jetzt schnell zu den Pflanzen! Und Enrico!

Als er die Wohnungstür aufschließt, hängt ein fauliger Geruch wie ein düsteres Menetekel im Flur.

Er geht zu der Abstellkammer und sieht gleich, dass die Tür einen Spalt weit geöffnet ist. Er hat sie also tatsächlich nicht abgeschlossen! Wie hat er das nur vergessen können! Er schiebt die Tür auf und langt nach dem Lichtschalter.

Als er das Licht anknipst, hört er wieder das Blut in seinen Ohren rauschen. Es ist wie auf Gras-Brownies. Ein harter Flashback.

Enrico hat wirklich ganze Arbeit geleistet: Seine spitzen Krallen und Zähne haben die Wände des Zeltes an vielen Stellen durchlöchert und zerrissen. Irgendwie ist es ihm sogar gelungen, eine der beiden Grolux-Lampen halb aus ihrer Aufhängung zu reißen. Aber es ist das, was Enrico seinen Jack Herers angetan hat, das Roman verzweifelt nach Luft schnappen lässt: Alle vier Pflanzen sind völlig zerbissen. Der ganze Boden ist mit zerfetzten Blättern und Knospen bedeckt. Die Ernte ist total ruiniert.

Und mitten in diesem Chaos liegt, das offene Maul grün von Pflanzensaft, die vier Beine bereits leichenstarr von sich gestreckt: Enrico selber.

III.

ERLÖSUNG

ACHTZEHN

Als Willerd nach Hause kommt, ist seine Wohnung ein fremdes, kaltes Loch. Durch das Fenster kriecht fahles Morgenlicht. Für Augenblicke bleibt er verwundert im Eingang stehen, weil er glaubt, die falsche Wohnung betreten zu haben. Dann aber verfliegt der Eindruck und er geht, ohne die nackte Vierzig-Watt-Birne eingeschaltet zu haben, zum Kühlschrank und füllt sich ein Glas Milch ab.

Er ist wie erschlagen. In seinen Armen und Beinen brennt es, hinter seiner Stirn pocht ein beharrlicher Schmerz.

So dreckig, wie der Audi ist, muss der wohl in die Spezialreinigung, denkt er schwerfällig, während die kalte Brühe seine Speiseröhre herunterläuft. Da sind die hundert Euro von seiner Mutter gleich wieder weg.

Er zieht die dicken Vorhänge zu und legt sich auf sein Sofa. Seine schmutzigen Sachen hat er zuvor in die Duschkabine in seinem Bad geworfen.

Er schläft sofort ein.

Neun Stunden später wacht er auf und weiß zuerst gar nicht, wo er ist. Er ist wie betäubt. Schon wieder ist da dieses Gefühl völliger Fremdheit. Dann aber nehmen die Schemen um ihn herum langsam vertraute Formen an. Als er die Vorhänge zurückzieht, durchflutet grelles Nachmittagslicht seine Wohnung. Er kramt seine graue Jogginghose und ein halbwegs sauberes Shirt aus dem Kleiderschrank und zieht sich an.

Nun setzt er Kaffeewasser auf. Im Küchenschrank findet er eine Dose Ravioli. Er hebelt die Oberseite mit dem großen Küchenmesser auf und lässt den Inhalt in einen Topf klatschen. Den Topf stellt er auf das zweite der beiden Kochfelder.

Während sich die Ravioli und das Kaffeewasser erhitzen, denkt er an seinen Roman. Seit Mittwoch hat er sich nicht mehr damit beschäftigt. Er macht seinen Computer an und tippt in den nächsten fünf Minuten die folgenden Zeilen in die Tastatur:

Rocko konnte seinen Hunger kaum noch bezwingen, und den meisten seiner Gefährten schien es ganz ähnlich zu gehen. Ihre Nahrungsmittelvorräte waren inzwischen fast gänzlich aufgebraucht, aber es war nicht möglich, ihr Domizil, das ihnen immer mehr wie ein riesiger Sarkophag erschien, zu verlassen, denn draußen lauerten diese riesigen Ratten jetzt in immer größerer Anzahl. Schlimmer noch, es schien so, als ob sich diese abscheulichen Monster inzwischen an das Tageslicht gewöhnt hätten, denn immer öfter sah man sie vom Turm aus im Zwielicht umherhuschen. Wenn das so weiterging, müssten er und seine Gefährten sehr bald einen Ausbruch versuchen ... Oder aber – und an diese Möglichkeit wagte Rocko kaum zu denken – sie würden Lose ziehen müssen. Der, der das kürzeste Los zog, würde sich den anderen opfern. Sein Fleisch würde helfen, die Gemeinschaft vorerst am Leben zu erhalten ... Und nur das allein zählte!

Plötzlich befiel Rocko eine große Traurigkeit, denn er musste wieder an Karen denken, seine geliebte Karen, die die radioaktive Strahlung nicht überlebt hatte und vor einigen Wochen verstorben war. Karen fehlte ihm so sehr. Sie hatten sie zusammen mit vielen anderen Leichen auf einem Berg Autoreifen im Park verbrannt ...

Mittlerweile kochen Ravioli und Kaffeewasser. Willerd steht vom Stuhl auf und geht in die Küchenecke. Das sprudelnde Wasser gießt er in die Kaffeetasse, in die er zuvor etwas Instant-Kaffee geschüttet hat. Ein Teil der Ravioli kommt auf einen tiefen Teller. Den Rest wird er später essen.

Er nimmt einen Löffel aus dem Besteckkasten und geht mit Teller und Tasse zurück zu seinem Schreibtisch. Während er anfängt, vorsichtig die heißen Ravioli zu essen, liest er noch mal das, was er soeben geschrieben hat.

Nicht übel, denkt er, gar nicht schlecht.

Na, er wird jetzt erst mal die Ravioli verspulen und dann gleich weiterschreiben.

Aber plötzlich zerreißt das schrille Geräusch der Türklingel die Stille in seiner Wohnung. Willerd zuckt zusammen. Wer kann das sein? Jetzt? Ausgerechnet jetzt?

Er kriegt doch nie Besuch!

Er erhebt sich von seinem Stuhl und schleicht geräuschlos zur Tür. Vorsichtig schaut er durch den Spion und sieht – Frau Zimmermann!

Seltsam ... Sonst klingelt die nie bei ihm. Sonst steht die doch immer nur im Flur und wartet dort auf ihn ...

Der Spion verzerrt zwar ihre Dimensionen, aber er kann ihre untersetzte Gestalt deutlich erkennen. Wie immer trägt sie ihren gelben Bademantel.

Wenn seine Nachbarin bei ihm klingelt, muss etwas Außergewöhnliches vorgefallen sein. Etwas Schlimmes. Vielleicht hat sich wieder einer umgebracht.

Flüchtig fährt er sich mit der Hand durch die fettigen Haare und ihm fällt ein, dass er sich nach der Aktion im Wald noch gar nicht geduscht hat. Er hat kleine Dreckkrümel zwischen den Fingern.

Na, für seine Nachbarin wird es schon reichen. Die sieht ohnehin sehr schlecht, und in ein allzu langes Gespräch wird er sich ganz bestimmt nicht verwickeln lassen.

Er öffnet die Tür.

Frau Zimmermann steht im Hausflur. Ihr faltiges Gesicht ist zu einer freundlichen Grimasse verzogen. Er lächelt zurück.

„Hallo, was ..."

„Hab ich dich endlich, Willi!", meint Frau Zimmermann, aber es ist gar nicht ihre Stimme, mit der sie spricht. Zwar klingt sie wie die hohe Zitterstimme einer alten Frau, aber ihr haftet auch etwas Junges an.

Und etwas Kaputtes.

Willerd bleibt der Satz im Hals stecken.

Und nun verwandelt sich Frau Zimmermann. Es ist kein allmählicher Prozess, nein, es geht auf einen Schlag: BÄMM! Und Yvonne steht vor ihm.

„Hab ich dich endlich!", sagt sie noch einmal mit ihrer falschen Omastimme. Durch ihre kaputte Nase grunzt es triumphierend. Sie tritt einen Schritt auf ihn zu. Verwirrt weicht er zurück.

„Überrascht, was?! ... Willst du mich nicht wenigstens reinlassen?"

Willerd ist so fassungslos, dass er zur Seite geht und Yvonne in den kleinen Vorraum eintreten lässt. Der süßliche Geruch billigen Parfüms dringt in seine Nase ... Sie hat sich richtig für mich aufgebrezelt, weht es ihm fetzenhaft durch den Kopf. Wie immer trägt sie das schwarze Samtkleid unter ihrer Jacke ... dann natürlich das Korsett aus Hartplastik, das das Fett auf ihrem Körper so vorteilhaft umverteilt ...

Was geht hier nur vor?

Oder anders gefragt: *WAS GEHT HIER NUR VOR?!*

„Ich hab mir schon gedacht, dass du hier wohnst ... Also dass es das Horrorhaus sein muss. Nenn es ruhig weibliche Intuition ..." Yvonne kichert kurz. „Und da bin ich eben einfach mal vorbeigekommen, um nachzuschauen ... Und hab dich auch gleich gefunden ..."

Die letzten Worte haucht sie fast. In dem engen Vorraum kommt ihm ihr Gesicht gefährlich nahe. Willerd sieht auf ihrer Unterlippe, gleich neben dem Piercing-Ring, einen Herpespickel, dick und leuchtend wie eine Knospe. Sie hat ihn notdürftig mit einem grellroten Lippenstift übermalt.

„Bist 'n kleiner Dreckspatz, was?" Sie verzieht den Mund, als sie das sagt. Ihre zu Tode gezupften Augenbrauen heben sich spöttisch. „Vielleicht solltest du erst mal duschen, bevor wir loslegen ..."

Er hat keine Ahnung, wie viel von dem Schmutz der vergangenen Nacht immer noch in seinem Gesicht klebt. Er hat noch nicht mal in den Spiegel geschaut ...

Yvonne wartet gar nicht auf eine Antwort. Selbstbewusst geht sie an ihm vorbei in sein Wohnzimmer.

Aber das hätte sie nicht tun sollen. Außer ihm hat hier keiner Zutritt!

Plötzlich weiß Willerd, was er zu tun hat. Nun ist er sozusagen voll im Bilde. Dreimal verfluchte Scheiße aber auch!

Jetzt löst sich auch seine Erstarrung. Mit einer schnellen Bewegung macht er die Wohnungstür zu.

Jetzt sind sie unter sich.

Er und Yvonne.

„Wie ... wie sieht's denn hier aus?!"

Obwohl sie ihm den Rücken zugewandt hat, kann er sich schon vorstellen, was sie für ein Gesicht macht.

„Also das ist doch ... !"

Vermutlich meint sie seine Typologie. Ja, die ist in den letzten Monaten schon etwas ausgeartet, da hat sie recht, die Yvonne. Die Wände sind inzwischen voll mit Zetteln, zum Teil sogar bereits die Decke. Überall sind Zettel angebracht – größere Zettel, kleinere Zettel, bunte Zettel, er hat alles bekritzelt, was ihm in die Finger kam: Fahrscheine, Eintrittskarten, Etiketten, Kassenzettel und so weiter ... Zugegeben, auf den ersten Blick wirkt seine Typologie sicherlich chaotisch, vielleicht sogar völlig – nun ja! – irrwitzig, aber es hat alles einen tieferen Sinn! Man muss nur sein System kennen! Und das kennt keiner außer er! Schließlich ist es *sein System!*

„Und diese Briefe! – Wo hast du die denn alle her?!"

Die Frage ist wie ein langes Hallen in seinem Kopf. Ein ewiges Echo, dass sich an den Innenwänden seines Schädels bricht:

WO HAST DU DIE DENN ALLE HER, WILLI?!

... HAST DU DIE DENN ALLE HER, WILLI ... ?!

... DIE DENN ALLE HER, WILLI ... ?!

... ALLE HER, WILLI ... ?!

Ja, was glaubst du denn, Yvonne!

Ich geh einfach runter und hol sie mir! Die lassen sich nämlich kinderleicht aus den Briefkästen angeln! ... In unbeobachteten Momenten ... Ich hab da eine Methode entwickelt ... Aber das ist ein Geheimnis ... du verstehst! ... Und dass eine ganze Menge dieser Briefe immer noch zu sind ... Ach weißt du, ich hatte nicht viel Zeit ... musste Geld verdienen ... arbeiten! ... In der Schleifscheibenfabrik ... dann meinen sogenannten Freunden helfen! ... Jemanden im Wald vergraben! ... Einen Finnen!

... Stell dir das mal vor! ... Aber die Briefe, die geh ich schon noch durch ... bald ... dann wird die Typologie noch umfangreicher ... noch besser ... Ich schaff das! ... Auch den Roman! ... Das wird jetzt richtig gut laufen! ... Ich weiß es ... Ich schaff das ganz allein! ... Ich ... brauche ... niemanden! ... Nicht mal Frau Zimmermann ... meine Nachbarin ... die ... die ... die hilft mir auch nicht mehr ... schon lange nicht mehr ... seit letztem Jahr schon nicht ... seit sie sie abgeholt haben ... in ihrem gelben Bademantel ... der am Ende ganz schmutzig war ... Versauert jetzt im Altenheim ... irgendwo ... oder ist schon tot ... schon lange tot ... wer weiß es? ... Weißt DU es, Yvonne?

WEISST DU ES?!

Als sich Yvonne zu ihm umdreht, kracht ihr Willerd den schweren Spülkastendeckel seines Klos voll vor die Stirn: „KRONKS!"

Denkst du blöde Schlampe etwa, ich lass dich hier einfach mal so reinspazieren! Hier in meine Wohnung! Damit ich dich mal eben durchficke?! Und dann haust du wieder ab?! Hä?! Was bildest du dir ein?! Da kannst du ruhig glotzen, dich wundern über die Suppe, die dir den Kopf runterläuft! Und warte, kriegst gleich noch eine, und zwar so: „KRONKS!" Und noch mal richtig ausgeholt: „KR-KRRRRONKS!" Wozu hab ich denn den Spülkastendeckel immer griffbereit neben der Tür?! – Ich hab doch immer gewusst, dass ich den mal brauchen würde! Nur zur Selbstverteidigung! Natürlich! Mit so einer Drecksbande wie Rocko Selich und Konsorten in einem Hause wohnen, das geht ja wohl nicht! Da muss man sich verteidigen können! Falls die hier mal reinkommen wollen! Oder sonst jemand! Und haste dir diese dünnen Sperrholztüren mal angeschaut, du Fotze?! He! Du Nutte! Ich red mit dir! Haste dir die mal angeschaut?! Wie leicht die durchbrechen können?! So schnell wie deine Rübe! Da siehste mal! Du Fotze! Du Miststück! Ich mach dich tot ... ich schlag dich kaputt ... ich zerleg dich ... ich mach dich kaputt ... ich ... wart ... ich ...

Irgendwann steht der Spüldeckel wieder an seinem Platz hinter der Tür und Willerd selber sitzt auf dem Sofa. Vor ihm liegt Yvonne in einer sich ausbreitenden Blutpfütze. Teile seiner Typologie an der Wand sind mit Mustern aus Blut und Hirnmasse bespritzt.

Na, da wird er wohl wirklich mal gründlich saubermachen müssen!

Und danach gleich noch mal ab in den Wald mit dem Audi seiner Mutter.

Eigentlich sollte er Matthias und Roman kontaktieren. Nur fair, wenn er die beiden Arschlöcher jetzt mal für *seine* Zwecke einspannt.

Und dann gleich wieder hinter den Roman geklemmt ... Das wird jetzt wie von selbst gehen, richtig flutschen. Er spürt es genau. Es fühlt sich an, als hätte sich etwas in seinem Kopf gelöst.

Ein Riegel, der eine dicke Tür verschloss, ein Pfropfen, der eine Quelle versiegelte ...

Er lächelt versonnen.

Eine ganze Weile sitzt er so.

Plötzlich klingelt es wieder an der Tür. Das schrille Geräusch wischt das Lächeln aus seinem Gesicht.

Noch ein Besucher?

Jetzt? Ausgerechnet *jetzt*?

Wie kann das sein?

Auf einmal fängt er an, zu zittern.

Die Klingel ertönt ein zweites Mal.

Willerd will sitzenbleiben, darauf warten, dass das Klingeln aufhört, der Besucher verschwindet. Aber plötzlich muss er zur Tür gehen. Wie ferngesteuert steht er auf, steigt auf Beinen wie aus Gummi über Yvonnes Leiche und ist schon an der Wohnungstür. Mechanisch legt er seine Hand auf die Klinke und drückt sie nach unten.

Er hat die Tür nur ganz vorsichtig einen Spalt weit öffnen wollen, aber nun tritt er, ohne es zu wollen, einen Schritt zurück und macht sie sperrangelweit auf. Im fahlen Licht der summenden Neonröhren erkennt er eine massige Gestalt.

Willerds Zittern wird noch stärker. Er fühlt sich so schwach, dass er sich an der Türklinke festhalten muss. Seine Zähne beginnen unkontrolliert gegeneinander zu schlagen.

Die Gestalt vor ihm ist in einen alten Militärmantel gehüllt und hat eine geschwollene, rote Nase, auf der eine Hornbrille sitzt.

Irgendwie kommt ihm diese Erscheinung bekannt vor. Er hat sie doch schon mal gesehen. Irgendwo vor vielen Jahren ...

Als er Den Zentralrat Augenblicke später erkennt, holt der schwungvoll mit der Rechten aus. Gleich darauf kracht seine Faust so kraftvoll auf Willerds Gesicht, dass dessen Nasenbein mit einem trockenen Knacken bricht. Er taumelt zurück, verliert das Gleichgewicht und schlägt der Länge nach im Vorraum seiner Wohnung auf. – Vielleicht hätte er sich ernsthaft verletzt, wäre er mit dem Kopf nicht auf Yvonnes weichem Schenkel aufgekommen. Dennoch explodieren grelle Schmerzensblitze vor seinen Augen.

Ein blutroter Nebel legt sich über sein Blickfeld. Durch diesen Nebel sieht er, wie Der Zentralrat mit einer seiner massigen Erscheinung spottenden Behändigkeit auf ihn zugelaufen kommt und sich auf seinen Oberkörper fallen lässt.

„UFF!!“

Willerd ist sich nicht sicher, ob dieser Laut von ihm kommt, oder von dem seltsamen Angreifer. Aber als das volle Gewicht Des Zentralrats so unvermittelt auf ihm lastet, glaubt er, ihm würden alle Rippen brechen. Gleichzeitig beginnen die Knie dieses bizarren Eindringlings auf die Muskeln seiner Oberarme zu drücken.

Hätte er noch Luft in seinen Lungen, würde er vor Schmerzen aufschreien. So aber kommt nur ein röchelndes Japsen über seine Lippen.

Der Zentralrat blickt mit einer Visage auf ihn herunter, die so verzerrt ist vor Wut, dass sie nichts Menschliches an sich hat. Die Hornbrille ist ein Stückchen die riesige Nase runtergerutscht und die wulstigen Lippen entblößen Zähne scharf und gelb wie Raubtierhauer.

„DU DRECKSAU!“

Die Stimme Des Zentralrats heult wie ein Wirbelsturm in Willerds Ohren. Warmer Speichel klatscht auf seine Backe.

„WARUM HAST DU YVONNE ABGEMURKST?! DAS HÄTTEST DU NICHT TUN DÜRFEN! VERDAMMT NOCH MAL!! DU DUMME SAU!!"

Der Zentralrate hebt seine klobigen Fäuste und beginnt auf Willerds blutendes Gesicht einzuschlagen.

„ABER JETZT MACH ICH DICH FERTIG! HÖRST DU?! JETZT BIST DU DRAN! DU KANAILLE!!"

Ein halbes Dutzend betäubender Schläge prasselt auf Willerds Kopf ein.

„DU VOLLKOMMEN VERBLÖDETES STÜCK SCHEISSE! WAS GLAUBST DU DENN, WER DU BIST?! – NA, ICH WILL'S DIR ZEIGEN!"

Der Zentralrat hört auf, ihn zu schlagen, und legt stattdessen seine Pfoten um Willerds Hals. Sie fühlen sich widerlich warm und weich an. Nun drücken sie zu: „ICH MACH DICH KALT! WIRST SCHON SEHEN!!"

Vergeblich schnappt Willerds Mund nach Luft. Blut läuft in seinen Hals. Er denkt an den schweren Keramikdeckel des Spülkastens, aber der ist weit weg ... unerreichbar weit weg ...

Willerd sieht die Visage Des Zentralrats immer näher kommen, so nah, dass sich jede Pore, jedes geplatzte Äderchen in seine Netzhaut einbrennt. Wie ein Höllenwind fährt der stinkende Atem aus diesem Krötenmaul über sein lädiertes Gesicht.

Auf einmal wird er jedoch ganz ruhig. Seine Panik ist wie weggewischt. Fast nüchtern stellt er fest, dass ihn die Vorstellung, sterben zu müssen, nicht mehr sonderlich erschreckt ... Nein, es ist ihm sogar ganz recht. Wenn nur diese Schmerzen nicht wären. Diese elenden Schmerzen! Aber auch die werden bereits schwächer ...

Denn nun spürt er, wie er sein Bewusstsein verliert, vielmehr: wie es sich von ihm ablöst und er davonschwebt, langsam davonschwebt, immer weiter weg, bis er dieses Bewusstsein in der Ferne als etwas wahrnimmt, das ihm vorkommt wie ein hässliches Tier, das sich in einem viel zu engen Käfig windet. Es ist ein bisschen so wie damals, als er wochenlang Tabletten nahm, um wenigstens für ein paar Stunden schlafen zu können. Nachdem Lydia ihn verlassen hatte ... Wenn die Wirkung der Tablette einsetzte, war es immer so, als würde er in einen schwarzen Abgrund gezogen. In diesem Abgrund hatte er sich aufgelöst, völlig aufgelöst ... und alles vergessen ... Eine Wohltat, jedes Mal ...

Und auch jetzt wird alles schwarz ...

Aber Willerd stirbt nicht. Nicht jetzt.

Er ist in diesen schwarzen Abgrund gesunken, tiefer und tiefer, wie ein Eimer, der an einem Seil in einen bodenlosen Brunnen hinuntergelassen wird.

Plötzlich aber geht es in einem rasenden Tempo zurück nach oben.

Willerd reißt die Augen auf und würgt und hustet.

Er kann wieder atmen!

Seine Lungen füllen sich mit Sauerstoff!

Belebendem, kühlem Sauerstoff!

Gierig saugt er die Luft ein, obwohl sie wie Säure brennt. Aber nicht nur von seinem Hals, auch von seinem Gesicht aus jagen entsetzliche Schmerzen durch seinen Körper. Er kann diese Schmerzen beinahe hören, so schlimm sind sie ... Noch nie hat er solche Schmerzen gehabt ... Eine Zeitlang glaubt er, wieder ohnmächtig zu werden, dann jedoch scheinen diese Schmerzen mit einmal schwächer zu werden. So als hätte ihm jemand eine starke Betäubungsspritze verabreicht.

Benommen hebt er schließlich seinen Kopf. Neben sich sieht er Yvonnes Leiche. Das, was von ihrem Gesicht noch übrig ist, grinst ihn aus blutigen Augenhöhlen an.

Und dann erstarrt er: Auf seinem Sofa sitzt, in seinen Militärmantel gehüllt, Der Zentralrat. Auf seinem Schoß steht der Topf mit den Ravioli. Die kleinen Fischaugen hinter der dicken Hornbrille betrachten Willerd aufmerksam.

„Gut, dass du noch lebst."

Die Stimme, die diese Feststellung ausspricht, klingt jetzt tief und wohltönend. Gleichzeitig hat sie jedoch etwas sehr Geschäftsmäßiges. Sie fährt fort: „Ich habe nämlich gerade etwas nachgedacht. Vielleicht kannst du mir ja bei der Lösung dieses ganzen Schlamassels helfen. Vorhin habe ich sicherlich etwas überreagiert ... Aber in Anbetracht dieser unschönen Situation ist das vielleicht auch kein Wunder. Obwohl Gewalt natürlich nicht unbedingt eine Lösung ist. Ich möchte dich trotzdem gern um Entschuldigung dafür bitten, mein lieber Willerd. Ich hoffe, du nimmst sie an. – Komm doch mal bitte her und setz dich zu mir auf das Sofa."

Obwohl sich Willerd fragt, was ausgerechnet diese Erscheinung aus Eck-Antons Kneipe hier in seiner Wohnung verloren hat – und vor allem *unter diesen Umständen!* – steht er gehorsam auf. Wieder kommt er sich vor wie eine über unsichtbare Schnüre bewegte Puppe. Behutsam steigt er über Yvonnes Leiche und hinkt langsam zum Sofa. Sein Gesicht fühlt sich geschwollen und deformiert an. Auch in seinem Oberkörper pocht es. Stöhnend lässt er sich neben Dem Zentralrat nieder. Der lächelt ihm gönnerhaft zu und nimmt den Topf von seinem Schoß. Willerd registriert flüchtig, dass er die restlichen Ravioli allesamt aufgegessen hat.

Was geht hier nur vor ...

Die letzten vierundzwanzig Stunden waren wie ein groteskes Daumenkino: Roman und Matthias, Jussi-Pussis Begräbnis oben in der Sperlingshöhe, Frau Zimmermanns Verwandlung, die unschöne aber dennoch notwendige Ermordung Yvonnes ... und jetzt das ...

Er schließt die Augen und lehnt sich vorsichtig gegen die Lehne seines Sofas. Vielleicht ist er ja doch gestorben. Vielleicht ist er in der Hölle und ...

Plötzlich fühlt er eine warme, weiche Hand auf seinem Arm lasten: „Nein, du bist nicht gestorben, mein Junge!"

Die Stimme Des Zentralrats hat einen beinahe teilnahmsvollen Unterton. „Und außerdem verhalten sich diese ganzen Dinge ein wenig anders, als du dir das jetzt gerade vorstellst. Auch wenn du nicht mal ein Christ bist. Aber du bist natürlich christlich geprägt, und auch ich muss zugeben, dass die Konzepte von Himmel und Hölle ebenso kindisch wie effektiv sind, um die Leute in Schach zu halten."

„Ach so, wie ist es denn dann?", fragt Willerd mit zittriger Stimme und ohne die Augen zu öffnen. Er ist so durcheinander, dass er sich nicht einmal darüber wundert, dass Der Zentralrat gerade eben ganz offensichtlich seine Gedanken gelesen hat.

„Nun, wie wäre es, wenn ich dir sage, dass du nur deswegen existierst, weil ich dich erschaffen habe! Weil du ein Teil meiner Arbeit bist! Was würdest du dazu sagen?"

Jetzt öffnet Willerd die Augen: „Ich ... also ich würde sagen, dass das Quatsch ist."

Anstatt einer Antwort ertönt dröhnend das Lachen Des Zentralrats.

„Genau dasselbe würde ich an deiner Stelle vermutlich auch sagen, mein lieber Willerd!", entgegnet er schließlich. „Aber mal nicht so schnell!"

Der Zentralrat räuspert sich umständlich und wischt sich mit dem Handrücken über sein Krötenmaul.

„Was würdest du sagen, wenn ich hinzufüge, dass ich von Jussi-Pussis Selbstmord weiß? ... Und dass ich außerdem weiß, dass du ihn zusammen mit Matthias und Roman letzte Nacht auf dieser Lichtung in der Sperlingshöhe vergraben hast? – Na?"

Willerds Kinnlade ist jäh nach unten geklappt.

„Und was würdest du sagen, wenn ich dir erzähle, dass die Sperlingshöhe keine gute Stelle für das Grab ist? – Dass sie nämlich ganz und gar nicht so abgeschieden ist, wie es sich Matthias mit seinem großspurigen Kleingeist ausgemalt hat?"

„Ich ..." beginnt Willerd mühsam, aber Der Zentralrat unterbricht ihn gleich wieder.

„Also hör mal gut zu: Morgen früh gegen sieben Uhr dreißig wird ein gewisser Erich Burghardt, ein neunundsechzig Jahre alter Rentner, mit seinem Golden Retriever auf der Sperlingshöhe spazieren gehen. Und dieser Herr Burghardt wird sich für eine Weile ins Gebüsch verdrücken, um seinen Morgenschiss zu erledigen ... Er macht diesen Spaziergang oft, weißt du ...

mindestens zweimal pro Woche, und immer um die gleiche Uhrzeit. Das hat bei ihm durchaus Routine ... Na jedenfalls, während er in aller Ruhe kackt, wird Bobbie – so heißt sein Köter – ... also Bobbie wird genau an der Stelle zu wühlen anfangen, wo ihr Jussi-Pussi vergraben habt. – Was sagst du dazu? Hm? ... Bobbie ist nämlich richtig gut im Wühlen. Und zwar so gut, dass sein Herrchen immer noch damit beschäftigt ist, sich den Arsch abzuwischen, als unser Bobbie bereits bei den Plastiktüten angelangt ist. Dir ist sicher klar, dass Bobbie sehr aufgeregt über das sein wird, was er da gefunden hat. Und natürlich wird Herr Burghardt nachschauen, was Bobbie da Schönes ausgebuddelt hat ... Und dass er dann gleich die Polizei informieren wird, das versteht sich ganz von selbst, nicht wahr?"

Der Zentralrat räuspert sich kurz und fährt fort: „Dieser Herr Burghardt ist nämlich ein rechtschaffener Bürger und macht genau das, was ein rechtschaffener Bürger eben so macht: Er läuft sein Programm ab. Ohne Wenn und Aber! ... Er geht also zur Polizei. Und die werden nicht lange brauchen, bis sie Jussi-Pussi identifiziert haben ... Die kriegen das sogar noch am selben Tag raus! – Roman und Matthias, diese beiden Blödiane, hätten ruhig mal in seinen Hosentaschen nachschauen sollen, da steckt nämlich immer noch die Mensakarte mit Jussi-Pussis Namen drauf drin. Aber nein, die feinen Herren ekeln sich ja so sehr vor so einem bisschen Leichenmief! – Hättest du nicht gedacht, dass ich das weiß, was? ... Na jedenfalls, der Verdacht, dass Roman etwas mit dieser inoffiziellen Beerdigung zu tun hat, wird sich der Polizei geradezu aufdrängen, wenn sie Roman einen Besuch abstattet, immerhin hat der bis dahin noch längst nicht alle Spuren der Leiche beseitigt. Genaugenommen hat dieser faule Sack noch nicht mal mit der Arbeit begonnen. Dann wird selbstverständlich nicht mehr viel Zeit vergehen, bis Roman auf dem Revier auspackt. Dafür werden die zwei Kommissare, die das Verhör durchführen, schon sorgen: bullige, unangenehme Typen! Erfahrene Beamte mit viel Fingerspitzengefühl sozusagen! Und dann erst die Entzugserscheinungen! Roman ist immerhin süchtig nach ... ja ... nach Cannabis ... Und wenn er dann ins Schwitzen kommt und alles bis ins letzte Detail ausgeplaudert hat, sitzen Matthias und du natürlich gleichfalls richtig tief in der Scheiße. Abgesehen davon, dass du wegen dieser Sache hier ..." – Der Zentralrat zeigt mit dem Finger Yvonnes Leiche – „... sowieso schon richtig tief in der Scheiße sitzen wirst ... – Also was sagst du?"

„Aber ... aber ..."

„Nichts ‚aber'! Ich weiß auch alles von Lydia. Und wieso sie dich verlassen hat ... Damals, als es bei dir anfing, als ... –" Wieder verspürt Willerd diese unerklärliche Wut ... so wie vorhin bei Yvonne. Plötzlich hat er die Kontrolle über seinen Körper wiedererlangt. Ohne auf seine Schmerzen zu achten, hebt er die Arme und will Dem Zentralrat an den Hals. Aber der schnippt nur beiläufig mit seinen Fingern, und Willerd fällt kraftlos in die Lehne seines Sofas.

„Wir wollen doch nicht albern werden!", sagt sein Gegenüber mit einem tadelnden Unterton. „Ich dachte, diese Querelen hätten wir jetzt ein für allemal hinter uns gebracht. Immerhin habe ich mich bereits bei dir entschuldigt." Seine Fischaugen blicken etwas vorwurfsvoll auf Willerd. Dem bleibt nichts weiter übrig, als ihn wieder mit heruntergeklapptem Kiefer anzustarren.

„Gut", brummt Der Zentralrat schließlich. „Ich kann sehr gut nachempfinden, dass du mir nicht glauben magst. Aber gehen wir mal kurz davon aus, dass es so ist, wie ich dir grade erzählt habe: dass ich dein Erschaffer bin! Was würdest du dazu sagen?"

„Tja ... also ... ich würde mich vor allem fragen, wieso Gott ein alter Säufer sein soll."

Der Zentralrat lacht laut auf, und ein paar Spritzer Spucke fliegen im Raum umher.

„Ja, wieso denn nicht ‚ein alter Säufer'? Was passt dir denn nicht an meinem Auftreten? Und davon abgesehen: Ich danke dir für das Kompliment, aber ich bin ganz bestimmt nicht Gott, sondern nur ein ganz kleines Licht am unteren Ende der Hierarchie."

„Was für eine Hierarchie? – Was ... was reden Sie da?"

„Das erkläre ich dir gleich! Aber bevor ich das tue, musst du mir erst mal sagen, ob du mir helfen willst, diesen ganzen Schlamassel aufzulösen oder nicht."

„Schlamassel? Das mit Yvonne und Jussi-Pussi und ... ?"

„Ja und nein. Das sind letztendlich auch nur Konsequenzen. Mein Hauptproblem bist du, mein lieber Willerd!"

„Was, ich?!"

„Ja, du!"

„Wie kann das sein?"

„Nun, ich habe mich gründlich an dir verhoben, so einfach ist das! Du bist einige Niveaustufen über meiner Qualifizierung! Für die Erschaffung von komplexen Charakteren wie dir bin ich nämlich weder befugt noch ausgebildet, sondern nur für ganz einfache Charaktere. Matthias oder Roman wären gute Beispiele ..." – Etwas abschätzig rümpft der Zentralrat seine geschwollene Nase. – „Solche Charaktere erschaffe ich am laufenden Band! Das ist gewissermaßen der wesentliche Teil meiner Arbeit! Eine echte Routine! Und das wird vielleicht langweilig mit der Zeit! Das kannst du dir gar nicht vorstellen! Aber Charaktere wie dich zu erschaffen, das ist – wie soll man sagen – interessanter! Ein Charakter mit einer derart ausgeprägten Schizophrenie! Noch dazu einer so seltenen Form von Schizophrenie! Also einer, die sich richtig schön im Verborgenen entwickelt und erst im Laufe der Zeit ausbricht ..."

Der Zentralrat kratzt sich nachdenklich an seinem unrasierten Kinn.

„Na ja, in deinem Fall kam diese Schizophrenie erst dann zum Ausbruch, als Lydia dich verlassen hat. Die Sache hat dich richtig fertig gemacht ... Du bist nie drüber weggekommen. Aber das muss ich dir ja nicht erzählen. Das weißt du alles selber. Genauso weißt du, wie du dich damals an deine alte Nachbarin geklammert hast, gleich nachdem du nach der Trennung hier in dieses Haus gezogen bist ... Wie hieß die noch mal? ... Zimmermann ... Marianne Zimmermann ... richtig ... Du hast ihr dein ganzes Elend hier im Hausflur vorgebröselt, und sie hat dir immer zugehört, nicht? Sonst hattest du ja niemanden, mit dem du reden konntest. Und sie auch nicht. Traurig, diese Einsamkeit ... ja, wirklich traurig ... Und als sie später weggekommen ist, na, dagegen hat sich deine ohnehin schon gebeutelte Psyche so sehr gewehrt, dass sie einfach weiter hier im Haus gewohnt hat. Aber eben nur in deiner Einbildung ... Und dann hast du sie die Drecksarbeit erledigen lassen, nicht wahr? Briefe klauen und solche Sachen."

Die unergründlichen Fischaugen Des Zentralrats tasten sich bedächtig über Willerds blutiges Gesicht.

„Ja, du bist eine echte berufliche Herausforderung gewesen, mein lieber Willerd", seufzt er schließlich. „Ich hatte, wie gesagt, nicht die entsprechende Befugnis, dich so zu erschaffen. Das hätte ich mit meinen Vorgesetzten abstimmen müssen! – Aber die hätten mir natürlich niemals die Erlaubnis dazu gegeben! ... Diese ganze Sauerei mit Yvonne wäre nicht passiert, hätte ich mich an die Vorschriften gehalten! Du hättest sie nämlich auf keinen Fall umbringen dürfen. Und so, wie ich dich laut Dienstplan eigentlich hätte konfigurieren müssen, wäre es auch niemals dazu gekommen! Aber du mit dieser Vollmeise ... Also bitte entschuldige den Ausdruck, aber es ist nun mal so!"

Der Zentralrat nimmt die Hornbrille von seinem Riechkolben und beginnt, die Gläser am Ärmel seines Militärmantels zu reiben. Schließlich ist er mit dem Putzen fertig und setzt sie wieder auf.

„Also um es kurz zu machen: Was wir jetzt tun müssen, ist diese Geschichte hier rückgängig machen – und zwar so schnell wie möglich!"

„Rückgängig!" Willerd ist wie aus einer langen Trance erwacht.

„Genau! Das erkläre ich dir gleich", meint Der Zentralrat. „Aber erst einmal musst du mir sagen, ob du mir helfen willst oder nicht!"

„Helfen?"

„Jawohl, du hast schon richtig gehört!"

„Aber ... wie ... das ist doch alles Blödsinn!" Wieder regt

sich so etwas wie Widerstand in dem winzigen Teil von Willerds Verstand, der noch immer versucht, die Situation mit rationalen Mitteln zu verstehen.

Und jetzt soll er auch noch „helfen" ... !

„Ich muss sagen ... SO LANGSAM VERLIERE ICH DIE GEDULD MIT DIR, WILLERD!"

Die Stimme Des Zentralrats schwillt mit einem Mal enorm an. Sein Gesicht hat plötzlich eine dunkelrote Farbe, während sich sein Körper unwahrscheinlich auszudehnen beginnt. Innerhalb weniger Augenblicke ist Der Zentralrat so riesenhaft, dass sein Kopf selbst im Sitzen bis fast an die Zimmerdecke reicht. Blutunterlaufende Augäpfel starren Willerd aus einem grotesk aufgeblähten Gesicht an und eine Stimme, die ein grauenhaftes Dröhnen ist, heult:

„DU WURM, WAS GLAUBST DU, WAS DU BIST! ICH HABE DICH ERSCHAFFEN! ICH KANN DICH AUSLÖSCHEN! JEDERZEIT! NICHTS WÜRDE VON DIR ÜBRIGBLEIBEN!!"

Von Willerds Lippen löst sich ein hilfloses Wimmern. Schützend presst er seine Hände an sein malträtiertes Gesicht. Gleichzeitig drückt er sich in die Polster seines Sofas.

„Nun, ich hoffe, du verstehst langsam, in was für einer Situation du dich befindest, mein lieber Willerd." Plötzlich klingt die Stimme Des Zentralrats wieder so wie vorher. Zitternd nimmt Willerd die Hände herunter und öffnet vorsichtig die Augen. Sein Gegenüber sieht tatsächlich wieder ganz normal aus.

„Also, ich frage dich noch mal: Willst du mir helfen? – Ja oder nein?"

„Was habe ich denn für eine Wahl?"

„Nun, du kannst selbstverständlich immer selber entscheiden, ob du mir helfen willst oder nicht. Menschlichen Charakteren sind diese Wahlmöglichkeiten gegeben. Du bist immerhin kein Tier. Wärst du zum Beispiel ein Fuchs oder eine Spinne, würde ich mir diese Mühe mit dir ganz bestimmt nicht machen, das kannst du mir glauben. Davon abgesehen, dass du dann niemals ein solches Unheil hättest anrichten können ... Also liegt es bei dir ... Ich würde dir allerdings zu Ersterem raten.

Denn wenn du ablehnst, müsstest du auch die Konsequenzen tragen. Dafür würde ich sorgen."

„Was denn für Konsequenzen?"

„Du bist aber neugierig." Der Zentralrat macht ein gehässiges Gesicht. „Es könnte so Einiges passieren. Zum Beispiel könnte ich durch diese Tür da gehen" – Der Zentralrat zeigt auf die Wohnungstür. – „und zwei Sekunden später würden hier ein paar Typen reinkommen, die dir mit stumpfen Rasiermessern langsam die Haut vom Körper säbeln. Und wenn du dann nach vielen Stunden deinen letzten Atemzug getan hast, könnte ich dafür sorgen, dass du in die schrecklichste aller schrecklichen – nun ja – Höllen kommst und bis ans Ende aller Zeiten die fürchterlichsten Qualen erleidest. – Also das ganze Programm."

„Also habe ich wirklich keine Wahl."

„Das ist wie immer eine Frage der Perspektive. Ich selber bin etwas altmodisch in diesen Dingen. Du musst also schon ‚ja' sagen."

„Gut, dann eben ja."

„Na, das freut mich aber! Es soll sich auch für dich lohnen! Komm, schlag ein!" Der Zentralrat streckt Willerd seine große, weiche Hand entgegen, und Willerd ergreift sie benommen.

„Wie meinen Sie das? Also dass es sich auch für mich lohnen soll?"

„Das erkläre ich dir später. Lass uns diese Dinge mal woanders bereden. Ehrlich gesagt, hier gefällt es mir nicht so besonders."

„Wo wollen wir denn hingehen?"

„Das wirst du schon sehen."

„Kann ich vorher noch schnell mein Gesicht waschen? Ich bin doch voller Blut ..."

Wieder lacht Der Zentralrat dröhnend.

„Das glaube ich aber nicht, mein lieber Willerd!"

Willerd sieht an sich hinunter: Keine Spur mehr von Blut! Und als er vorsichtig seine Nase abtastet, stellt er fest, dass sie nicht gebrochen ist. Überhaupt sind alle Schmerzen aus seinem Körper gewichen. Er fühlt sich nur etwas schwach und verwirrt. Schrecklich verwirrt.

Der Zentralrat erhebt sich, steigt schnaufend über Yvonnes Leiche und geht mit wiegenden Schritten zur Tür.

„Komm schon! Wir haben nicht viel Zeit!", brummt er ohne sich umzudrehen.

Gehorsam steht Willerd auf und folgt ihm durch die Wohnungstür ...

NEUNZEHN

... und gleich darauf stehen sie nicht etwa in dem von summenden Neonröhren fahl beschienen Hausflur, sondern in einer Kneipe, die Willerd irgendwie bekannt vorkommt.

„Hallo, hallo, hallooo!", ruft das hagere, in ein Hawaiihemd gehüllte Männlein hinter dem holzvertäfelten Tresen und kommt sofort um die Bar herumgelatscht: „Wie geht's, wie steht's?"

„Alles bestens, mein lieber Anton!"

„Heute haste mal jemanden mitgebracht, was?", meint Eck-Anton, als sie sich wie alte Freunde die Hände schütteln.

„Ja, das ist ein guter Bekannter von mir. Wir haben etwas zu besprechen. Etwas, nun ja, Geschäftliches ..."

„Na, da seid ihr hier bei mir genau an der richtigen Adresse." Eck-Anton lacht und lässt seine Goldzähne unter dem protzigen Schnurrbart aufblitzen. „Und ich will euch auch gar nicht weiter stören."

„Das tust du nicht ... Da fällt mir ein: Gibt es denn schon Neuigkeiten wegen den beiden Kasachen?"

„Ach nee, nüscht weiter." Eck-Anton kratzt sich zerstreut an seiner Stirnglatze und schiebt dann seine Metallgestellbrille zurecht. „Der eine liegt aber immer noch im Koma, soweit ich weiß!"

„Na, dann hoffen wir mal, dass es dem Herrn bald wieder besser geht", sagt Der Zentralrat spöttisch. „Und jetzt bring mir doch bitte ein großes Glas Pilsner und einen Kurzen!"

„Na logo! Und für deinen Spezi?"

„Also ... für mich nur ein Wasser ... danke!" Willerd kommt sich vor wie ein Laienschauspieler in einem von einem Haufen Irrenanstaltsinsassen arrangierten Theaterstück.

„Biste sicher? Wasser ist doch zum Waschen da!" Eck-Antons Lachen über diesen Witz ist ein aufdringliches Wiehern.

„Ja, ich denke, mein Freund ist sich sehr sicher mit seiner Entscheidung, mein lieber Anton", meint Der Zentralrat, bevor

Willerd etwas entgegnen kann.

„Na gut, na gut. Hauptsache, ihr habt euren Spaß."

„Den werden wir haben, mein lieber Anton."

„Willste denn ein Stilles oder eins mit Sprutz?"

„Äh ... ein Stilles, bitte!"

„Ist gebongt!"

Eck-Anton geht zurück zu seiner Bar und macht sich an die Arbeit. Dabei pfeift er schief zu einer Schlagermelodie, die aus der Stereoanlage dudelt.

Der Zentralrat geht, gefolgt von Willerd, zu seinem Stammtisch in der Ecke. Im Moment sind sie die einzigen Gäste. Für eine ganze Weile sagt Der Zentralrat kein Wort, so als müsse er über etwas nachdenken. Dann kramt er in aller Ruhe ein Notizbuch und einen Kugelschreiber aus den Innentaschen seines alten Militärmantels und legt beides vor sich auf den Tisch. Willerd kann nicht anders, als auf die riesigen Hände Des Zentralrats zu schielen ... Mordsgriffel sind das, denkt er langsam, und so behaart ...

„Eck-Anton und seine Kneipe sind zwar nicht mein Zuständigkeitsbereich, aber ich halte mich gerne hier auf", erklärt Der Zentralrat schließlich. „Ich kann hier sehr gut nachdenken, weißt du? Gerade auch im Bezug auf meine Arbeit. Hier gefällt es mir viel besser als im Büro. Es ist, nun ja, gemütlicher."

„Was genau ist denn Ihre Arbeit?"

„Das habe ich dir doch bereits gesagt: Ich erschaffe Charaktere!"

„Ja aber wozu?"

„Wozu? Wozu! – Du stellst vielleicht Fragen! Als ob ich das so genau wüsste!" Der Zentralrat schaut ihn etwas missmutig durch seine Hornbrille an. „Das ist eben meine Arbeit! Einer muss es doch tun! Was wäre denn deine Welt ohne Charaktere? Ziemlich leer, nicht?"

„Kann schon sein ..." Willerd kommt diese Antwort nicht gerade überzeugend vor. „Und wer hat Ihnen diese Aufgabe gegeben?"

„Mein Vorgesetzter, Der Zentralrat!"

„Ihr Vorgesetzter ist also Der Zentralrat? Ich dachte, Sie sind Der Zentralrat!"

„Ich? – Aber nicht doch! Weder er noch ich sind Der Zentralrat. Natürlich nicht! Ich selber nenne mich so, wenn ich mich hier auf dieser Ebene bewege, das heißt, auf der Ebene, auf der sich du und alle anderen von uns erschaffenen Charaktere befinden. – Na, in gewisser Hinsicht stimmt es ja auch. Andere Mitarbeiter aus unserer Abteilung machen das genauso! Bei uns ist das derzeit so eine Art Jux, verstehst du?!"

„Ja", lügt Willerd.

„Den Wirklichen Zentralrat, den kennt keiner!", meint Der Zentralrat schließlich. „Der steht unendlich viele Hierarchiestufen sowohl über mir als auch über meinem Vorgesetzten."

„Und wie heißen Sie in Wirklichkeit?"

„Das tut nun wirklich nichts zur Sache, mein lieber Willerd. Das ist privat. Du weißt schon: Dienst ist Dienst und Schnaps ist Schnaps. Wir wollen mal lieber zum Eigentlichen kommen ..."

Gerade in diesem Moment hat Eck-Anton den Zapfvorgang beendet. Auf einem Tablett bringt er gleich darauf die Gläser mit Bier, Schnaps und Wasser an ihren Tisch.

„Wohl bekomm's, die Herren!"

„Wir danken dir, Anton!"

Eck-Anton verschwindet wieder hinter dem Tresen, und Der Zentralrat nimmt bedächtig einen langen Schluck von seinem Bier.

„Also, das Problem ist, dass ich, wie ich dir vorhin schon angedeutet hatte, meinen Zuständigkeitsbereich überschritten habe."

Er klappt sein altes Notizbuch auf und beginnt, zerstreut darin herumzublättern.

„Wie gesagt, ich bin in meiner Abteilung zusammen mit meinen Kollegen für die Erschaffung von Charakteren auf deiner Ebene verantwortlich. Wir haben dazu ziemlich starre Vorgaben von oben, und die lassen uns nicht gerade viel Spielraum, weißt du? Unsere Charaktere sind einfach gestrickt, das heißt, ohne, nun ja, besonderen psychologischen Tiefgang.

Ich kann das jetzt nicht weiter ausführen, denn das ist alles ziemlich kompliziert, aber ich will dir zumindest sagen, dass wir damit auf deiner Ebene sozusagen das Fundament für die komplexeren Charaktere schaffen. Für die allerdings ist wiederum eine andere Abteilung zuständig. Und die ist der unseren übergeordnet ... Das sind wahre Spezialisten ... !"

„Das soll heißen, alles, was hier um mich rum ist, die Kneipe, ich, alles – das ist lediglich ein Produkt Ihrer, ähm, Arbeit?"

„Na ja, ganz so einfach ist es nun nicht, aber im weitesten Sinne könnte man es schon ungefähr so sagen", brummt Der Zentralrat. „Vielleicht hilft es dir ja, wenn du dir die Welt, oder meinetwegen auch das Universum, als eine aus verschiedenen Ebenen aufgebaute Pyramide vorstellst. Ganz unten, auf der niedrigsten Niveauebene, befindet sich deine Welt und alles, was du um dich herum wahrnehmen kannst mit deinen gerade mal fünf sehr beschränkten Sinnen. Auf dieser Ebene ist alles dem Raumzeitlichen unterlegen, verstehst du?"

„Ich glaube schon ..."

„Gut. Dann kommen die nachfolgenden Ebenen, in denen dieser, nennen wir's mal, ‚vierdimensionale Käfig' nach und nach überwunden wird. Und die Bewohner dieser Ebenen, also Leute wie ich, sind unter anderem auch für die Erschaffung der in deiner Welt herumwuselnden Charaktere zuständig. Aber das ist ein hochkomplexer Prozess, den ich an dieser Stelle nicht näher erläutern kann."

Der Zentralrat zögert kurz.

„Das heißt, Sie sind also doch eine Art Gott?"

„Aus deiner eingeschränkten Perspektive kann man das vielleicht schon so sehen. Aber ich bin letztendlich auch nur ein Glied in einer langen Kette, deren Ende ich selber nicht kenne. Es geht immer weiter, verstehst du, allerdings, so scheint es mir jedenfalls, nur in eine Richtung, denn deine Ebene ist, wie gesagt, die niedrigste, das unterste Ende sozusagen. Jede höhere Ebene ist dagegen ihrer Natur nach feinstofflicher als die sich unter ihr befindliche. Man könnte sagen, sie ist mehr am Geist und weniger an der Materie ausgerichtet als die jeweilige

Ebene unter ihr. Mehr am Sein und weniger am Haben, wie es mal jemand mit einem guten Riecher von deiner Ebene ganz nett ausgedrückt hat ... Nun ja! An der theoretischen Spitze dieser Pyramide befindet sich jedenfalls letztendlich das, was man als den reinen Geist bezeichnen könnte. Und ich denke, nur hier wäre es zutreffend, diesen, wie ich finde, etwas abgeschmackten Gottesbegriff zu verwenden, denn von dieser Spitze geht alles aus. Allerdings ist das nur meine ganz persönliche Sichtweise. In Wirklichkeit verhält es sich vielleicht alles ganz anders. Wer kann das schon sagen?" Der Zentralrat macht ein nachdenkliches Gesicht und greift dann nach dem Kurzen: „Auf die unlösbaren Rätsel des Universums! – Prost!"

„Und ... und die Ebene, auf der wir uns grade befinden, ist also wirklich die unterste von allen?", fragt Willerd zögernd, nachdem sich Der Zentralrat den Kurzen hinter die Binde gekippt hat.

„So ist es, mein lieber Willerd! Und damit weißt du bereits mehr als die allermeisten deiner Mitmenschen. Die haben höchstens eine ganz verschüttete Ahnung davon, dass es über ihnen noch etwas geben könnte. Das sind dann so Leute, die sich für Mystik, Religion und ähnlichen Zinnober interessieren."

Der Zentralrat lacht verächtlich.

„Und wir sind die Einzigen in dieser langen Kette, die nichts erschaffen können?"

„Doch, doch, so weit es eure beschränkten Mittel zulassen, tut ihr das schon. Immerhin baut ihr seit einer ganzen Weile alle möglichen Gegenstände, erschafft Maschinen und neuerdings auch ... ähh ... virtuelle Welten. Ihr habt ja auch eure Entwicklungsabteilungen und Produktionsstätten. Aber dort kreiert ihr eben nur auf rein materiellen Aspekten Beruhendes. Das, was man als ‚das Leben' bezeichnen könnte, könnt ihr nur imitieren, nicht erschaffen ... Zu mehr seid ihr nicht in der Lage! Nicht auf dieser Ebene! – Nun gut, genug davon!" Der Zentralrat malt mit seinem Kugelschreiber einen unsichtbaren Kreis in die Luft und macht in der Mitte einen Punkt: „Kommen wir lieber zu meinem Problem. Oder besser unserem Problem: dir!"

Willerd zuckt zusammen.

„Keine Angst. Es ist ja nicht deine Schuld, sondern meine! Wie gesagt, ich hätte dich, nun ja, anders erschaffen sollen! Das heißt, den Vorgaben entsprechend."

„Erschaffen? Wie meinen Sie das überhaupt: ‚erschaffen'? So weit ich weiß, bin ich von meinen Eltern, ähm, gezeugt und um die neun Monate später von meiner Mutter geboren worden!"

„Na, da missverstehst du aber Einiges, wenn du ‚erschaffen' mit der rein materiellen Umsetzung der Zeugung und anschließenden Geburt verwechselst, mein lieber Willerd. Aber als Bewohner dieser Ebene kann ich dir das nachsehen. Erschaffen wurdest du von mir, der Rest ist dann nur noch eine Konsequenz. Nimm das bitte mal so hin und unterbrich mich nicht wieder. Wir haben nämlich vielleicht nicht mehr allzu viel Zeit." Der Zentralrat wirkt auf einmal sehr viel angespannter, fast schon gestresst. Um sein Krötenmaul herum zuckt es.

„Also, fassen wir noch mal zusammen: Ich habe dich nicht so erschaffen, wie ich es hätte tun sollen! Du hast eine ausgeprägte Schizophrenie! Ich hielt das damals für eine lustige Idee, dir so etwas zu verpassen, und ich kann leider zu meiner Verteidigung nichts Besseres vorbringen, als dass mir langweilig war. Ich meine: Tag ein, Tag aus immer dasselbe! Solche faden, uninteressanten Charaktere erschaffen, die immer wieder denselben vorhersehbaren Blödsinn anstellen! Wie gesagt, Leute wie Roman, Matthias – oder auch unser Freund hinter dem Tresen dort!" – Der Zentralrat zeigt auf Eck-Anton. – „Und keine Aussicht darauf, mal was anderes machen zu können! Oder befördert zu werden! Und das, obwohl mir meine Vorgesetzten das schon seit Ewigkeiten versprochen hatte! Also dass ich mal bei einer Weiterbildung mitmachen und mich im Anschluss mit der dadurch erworbenen Zusatzqualifikation bei einer anderen Abteilung bewerben könnte. Mit der Zeit macht einen das ganz verrückt ... Nun ja, ich will mich nicht wiederholen!"

Der Zentralrat räuspert sich kurz und sieht nun noch unzufriedener aus.

„Langeweile ist die Wurzel allen Übels, so sieht's doch aus!", exklamiert er mit erhobenem Zeigefinger. „Spielt sich irgendwo eine Schweinerei ab, muss man nur ganz genau hinschauen, dann wird man schon sehen, dass da wieder irgendwer Langeweile hatte! – Ist doch so, oder?"

„Vermutlich", stimmt Willerd zu, aber Der Zentralrat redet gleich weiter: „Na, so schlimm ist es in meinem Fall ja nun nicht, aber ich habe dennoch die Regeln übertreten, und jetzt haben wir den Salat: Du in deinem ausgeprägten Wahnsinn hast begonnen, Untercharaktere zu entwickeln, die nur in deiner Fantasie existieren, und das hat mich ganz durcheinander gebracht! Obwohl ich neben meiner Arbeitszeit sogar in der Freizeit versucht hatte, mich in die Materie einzuarbeiten, muss ich im Nachhinein leider zugeben, dass mir das notwendige technische Wissen zur Bewältigung solch komplexer Vorgänge fehlt! So ist das leider! – Hier, schau dir das nur mal an!"

Der Zentralrat blättert in seinem Notizbuch und zeigt Willerd schließlich einige konfuse Skizzen und Zeichnungen, dazu ein Gekrakel wie von einem kleinen Kind.

„Verrückt, nicht?"

Willerd nickt langsam mit dem Kopf, sagt diesmal aber nichts.

„Jedenfalls, ich habe irgendwann völlig den Überblick verloren! Und dann ist das mit Yvonne passiert! Das hätte ich eigentlich vorhersehen müssen! Habe ich aber leider nicht, und nachher ist man sowieso immer schlauer!"

Der Zentralrat kratzt sich an seiner roten Nase.

„Aber was ist denn so schlimm daran, dass Yvonne tot ist? Ich meine, wenn Sie so eine Art Gott sind und alles in der Hand haben, dann können Sie das doch sicher auch ohne Weiteres rückgängig machen ... ?"

„Also das Problem ist erst mal, dass Yvonne nicht mein Zuständigkeitsbereich ist. Das hatte ich dir doch vorhin schon gesagt! Du musst mir schon zuhören ... Und außerdem ist es ja nicht so, dass wir unsere Charaktere rund um die Uhr überwachen. Nein, wir setzen am Anfang lediglich die Parameter und führen dann nach genau festgelegten Plänen stichprobenartige Überwachungen durch. Anders ließe sich unser Arbeitspensum auch gar nicht bewältigen. Wir sind nämlich ziemlich unterbesetzt in unserer Abteilung, und es wird immer schlimmer, weißt du ... Die da oben spinnen inzwischen völlig! Die drücken uns immer mehr von diesen elenden Routinearbeiten auf, und gleichzeitig gibt es absolut keine Herausforderungen! Also keine echten Herausforderungen! ... Na gut, das hatten wir schon. – Zurück zum Thema: Yvonne ist tot, weil du ihr mit dem Spülkastendeckel den Schädel eingeschlagen hast, und das hätte nicht passieren dürfen. Das habe ich zu verantworten. Hinzu kommt außerdem noch, dass mich derjenige, der die Abteilung leitet, die unter anderem für Yvonne verantwortlich ist, schon seit einer ganzen Weile auf dem Kieker hat, und wenn wir beide, also du und ich, das nicht schleunigst aus der Welt schaffen, muss ich für mich leider mit unangenehmen Konsequenzen rechnen ... und du hättest dann auch ein Problem. Mitgefangen, mitgehangen, nicht wahr? Deswegen bin ich vorhin auch so ausgerastet, habe dich angebrüllt, dich geschlagen und so weiter ... Das war ganz einfach die blinde Verzweiflung, die mich überkommen hat. Du musst mich da schon verstehen! Das ist keine geringe Sache! Yvonne ist nämlich mehr als nur ein kleiner, unbedeutender Charakter. In der Organisation hat man noch Pläne mit ihr. Ich weiß natürlich nicht genau, was für welche, denn das ist alles wie immer top secret, aber es gibt Gerüchte, dass sie auf deiner Ebene für irgendeine bedeutende Rolle in der Weltpolitik vorgesehen ist."

Der Zentralrat räuspert sich nochmals und rülpst leise. „Es gibt jetzt also nur eine Möglichkeit: Yvonne muss reanimiert werden! Aber das muss diskret erfolgen! Das heißt, so, dass dieser ganze Vorfall keinen Eingang in die Abschlussberichte meiner Abteilung findet. Das hätte natürlich zur Folge, dass deine Begegnung mit ihr in deiner Wohnung niemals stattgefunden haben darf ..." Der Zentralrat schiebt die Hornbrille auf seiner Nase ein Stückchen höher. Seine Fischaugen nehmen einen konzentrierten Ausdruck an.

„Vorhin, als du bewusstlos in deiner Wohnung lagst, hatte ich einige Zeit zum Nachdenken. Und dabei habe ich einen ziemlich guten Einfall gehabt. Ich will dir das mal kurz erklären: Was ich tun könnte, wäre einen guten Bekannten aus der Technikabteilung fragen, ob er mir bei den entsprechenden Modifikationen helfen kann. Das ließe sich sicherlich bewerkstelligen! Und jetzt kommst du ins Spiel: Deine Aufgabe wäre ..."

Genau in diesem Moment bimmelt wieder das kleine Glöckchen über Eck-Antons Tür: „BI-LIMM!"

Nun betritt eine Gestalt das Eck, die genauso gekleidet ist wie Der Zentralrat. Auch sie ist in einen schäbigen Militärmantel gehüllt und trägt eine Hornbrille auf einer rotgeschwollenen Alkoholikernase. Allerdings ist sie sehr viel hagerer als Willerds Gegenüber.

Kaum hat dieser neue Besucher die Tür hinter sich zugemacht, geht auf einmal alles unfassbar schnell: Mit einem Satz ist er an ihrem Tisch, zieht noch im Sprung aus einer Innentasche seines Mantels eine kurze, an ihrem dicken Ende mit Metall beschlagene Keule und beginnt damit sofort, in einer irrwitzigen Geschwindigkeit auf die Glatze Des Zentralrats einzudreschen. Der ist wie erstarrt. Er gibt keinen Mucks von sich. Die Brille fliegt ihm von der Nase. Gleich darauf ist sein Kopf zu Brei zermatscht.

Schließlich hält der Neuankömmling inne. Der Oberkörper Des Zentralrats fällt nach vorn und kracht schwer auf den Tisch. Über die umkippenden Gläser und das Notizbuch ergießt sich ein Gemisch aus Haut, Knochen, Zähnen, Blut und Hirnmasse. Seine Arme hängen schlaff nach unten, nur die behaarten Finger zucken noch ein wenig. Ansonsten scheint alles Leben aus Willerds „Erschaffer" gewichen zu sein.

Willerd selber will schreien, aber wieder kommt kein Ton über seine Lippen. Wie festgenagelt sitzt er auf seinem Stuhl.

Seelenruhig und ohne ihm auch nur die geringste Beachtung zu schenken, wischt der Neuankömmling seine Keule an der Tischdecke ab und steckt sie wieder in die Innentasche seines Militärmantels.

Nun wendet er sich der Leiche Des Zentralrats zu: Er greift den Körper unter den Achseln und reißt ihn mit einem Ruck vom Stuhl. Dann zerrt er ihn, eine breite Blutspur hinterlassend, einmal quer durch die Kneipe in die gegenüberliegende Ecke. Gleich darauf kommt er mit federnden Schritten zurück. Willerd duckt sich zitternd, aber der Neuankömmling beugt sich lediglich über den Tisch und rafft die besudelte Tischdecke mit den Utensilien Des Zentralrats und den Gläsern zusammen.

Anschließend trägt er die Decke als tropfenden Sack dorthin, wo die verstümmelte Leiche des Zentralrats liegt, und lässt sie achtlos fallen.

Nun wird Willerd Zeuge von etwas, das ihm um ein Haar das letzte bisschen seines gebeutelten Verstandes geraubt hätte: Der Neuankömmling bückt sich und hebt eine der Wände der Kneipe hoch als wäre sie ein Vorhang aus Stoff.

Aber es ist nicht dieser verblüffende Effekt, der Willerd beinahe in den Wahnsinn getrieben hätte. Vielmehr ist es der Anblick dessen, was sich dahinter befindet.

Ein absolutes Nichts nämlich.

Dieses Nichts bietet keinerlei Orientierungspunkte. Es hat nicht einmal eine Farbe, dieses Nichts ... Und sofort fühlt Willerd, wie sich sein Gehirn an dieser Unbegreiflichkeit verschluckt, oder besser: Wie es von diesem Nichts verschluckt wird ...

Mit einem kräftigen Tritt befördert der Neuankömmling die Leiche Des Zentralrats in das Nichts. Dasselbe geschieht mit der Tischdecke und ihrem Inhalt. Dann lässt er den Vorhang fallen, der sofort wieder wie eine ganz normale Wand aussieht.

Anschließend geht er zurück zum Tisch und nimmt auf dem Stuhl Platz, auf dem eben noch Der Zentralrat gesessen hat. Aus einer anderen Innentasche seines Mantels kramt er eine alte Holzpfeife hervor und macht sich daran, sie mit Tabak zu stopfen. Er lässt sich viel Zeit damit.

Willerd betrachtet ihn wie in Trance. Die großen, knochigen Hände des Mörders sind wie mit Pergament bespannt. Er sieht, dass der gestärkte Kragen eines weißen Hemdes unter seinem Militärmantel hervorlugt ... Als er vorsichtig zu Eck-Anton rüberschielt, fällt ihm auf, dass der Kneipier von diesen grauenhaften Geschehnissen offenbar nichts mitbekommen hat. So, als wäre überhaupt nichts passiert, sitzt Eck-Anton hinter seinem Tresen und ist immer noch in seine Illustrierte vertieft. Willerd kann ihn sogar leise vor sich hinpfeifen hören.

Schließlich ist der Neuankömmling mit dem Stopfen fertig. Er holt ein altmodisches Sturmfeuerzeug aus seinem Mantel und entzündet den Tabak im Pfeifenkopf. Er pafft ein paar Mal und bläst mit gespitzten Lippen kunstvolle Rauchringe über den Tisch.

Dann, ohne Willerd anzuschauen, sagt er plötzlich mit einer schnarrenden, vor Kälte klirrenden Stimme: „Wirklich höchste Zeit, dass wir diesen verräterischen Kerl eliminiert haben! Nichts als Ärger hat man mit diesen niederen Chargen! Und mit dem ganz besonders! ... Dabei hatten wir dieses Exemplar schon einige Male verwarnt! – Wir hatten es gewissermaßen gut mit ihm gemeint! Aber das war ganz offensichtlich ein Fehler! Mit solch renitenten Subjekten muss man kurzen Prozess machen! Die muss man gnadenlos aussortieren! Zappzarapp – Rübe ab!"

Plötzlich richten sich seine kalten, grauen Augen direkt auf Willerd.

„Nicht auszudenken, was passiert wäre, wenn es dem gelungen wäre, dich jetzt auch noch für seine miesen Vertuschungspläne zu instrumentalisieren, nicht wahr, mein Junge?"

„Mich? – Ich habe doch gar keine Ahnung! Ich weiß gar nichts ... Ich ..."

„Nun, mal langsam, Willerd! Beruhige dich! Ich wollte dich nicht erschrecken! Atme mal tief durch!"

Die Stimme sein Gegenübers klingt jetzt etwas weniger kalt.

„So ist es gut ... also: Dich trifft bei diesem ganzen Schlamassel überhaupt keine Schuld. Du musst dir also keine Sorgen machen. Du hast nur das getan, was getan werden musste."

„Was habe ich denn getan?"

„Nun, du hast Yvonne umgebracht!"

„Ja, aber ... Das ist doch genau das Problem! Das hat doch, ähm, Der Zentralrat gesagt!"

„Also erst mal ist diese Unperson, die ich soeben aus dem Weg geräumt habe, nicht Der Zentralrat! ICH BIN DER ZENRALRAT!" Der Neuankömmling hat die Stimme zu einem dröhnenden Bass erhoben und schlägt sich wie zur Bestätigung mit seiner knochigen Faust auf die Brust. Dann, nach einer kurzen Pause und etwas ruhiger: „Und zweitens musst du verstehen, dass du keine andere Wahl hattest, als Yvonne zu ermorden!"

Willerd fällt nichts weiter ein, als mechanisch mit dem Kopf zu nicken.

„Dieser Saboteur hatte dich immerhin dazu programmiert! Und das, obwohl der nicht im Geringsten über die notwendige Qualifikation verfügt hatte, die Auswirkungen seines schändlichen Tuns auch nur im Entferntesten abschätzen zu können ... Eine derart freche Übertretung der Befugnisse habe ich wirklich noch nicht erlebt! Wozu sind denn Regeln da, wenn nicht, um sie zu befolgen, verdammt noch mal?! – Eine Schande ist das!" Der Neue Zentralrat schlägt wütend mit dem Pfeifenkopf auf den Tisch. Etwas Glut fällt heraus und erlischt gleich darauf. Dann dreht er unvermittelt seinen Kopf und ruft: „Ein Bier, bitte!"

„Kommt sofort!" Eck-Anton schaut blinzelnd von seiner Illustrierten hoch und wirkt so, als wäre er soeben aus einem tiefen Schlaf erwacht. Gähnend stellt er sich an den Zapfhahn.

„Also dieser, ähm, andere, der hat mich sozusagen anders, nun ja, programmiert, als er es hätte tun sollen?", fragt Willerd nach einer Weile vorsichtig.

„Präzise!" Anerkennend nickt ihm Der Neue Zentralrat zu. „Versteh mich nicht falsch, aber gemäß unseren Vorgaben hättest du ein PL-37er sein sollen, das heißt, eine dieser zahllosen grauen Nullen, mit denen wir deine Ebene bevölkern! Schwungmasse sozusagen! Aber eben wichtige Schwungmasse! Das steckt ja bereits im Namen: Man braucht Masse, um Schwung erzeugen zu können. Das Gesamtsystem muss in Schwung gehalten werden! So geht das! Unsere Organisation legt die entsprechenden Quoten ganz genau fest, und meine Abteilung ist dann mit der Umsetzung betraut. Nun aber hast du, was nicht vorgesehen war, eine schwere Persönlichkeitsstörung verpasst bekommen! Und dadurch hast du Dinge getan, die du laut Plan nicht hättest tun dürfen. So einfach ist das!"

„Aber – aber die ganze Welt ist doch voll von Schizophrenen und anderen Geisteskranken! Was ist denn dann mit denen?"

„Ja, das ist sie, und das hat auch seine Richtigkeit! Aber für diese komplexeren Spezialfälle ist eine andere Abteilung als die unsere zuständig! Wir kümmern uns nur um die einfachen Charaktere. Und dann wird alles aufeinander abgestimmt! ... Na, und weil sich dein Erschaffer nicht an die Regeln hielt, bist du nun wie ein schadhaftes Zahnrädchen, das den gesamten Mechanismus durcheinanderbringt. Dadurch sind bestimmte Dinge eben nicht nach Plan verlaufen! Laut Plan hättest du nämlich ... Warte mal, ich hab's mir extra vorhin noch aufgeschrieben ..."

Wieder fasst Der Neue Zentralrat in seine Mantelinnentasche und zieht ein abgegriffenes Notizbüchlein hervor, dessen Seiten er mit seinen langen Fingern flink durchblättert.

„Ja, genau, hier steht's: Du hättest dein Soziologiestudium beenden und danach promovieren sollen. Einige Jahre später hättest du eine andere PL-37 geheiratet und wärst Vater zweier PL-37er geworden. Im Alter von 77 Jahren wärst du schließlich an Magenkrebs gestorben. Feine Sache. Du hättest das Leben eines sehr durchschnittlichen PL-37 geführt."

"Aha ..."

„So wie dich dieser Saboteur programmiert hat, kann das jetzt natürlich nicht sonderlich reizvoll für dich klingen, ich weiß!" Der Neue Zentralrat macht ein spöttisches Gesicht. „Immerhin bist du nun ein EZ-27er!"

„Ein was?"

„Ach, das ist nur so Fachjargon bei uns in der Abteilung. Kümmere dich einstweilen nicht darum. Vielleicht erkläre ich dir das später ..."

Jetzt kommt Eck-Anton mit dem Bier für Den Neuen Zentralrat. Er scheint ihn überhaupt nicht von Dem Alten Zentralrat unterscheiden zu können.

„Wohl bekomm's!", meint Eck-Anton so leutselig wie immer und schlurft wieder hinter seine Bar.

Der Neue Zentralrat trinkt das Bier gleich auf Anhieb bis zur Hälfte aus, wischt sich dann den Mund ab und lehnt sich zurück.

„Also ich will mal zusammenfassen: Dein Erschaffer, dieser Drecksack, hat dich nicht nur absichtlich falsch programmiert, sondern hat dich außerdem – und das ist sogar noch schlimmer – in unsere Arbeit eingeweiht! Das ist absoluter Hochverrat! Dass du mit diesem Wissen weiterhin auf deiner Ebene weiterexistieren kannst, ist natürlich völlig ausgeschlossen. Die Frage ist also: Was machen wir jetzt mir dir?"

Seine grauen Augen hinter der Hornbrille scheinen Willerd förmlich aufzuspießen.

„Also ich sehe vor allem zwei Möglichkeiten: Entweder du wirst jetzt sofort eliminiert", – Er tippt vielsagend an die Stelle seines Mantels, an der sich die Form der Keule abzeichnet, und Willerd zuckt zusammen – „oder wir machen tabula rasa, also reinen Tisch!"

„Was ... was soll das heißen?"

„Nun, was ich damit meine, ist, dass wir das, was geschehen ist, auf sich beruhen zu lassen! Und", – Der Neue Zentralrat räuspert sich umständlich. – „dass ich dir anbiete, bei uns in der Abteilung einzusteigen!"

„Wie bitte? Wie soll das gehen?"

„Mir ist das völlig ernst! Ich habe das bereits vorhin mit meinen Vorgesetzten abgesprochen, und die haben mir grünes Licht gegeben! Nachdem du Yvonne erschlagen hattest, habe ich mir mal deine Akte hervorgeholt und ein bisschen angeschaut: Du wärst durchaus interessant für unsere Abteilung! Deine Typologie hat mich sehr beeindruckt! Dann dein Romanprojekt! Du hast Talent, mein Junge, auch wenn Einiges davon sicher noch ausbaufähig ist! Aber an jungen, kreativen Köpfen sind wir natürlich immer interessiert ... So seltsam es klingt, du bist diesem Stümper gut gelungen. Aber hier auf dieser Ebene hast du nun eben keine Funktion mehr zu erfüllen. Du bist überflüssig. Daher wäre es am ressourcenschonendsten, wenn du gleich bei uns einsteigen würdest."

Der Neue Zentralrat betrachtet Willerd aufmerksam, und seine schmalen Lippen verziehen sich dabei langsam zu einem eisigen Grinsen: „Außerdem ist jetzt eine Stelle bei uns freigeworden, wie du weißt ... Und wir brauchen dringend Ersatz."

„Ich ... ich soll also wirklich bei ... ähm ... euch anfangen?"

„Ja, das sollst du. Es wäre auch relativ einfach, dich von deiner Niveaustufe auf unsere zu transferieren! Ein paar Modifikationen sind dazu natürlich notwendig, mehr aber nicht. Wir machen das hin und wieder, allerdings nicht allzu oft. Obwohl wir darüber nachdenken, demnächst noch einen weiteren Kandidaten zu übernehmen. Einen, den wir schon seit einer ganzen Weile beobachten. Das ist sogar jemand, den du kennst."

„Ach ja?"

„Ja, aber das wirst du schon noch früh genug erfahren, das heißt, falls du dich entscheidest, bei uns mitzumachen ... Für den Augenblick möchte ich noch hinzufügen, dass es auf alle Fälle sehr gut ist, dass du auf dieser Ebene bislang wenig Spuren hinterlassen hast. In der Vergangenheit wurden diesbezüglich leider hin und wieder, nun ja, falsche Entscheidungen getroffen. Der gute Jesus wäre ein gutes Beispiel. Du kennst ihn natürlich. Ein selten ambitioniertes Arschloch! Ein ganz übler Hochstapler! Schon bei seiner Aufnahme in unsere Abteilung hatte ich ein schlechtes Gefühl! Ein ganz schlechtes Gefühl! – Aber Befehl von oben, da konnte ich nichts machen! Der war fast so schlimm wie dieser Prometheus ... Kennst du natürlich auch ... Diese beiden Penner sind immerhin zu richtigen Ikonen in deinem, na ja, Kulturkreis geworden, nicht wahr? Jedenfalls, bloß gut, dass wir unsere Abteilung von Arschgeigen wie diesen inzwischen säubern konnten ... Gründlich säubern konnten!"

Der Neue Zentralrat macht ein angewidertes Gesicht und wirkt plötzlich so, als würde er mehr zu sich selber zu sprechen.

„Nein, solche Figuren bringen nur die Ordnung durcheinander! Denken sich, sie wären was Besseres, ‚Lichtbringer' oder so was in der Art, und sind dabei nur ganz banale FG-28er! Lächerlich, einfach nur lächerlich ..."

Er scheint sich kurz zu sammeln, dann wendet er sich wieder direkt an Willerd: „Also, willst du bei uns mitmachen?"

„Ja!", entgegnet Willerd hastig.

„Na, wunderbar, mein Junge! Das freut mich! Das freut mich sogar sehr!"

Der Neue Zentralrat streckt ihm seine knochige Hand entgegen. Eine Art Lächeln lässt sein grimmiges Gesicht leuchten.

„Willkommen in unserer Organisation! Willkommen in PROVOZIA!"

Willerd langt nach der Hand und drückt sie. Sie ist so kalt wie ein gefrorenes Schweineschnitzel.

„Damit wäre das schon mal geklärt! Das war einfach! Du kannst sofort bei uns anfangen! Du musst aber verstehen, dass wir dir genauestens auf die Finger schauen werden! Genauestens! Und zwar ganz besonders am Anfang! Immerhin wollen wir nicht noch mal ins Fettnäpfchen treten!"

Nochmals verzieht der Neue Zentralrat seine schmalen Lippen.

„Allerdings wird so etwas sicher auch nicht wieder passieren. Wir überarbeiten nämlich gerade unsere internen Kontrollmechanismen. Gleichermaßen soll die ganze Organisation zukünftig sehr viel weniger starr sein. Flache Hierarchien lautet die Zauberformel ... Für die Mitarbeiter soll es so leichter werden, die Abteilungen zu wechseln. Auf diese Weise wollen wir vermeiden, dass sich Einzelne mit der Zeit vielleicht zu sehr langweilen. Denn du musst schon wissen, dass ein großer Teil deiner Arbeit aus reiner Routine bestehen wird ... Aber gut, das kann ich dir alles später noch ganz genau erklären. Dann wird dir das schon klar werden. Es ist ja auch alles gar nicht so schwer. Am besten, ich führe dich erst mal ein bisschen rum, dann wirst du schon sehen ..."

Der Neue Zentralrat wendet seinen Kopf.

„Die Rechnung bitte!"
„Ist gebongt!"
Und Eck-Anton kommt wie immer gemütlich pfeifend hinter seiner Bar hervorgelatscht.

EPILOG

Willerds Büro befindet sich in einem der zahllosen Stockwerke des himmelhohen Turms. Bis heute könnte er nicht genau sagen, in welchem es untergebracht ist, denn hin und wieder scheint es seine Position zu wechseln. Er weiß jedoch, dass ihn der jeden Morgen auf ihn im Foyer wartende Fahrstuhl stets mit unfehlbarer Zuverlässigkeit in die richtige Etage bringen wird.

Wenn er durch das riesige Panoramafenster seines Büros nach draußen blickt, sieht er endlose Wiesen und Wälder, die sich bis zum blauen Horizont erstrecken. Es ist ein Anblick, der ihn jedes Mal aufs Neue beglückt und vage an einen seltsamen Traum erinnert, den er einmal vor langer Zeit gehabt zu haben glaubt. Diesmal allerdings werden keine schrecklichen Dinge passieren. Denn das hier ist die Wirklichkeit.

Seine Wirklichkeit.

Das, was Willerd nach seinem Eintritt in PROVOZIA zunächst am meisten in Erstaunen versetzte, waren die insgesamt zwölf Sinne, über die er nun auf einmal verfügt. Er kann jetzt nicht nur hören, riechen, sehen, schmecken und tasten, sondern obendrein auch noch meheren, swubeln, abkarlen, beluhsen, ehgreinen, zerwiedeln und lewommen. Natürlich dauerte es eine ganze Weile, bis sich seine Faszination angesichts der unfassbaren Vielfalt an immer neuen Eindrücken etwas gelegt hatte, aber bisweilen ist er auch heute noch überwältigt.

Gleich von Anfang an stürzte sich Willerd mit großem Eifer auf seine Arbeit. Immerhin wollte er beweisen, dass er dem in ihn gesetzten Vertrauen gerecht werden würde. Sein Zuständigkeitsbereich erstreckt sich vor allem auf die Erschaffung und Betreuung von EZ-27ern und BE-34ern, und schon bald hat er den Eindruck, dass seine Vorgesetzten durchaus zufrieden mit seinen Leistungen sind. Immer wenn er bei den regelmäßigen Meetings für seine Arbeit gelobt wird, erglühen seine

Wangen vor Stolz. Der, der ihn damals rekrutiert und den er als Den Neuen Zentralrat kennengelernt hat, scheint ihn dabei ganz besonders zu schätzen. Manchmal lädt er Willerd sogar in sein mit wunderschönen, alten Möbeln ausgestattetes Büro ein. Stets thront dieses Wesen dann in einen weißen Umhang gehüllt auf einer Art Sessel, mit dem es über zahllose rosafarbene Tentakel verwachsen zu sein scheint.

Ein besonderes Vergnügen bereitet Willerd die Archivarbeit. Schon bald, nachdem er sich etwas mit dem Aufbau der gigantischen Dokumentensammlung in den Kellergewölben des Turms vertraut gemacht hatte, suchte er seine Akte hervor und schwärzte mit dem wohlwollenden Einverständnis seiner Vorgesetzten alle Einträge, die ihm nicht gefielen, insbesondere jene Stellen, die mit Yvonne oder auch seinem Stiefvater zusammenhingen. An sich hatte das zwar alles keinen tieferen Sinn, aber Willerd gefiel die Vorstellung, diese Dinge aus seiner Vergangenheit getilgt zu sehen. Überhaupt ist er sehr glücklich darüber, dass ihn seine früheren Gedanken und Triebe nicht länger quälen. Lydia zum Beispiel ist nur noch eine ferne Episode, und wenn er ab und zu über sich und sein damaliges Verhalten nachdenkt, dann fühlt er sich ein bisschen wie ein Erwachsener, der einem Kleinkind beim Spielen zuschaut.

Zu seiner Freude stellte er bald fest, dass unter den vielen neuen Gesichtern auch ein ihm wohlbekanntes ist, nämlich das von Holger. Er ist derjenige, von dem sein Vorgesetzter während seiner Rekrutierung sprach. Wenngleich sich Holger inzwischen rein optisch genauso wie er selbst sehr von seinem früheren Aussehen unterscheidet, hat er ihn doch sogleich richtig zerwiedelt und beluhst.

Manchmal gehen sie zusammen an Orte, an denen sie sich vor ihrer Transformation oft aufhielten. Ab und zu zieht sich Willerd auch den alten Militärmantel über und nimmt Holger mit ins Eck. Eck-Anton begrüßt sie dort immer wie zwei alte Bekannte, und in gewisser Weise sind sie das ja auch. Willerds verräterischer Vorgänger scheint dagegen völlig aus dem Gedächtnis des Kneipiers getilgt, ganz so, als hätte es ihn nie gegeben.

Obwohl Willerd immer darauf bedacht ist, niemals seine Befugnisse zu übertreten, wächst sein Ehrgeiz, je mehr er sich in seinen neuen Beruf eingearbeitet hat. Häufig denkt er an seine Typologie und das Romanprojekt sowie die Möglichkeiten, die ihm seine neue Position diesbezüglich in die Hand gibt. Schließlich wagt er sogar, mit seinen Vorgesetzten darüber zu sprechen, die ihm, nachdem sie sich ausführlich darüber beraten haben, grünes Licht für die Umsetzung seiner Vorschläge geben. Wie Willerd bald erfährt, gab es schon seit längerer Zeit abteilungsübergreifende Pläne für eine Neukonfiguration seiner früheren Ebene durch eine nuklearen Eingriff.

Später erhält er für seine Initiativen den zweiten Platz bei einem Innovationswettbewerb und wird schließlich sogar in eine der Spezialistenabteilungen befördert, ein für einen Quereinsteiger wie ihn durchaus bemerkenswerter Vorgang.

Und Willerd weiß inzwischen, dass seine Aufstiegsmöglichkeiten in PROVOZIA nahezu unbegrenzt sind.

Alles, was er dazu braucht, ist Geduld.

Nur ein bisschen Geduld.

DER AUTOR

Ronald Zieger wurde Ende 1979 in der damaligen DDR geboren. Nach verschiedenen Stationen im In- und Ausland lebt er seit 2014 als Schriftsteller. Letztes Jahr erschien von ihm mit „Unfathom" ein Kunstband in englischer Sprache. „Provozia" ist sein erster Roman.

Foto: G. Caballeros Gálvez

Hans-Jörg Kühne, Kodex Rosebud, Roman
chiliverlag 2016, ISBN 978-394-3-292-40-4
324 Seiten, EURO 10,90

Berlin 1955: Der suspendierte Hauptkommissar Harald Kröger streift nachts durch die Stadt auf der Suche nach dem spurlos verschwundenen Baulöwen Franz Wedding. Armut, Spießigkeit und die Auswüchse des neuen Wirtschaftswunders bestimmen das Leben. Orgien, Drogenmissbrauch und eiskalte Auftragsmorde lassen die Schatten der jüngsten Vergangenheit zum neuen Albtraum werden, als Privatermittler Harry selbst ins Visier einer brutalen Killermaschinerie gerät.

„Kodex Rosebud" entführt die Leser in die vermeintlich unbeschwerte Zeit des wirtschaftlichen Wiederaufschwungs nach dem Ende der Nazi-Herrschaft. Ein gelungener Spagat zwischen recherchierter Historie, guter Unterhaltung und spannendem Crime. Das Ganze mit dem „kühnen" Tüpfel Humor.

Sandra Stubbe, suchtraum, Roman
chiliverlag 2015, ISBN 978-3-943292-28-2
140 Seiten, EURO 8,90

Ich betrachtete meine Gewohnheiten, meine Handlungen, meine Entscheidungen – aber ich fand ihn nicht. Diesen einen falschen Moment. Es gab nur einen langsamen und schleichenden Prozess des Selbstbetruges. Anna ist jung und seit Jahren fest liiert. Sie hat es sich im Leben eingerichtet. Aus beruflichen Gründen muss sie mit Markus eine Wochenendbeziehung führen. Ihr Leben läuft in geordneten Bahnen – bis sie herausfindet, dass Markus eine Affaire hat. Annas bisherige Welt gerät ins Wanken. Während eines schmerzhaften Prozesses muss sie erkennen, dass sie sich seit Jahren selbst betrügt. Ihr Leben gerät aus den Fugen, als sie einsieht, dass nur ein Weg sie retten kann: die totale Befreiung von lähmenden Abhängigkeiten und die Übernahme von Verantwortung für sich selbst.

PSYCHONYMOUS – Verzogen, (Hrsg. Franziska Röchter)
Psychologische Kurzkrimis
chiliverlag 2015, ISBN 978-3-943292-31-2
152 Seiten, EUR 8,90

In diesem zweiten Band der Reihe PSYCHONYMOUS schreiben 10 ausgewählte Autorinnen und Autoren in 12 Beiträgen psychologische Kurzkrimis, in denen das Element des Orts- oder Wohnungswechsels eine zentrale Rolle im Handlungsverlauf spielt. Somit ist das Motiv der Suche (nach sich selbst, nach Verschwundenen, nach dem Täter, nach einem neuen Leben oder nach der Vergangenheit) ein wiederkehrendes Element. Düstere, spannende, makabere Unterhaltung durchtränkt mit Psycho-Realismus.

AutorInnen: Elisa Bergmann, Detlef Klewer, Horst Leiwig, Eva Masthoff, Dennis Mombauer, Anna Neocleous, Franziska Röchter, Tanja Sawall, Eva-Maria Silber, Wolfgang ten Brink